敢峰教育思想述评

愿天下子女都成才

GANFENG JIAOYU SIXIANG SHUPING
yuan tianxia zinü dou chengcai

◎ 舒风 / 著

人民教育出版社

图书在版编目（CIP）数据

敢峰教育思想述评：愿天下子女都成才/舒风著.
—北京：人民教育出版社，2010
ISBN 978－7－107－22577－2

Ⅰ. 敢…
Ⅱ. 舒…
Ⅲ. 教育思想-研究
Ⅳ. G40

中国版本图书馆 CIP 数据核字（2010）第 067158 号

人民教育出版社出版发行
网址：http://www.pep.com.cn
人民教育出版社印刷厂印装　全国新华书店经销
2010 年 5 月第 1 版　2010 年 5 月第 1 次印刷
开本：787 毫米×1 092 毫米　1/16　印张：22.75
字数：295 千字　印数：0 001～2 000 册
定价：36.00 元

如发现印、装质量问题，影响阅读，请与本社出版科联系调换。
（联系地址：北京市海淀区中关村南大街 17 号院 1 号楼　邮编：100081）

序

⊙ 刘堂江

敢峰先生打来电话,嘱我为舒风同志新著《敢峰教育思想述评:愿天下子女都成才》作序。

我不胜惶恐,极力婉辞。虽追随敢峰先生三十余年,但对他的教育思想学习研究很不够,怎敢造次?

但我又想起敢峰先生三十年前说过的一句话——"浪可排而情难却"。

1979年那个姹紫嫣红的初夏,敢峰是《人民教育》杂志主持工作的副总编辑。在他的领导下,《人民教育》办得红红火火。敢峰亲自设计的"虎头—象肚—孔雀尾"的刊物形象,一时间成为全国教育期刊的"偶像"。并且,"人才学"这棵新苗也舒枝吐叶,生机勃勃地成长起来了。

其时,王通讯同志是《人民教育》杂志总编室副主任，李树喜同志是骨干记者。有人说我们几人是敢峰先生的"得意门生""得力干将"，甚至还有说几大"名旦"什么的。敢峰先生在为我们三人合著的一个小册子所作的序言中这样写道：

> 六月一天的上午，暖风融融，通讯来到我的办公室，嘱我为他、树喜、堂江三人合写的《春青漫笔》写个小序。这真的一下子把我难倒了。遵命作序，对我来说，已是第二遭。为避"好为人序"之嫌，我曾想把这事推掉，但却开口不得，因这几位都是与我朝夕相处的同志，私人间的友情也是不错的。浪可排而情难却，经过一番踌躇，我只有唯唯。

弹指间，三十年过去，这回该轮到我"难倒""踌躇""情难却"了。情急间，突然灵机一动，2007年4月20日，在"敢峰教育思想与力迈学校教改实践"研讨会上，本人不是有一个粗浅的发言么？我就把这个发言稿整理出来，权当为序，向恩师"交差"吧！

还要特别一提的是，舒风同志近年来潜心研究敢峰，继《人比山高：敢峰的理念和人生》《敢峰教育文选》出版之后，又一部新著即将付梓，可圈可点。这几部著作，是他心血、汗水和才华的结晶。在这里，我要向他表达由衷的钦佩之情。

温家宝总理在2007年的《政府工作报告》中强调指出："就是要进一步形成尊师重教的浓厚氛围，让教育成为全社会最受尊重的事业；就是要培养大批优秀的教师；就是要提倡教育家办学，鼓励更多的优秀青年终身做教育工作者。"2009年教师节前夕，他到北京市第三十五中学看望师生时，也指出："要培养全面发展的优秀人才，必须树立先进的教育理念，敢于冲破传统观念的束缚，在办学体制、教学内容、教育方法、评价方式等方面进行大胆的探索和改革。我们需要由大批有真知灼见的教育家来办学,这些人应该树立终身办学的志向,不是干一阵子,而是干一辈子,任何名利都引诱不了他,把自己完全献身于教育事业。"

现代学校,需要教育专家和具有专家素质的校长来管理,更需要有可持续发展的教育理念来作为支撑与引领。教育家办学,就要求办学者能够用专家的眼光去审视教育,用科学的观点去研究教育,用先进的理念去经营教育,用务实的行动去发展教育。站在社会所需、人民满意和学生终身发展的高度去规划学校愿景,积极研究探索并带领教师向建设品牌学校的目标迈进。

敢峰校长几十年来领导北京景山学校和力迈学校教改的实践,就是一个教育家办学的典范。

大家知道,敢峰先生是我国著名的教育家,更是一位杰出的教育改革家。20世纪60年代初,他受命于中共中央宣传部,创办北京景山学校并担任校长。北京景山学校按照毛泽东同志教育改革的思想,冲破传统教育的藩篱,大胆探索,教育改革搞得如火如荼,创造了经验,也形成了敢峰独树一帜的教育思想。从此,教育改革成为敢峰心中挥之不去且毕生追求的情结。

1995年,敢峰先生"重出江湖",领衔创办北京力迈学校并出任校长。从一开始,他就率领他的教改团队的核心成员贺鸿琛、张定东、陈心五等人,制订了《北京力迈学校的施教方略》,明确了"办学的目标模式""对学生施教工程的总体设计思路""培养学生具有迎接21世纪所需要的特殊素质和品格""对学生智能结构工程的要求""对学生进行为人、立业、处世的教育要点"等十项目标。接着,敢峰又亲自设计了《北京力迈学校重构基础教育改革实验纲要》,不仅为力迈学校描绘了一幅宏伟辉煌的蓝图,也为中国基础教育打开了一扇别开生面的窗户。

多年来,敢峰坚定地高举邓小平"教育要面向现代化,面向世界,面向未来"的旗帜,忠实地践行党和国家的教育方针,大刀阔斧地在北京力迈学校搞教改实验。以敢峰为校长的这一个教育家群体，用理性、智慧和激情全力打造了一所新型学校。力迈的价值，决不仅仅是办了一所好学校，而是对基础教育进行了一次开创性的实验，为我国基础教育改革探索出了全新的路向。

北京力迈学校重构基础教育改革实验，具有其鲜明的个性特征。

其一是根本性。力迈的改革，不是就事论事，不是头疼医头、脚疼医脚，不是修补改良，而是从根本上解决了基础教育的功能问题。敢峰遵照"三个面向"的精神，吸收我国传统教育和西方发达国家基础教育之长，以"会当凌长空，一览众山小"的气概，高屋建瓴地探索21世纪中国中小学优质教育的最佳模式。在他的带领下，力迈学校实施"新世纪根苗工程"，使学生扎好中华文化的"根"，扎好做人的"根"，扎好基础知识的"根"，长好德、智、体诸方面生动活泼地主动发展的"苗"。北京力迈学校的办学理念、办学目标、办学特色，既不是单纯的升学应试，也不是西方的"自由发展"，而是扎扎实实地为学生的一生发展打好坚实基础，这才是符合党和国家教育方针的真正意义上的基础教育。

其二是先进性。力迈的某些改革实验的成果，不仅在国内，即使是在国际上也是具有领先水平的。比如，他们在"根苗工程"中，首先锁定"培养学生健康发展基因"这个重点目标。教师们从学生的发展基因中，选出对学生一生的发展有决定意义的若干对基因，如："基因1：勤奋—懒惰"，"基因8：专心—浮躁"，等等。长年监测，有意识地通过各种教育、教学、教养活动及时进行培养和矫正。力迈学校大胆提出"素质发展基因"的概念，并在素质教育中运用，这是我国素质教育中最富先进性、最前卫的研究成果。据笔者所知，除了北京力迈学校在教育、教学、教养实践中进行素质发展基因培养和矫正的探索外，海内外尚没有第二所学校进行这种实验。

其三是原创性。力迈学校的教育理念、教育模式，不是从书本上抄来的，也不是从其他学校移花接木得来的，而是敢峰和他的教改团队根据自己几十年从教的深切体验，从教改实践中提炼出来的。无论是学制改革的方案，还是开发大脑的七条措施，或是课程整体设置的八大系统，都是敢峰他们匠心独运的心血结晶。

敢峰在北京力迈学校重构基础教育的改革实验，属于深度创新，对于我国基础教育改革具有重要意义，值得认真总结、研究、推广。

在北京力迈学校十几年的磨砺，进一步丰富、完善了敢峰的教育思想体系，即"人生教育导航"的宏观教育论，"教学互动"的现代教学论，"以学生健康成长为本"的新型学生论，"愿天下子女都成才"的教育理想论。

教改实践需要教育家引领，教育家在教改实践中成长、发展。敢峰和力迈，给了我们诸多启示。在需要大力提倡教育家办学的新时代，我们要格外注重研究"敢峰现象"，我们要特别倡导学习"敢峰精神"。

敢峰具有高度的社会责任感。他从事教育改革实验的根本出发点，是学生的健康成长，是教育的长远发展，是民族的兴盛富强，而没有其他任何功利目的，所以他胸怀博大、气度轩昂。

敢峰具有"情有独钟到白头"的事业心。从景山学校开始，近半个世纪以来，由于组织上的安排，敢峰的工作几度变动。但不管到哪里，他都心系教改，情系教改，对于教改事业，他是毕生追求、矢志不渝的。

敢峰具有非凡的改革勇气。他在力迈学校的教改实验，是在"应试教育"盛行和教育生态遭到严重破坏的社会教育环境下进行的。用他的话说，是"带着镣铐跳舞"，"顶着风唱歌"。但是他无所畏惧，勇敢探索，沿着素质教育的方向，一路高歌唱大风。

敢峰具有冷峻的理性和火热的豪情。他是一个思想者：他看传统教育存在的弊端，鞭辟入里；他思考教育改革的问题，入木三分。但他一涉足教改，则豪情万丈。当年在景山学校是"他年教改功成日，北斗摘来当酒瓢"，如今在力迈学校是"誓师天竺夺雄关，莫道奇峰不可攀"！

敢峰具有脚踏实地的工作作风。他是深深植根于中国教育改革沃土的教育家。他研究教育不是纸上谈兵，而是以实验学校为载体，扎扎实实地实践，认认真真地总结。无论是在景山学校还是在力迈学校，他都深入教育教学活动第一线，甚至亲自带"差生"班。他与浅尝辄止无缘。

敢峰具有"领异标新二月花"的创新精神。锐意进取、刻意创新是敢峰的性格。他出任力迈学校校长时虽已年近古稀，但他发出了"此曲何须天上有，但留创造在人间"的呐喊！不墨守成规，不故步自封，这是一位老教育家难能可贵的品格。

教育事业需要"提倡教育家办学"，时代呼唤教育家不断涌现。

为中国教育家成长呼风唤雨！

祝愿千百个新时代的敢峰脱颖而出！

2009 年 10 月
于京西·华夏神韵

（本序作者曾任《人民教育》杂志总编辑，现任中国教育报刊社常务副社长、《中国教师报》总编辑）

前　言

敢峰在接受中国教育电视台记者采访时曾说："我最大的教育理想是愿天下子女都成才。"他在许多讲话和文章中曾多次谈到这个宏大的教育理想。有一位朋友问他："你的教育理想非常美好，'愿天下子女都成才'，说起来容易，实现得了吗？"敢峰听后凝思了一会儿，笑笑说："确实非常难啊！否则怎么说它是最宏大的教育理想呢？难是一回事，知难而进是另一回事。希望这不仅是我一个人的理想，而是普天下教育工作者的共同理想。只是一个人的理想能有多大用呢？倘能成为所有教育工作者的共同理想，大家一齐朝着这个目标奋斗，实现这个理想也就不太难了。"敢峰说得非常对。一个人的力量能有多大？但普天下的教育工作者齐心协力，共同为此奋斗，那力量就大如山，智慧就冲云天。敢峰从来为人低调，他绝不会自恃甚高，在教育界有独揽一切、包打天下的思想。他愿意和广大教育工作者并肩作战，携手前进，共同攀登基础教育的高峰，使"天下子女都成才"。

为了实现这个宏大的教育理想，敢峰在20世纪70年代末提出"教育工程"和"教育生产力"的新理念。到了邓小平提出"教育要面向现代化，面向世界，面向未来"后的1984年9月，敢峰在《人民日报》上发表了《新时期我国教育改革的纲领——兼论从传统教育到现代教育的转变》。敢峰在这篇文章中提出了十条极具纲领性的改革意见，主张现代的教育要"面向全体人民"。到了20世纪90年代中期，敢峰结合我国经济、文化、科技发展的新情况，系统地提出了重构中国的基础教育新理论。如果理论和设想不能在实践中运用并得到检验，再好的理论和设想也没有意义。敢峰向来注重理论联系实际。为了实践自己的教育理论，他身体力行，继长期担任北京景山学校领导工作之后，又在1995年9月创办了北京力迈学校。力迈学校创建伊始，敢峰就制订了《北京力迈学校的施教方略》和《北京力迈学校重构基础教育改革实验纲要》。敢峰在这些文件中提出了许多带有根本性、前瞻性的教育理论和主张，比如：智能结构工程、根苗工程、学生健康发展基因、开发大脑的枢纽工程，等等。

十年之后，北京力迈学校取得了喜人的成果。敢峰在庆祝力迈建校十周年之际写了一篇文章《教育星空中的一支"短笛"——也谈我理想中的学校》。这篇文章既是敢峰以往教育经验的总结，也是对未来基础教育的展望。文章虽短，但内容丰富，几乎涵盖了敢峰的全部教育理论，使人读后颇受教益和启迪。敢峰既是站在时代前面勇于创建前导性教育理论的弄潮儿，又是在教育教学园地披荆斩棘、革故鼎新的先行者。他既有理论，又有实践，于是笔者便产生了研究敢峰教育思想的念头。经过一段时间的学习和思索，笔者把自己的心得体会记录下来，归纳连缀成篇，汇集成册，呈献给广大读者。自忖本书不太成熟，但为了就教于方家，也就不怕丢丑了。

2009年11月

目 录

绪 论 敢峰的大教育观·活教育论与人生教育思想 …………… 1
  一、敢峰教育思想的形成时期 ………………………………… 6
  二、敢峰教育思想走向成熟的时期 …………………………… 11
  三、敢峰教育思想的丰富发展时期 …………………………… 15
  四、敢峰的一生是教育改革的一生 …………………………… 23

第一编 宏观教育论

第一章 "教育工程"说 …………………………………………… 29
  一、提出"教育工程"的理论依据 …………………………… 31
  二、"教育工程"中的力学 …………………………………… 34
  三、"万丈高楼平地起" ………………………………………… 36
  四、"教育工程"的分支工程 …………………………………… 42
第二章 传统教育必须改革 ………………………………………… 47
  一、我国教育的现状 …………………………………………… 47

1

二、改革传统教育的十条建议 ………………………… 49
三、搞现代化建设首先要发展教育 …………………… 54

第三章 多种形式办学，解放教育"生产力" …………… 58
一、为何要多种形式办教育 …………………………… 58
二、多种形式办教育的途径 …………………………… 63
三、教育的出路在改革 ………………………………… 68

第四章 首倡"重构基础教育" …………………………… 71
一、为什么要重构基础教育 …………………………… 72
二、重构基础教育的框架 ……………………………… 75
三、注意非智力因素的培养 …………………………… 77

第五章 发展教育与开发智力 ……………………………… 81
一、关于教育的本质和属性 …………………………… 81
二、发展教育与经济建设 ……………………………… 85
三、懂得智力的发展规律才能开发智力 ……………… 88
四、开发智力与自学成才 ……………………………… 93
五、广开就业门路，不唯学历 ………………………… 96

第六章 关于民办教育的思考 ……………………………… 100
一、民办教育要把握好时代和社会需要的脉搏 ……… 100
二、民办教育的生命力 ………………………………… 103
三、市场运作与教育规律 ……………………………… 107

第二编　新型学生论

第一章 实施新世纪"根苗工程" ………………………… 113
一、培养学生健康的"素质基因" …………………… 115
二、实施现代教育的"枢纽工程" …………………… 118

三、夯实学生终身受益的文化基础	121
第二章 关于"吃苦、争气、知耻"的教育	125
一、"吃苦"教育不是让学生做"苦行僧"	126
二、"争气"就是积极向上,不甘落后	129
三、做人,从"知耻"开始	132
四、"根苗工程"的"底肥"	135
第三章 "三自主""三个懂得"与"三驾马车"	139
一、培养学生的主人翁感	139
二、"三个懂得"使学生学会做人	142
三、"三驾马车"拉动优质教育	146
第四章 优质教育论	151
一、优质教育的特点	152
二、优质教育的内容	155
三、实施优质教育的途径	158
第五章 培养三种"终极能力"	161
一、"适应"是生存的第一需要	163
二、"选择"伴随我们一生	166
三、"创新"使我们社会进步	168
四、三种能力不是截然分开的	171
第六章 做真正的聪明人	174
一、聪明人为何办蠢事	175
二、聪明是个不断变化的思维状态	178
三、聪明有"三戒"	181
四、聪明也须循序渐进	184
五、如何开发大脑智慧	187
六、聪明的输出——方法	190

第三编　现代教学论

第一章　三个独特的教学原则 ………………………………… 197
　　一、"教"与"学"良性互动 ……………………………… 198
　　二、"死"与"活"灵活结合 ……………………………… 201
　　三、各因其才，施教有方 ………………………………… 203

第二章　别开生面的教学论 …………………………………… 207
　　一、落第秀才可以培养出状元 …………………………… 208
　　二、教师要善于"开锁" …………………………………… 210
　　三、模仿中出新奇 ………………………………………… 213
　　四、要顺势攀缘而上 ……………………………………… 216
　　五、讲课要"余音绕梁" …………………………………… 219
　　六、"红杏出墙"与"满园春色" …………………………… 221
　　七、教学不能搞平均主义 ………………………………… 224
　　八、教师要循循善诱 ……………………………………… 227
　　九、学习负担稍微重一点儿 ……………………………… 230
　　十、教学要得法 …………………………………………… 233

第三章　启蒙教育论 …………………………………………… 237
　　一、何谓启蒙教育 ………………………………………… 237
　　二、如何进行启蒙教育 …………………………………… 240
　　三、启蒙教育的内容 ……………………………………… 243
　　四、人的一生可以多次接受启蒙教育 …………………… 248

第四章　批判教育教学中的烦琐哲学 ………………………… 255
　　一、反对片面追求升学率，主张学生全面发展 ………… 255
　　二、反对烦琐哲学，主张减轻学生负担 ………………… 261

三、反对"满堂灌"，主张启发式教学……………………… 266
第五章　关于小学语文教学改革的思考……………………… 270
　　一、小学语文教学的具体目标……………………………… 271
　　二、如何达到这些目标……………………………………… 273
　　三、精读与博览……………………………………………… 276
　　四、文才与口才……………………………………………… 279
　　五、澄清几个问题…………………………………………… 282

第四编　教育理想论

第一章　办教育要有"鹰蚁"精神……………………………… 291
　　一、办教育要顽强奋斗……………………………………… 292
　　二、办教育不能急功近利…………………………………… 294
　　三、培养"鹰蚁式"人才…………………………………… 298
第二章　关于师资队伍建设…………………………………… 301
　　一、教师要热爱教育事业、献身教育事业………………… 302
　　二、凝聚教师队伍的三大原则……………………………… 306
　　三、教师要不断更新知识…………………………………… 309
　　四、教师要在不挂牌的"师范大学"进修………………… 313
第三章　要攻克世界性教育难题——"差生"问题………… 316
　　一、转化"差生"是教育工作者的天职…………………… 317
　　二、如何转化"差生"……………………………………… 319
　　三、培养"差生"的健康人格……………………………… 325
　　四、转化"差生"的工作意义重大………………………… 328
第四章　愿天下子女都成才…………………………………… 331
　　一、何谓成才………………………………………………… 332

二、成才的途径……………………………………………… 335
　　三、"愿天下子女都成才"的"共同宣言"………………… 338

结束语 改革的时代造就了思想家、教育改革家——敢峰………… 342

后　记……………………………………………………………… 346

绪 论

敢峰的大教育观·活教育论与人生教育思想

原国家教育委员会副主任柳斌在中国新闻社出版的《中国新闻·思想家教育改革家敢峰专辑》（2007年"两会特刊"）的"卷首语"《时代呼唤教育改革家》中说："敢峰校长是有教育思想的，善于思考，敢于创新，从而拥有真知灼见，充满智慧。他时刻从宏观和微观上关注着教育的运行。用他自己的话说，他'要挣脱应试教育低压的云层和教育的狭隘眼界'，按国家、社会发展对教育的要求和儿童、青少年成长的规律，研究怎样通过在力迈学校的教育实践探索出一条儿童、青少年健康成长的优质教育之路。"

敢峰一生写过许多文章，其中大量是关于人生和教育方面的，并先后在北京景山学校和北京力迈学校进行了长期的改革实验。有人说"敢峰的教育思想和实践是一个富矿，很值得研究"，信哉此言。

敢峰不是学院派的教育理论家，没有系统的教育巨著（最近敢峰说，如果时机成熟，他也许会写的）。他有一些系统的论述文章，但数量不多。他的教育思想和观点大量地散见于各式各样的文章之中，而且往往同实践融为一体。在文章中，他尽量不使用学术性语言，以便让话语浅白易懂，并喜欢借助于比喻和形象来说明他所表达的思想。言简意赅，深入浅出，情理交融，是敢峰所写文章的显著风格，也是长期以来人们喜欢读敢峰文章的重要原因之一。作为教育家，敢峰却很少提出新名词、新概念。在笔者的记忆里，1978年秋，敢峰在全国率先提出了"教育工程"，20世纪90年代，他又提出"重构基础教育""素质发展基因"和"教学互动"论、"教育生态"论等，应当说，这些都是具有开创性和先导性的。不过，这些也只是在敢峰教育思想群山中所显露出的一些峰巅或峻岭之一角，至于云蒸雾绕的群山，人们还难以看出其真实的全貌。敢峰曾对笔者说过这样一段话：

> 我是"教育布衣"，不敢也不愿以教育家自居。但是"布衣"也要心怀天下，心忧教育。我的教育观是大教育观，要打破教育的狭隘眼界来看教育、办教育。什么是大教育观呢？简言之，就是要打破就教育论教育的狭隘眼界，从社会的发展、时代的需要和人民的利益来看教育和办教育。这就是说，要从生产力、社会关系和上层建筑的总和中认识教育的地位和性质；立足中国，放眼世界，根据中国的国情、时代发展的需要和人民的呼声来研究教育的任务、发展战略、改革的思路以及相应的教育政策和重大措施；各个教育部门、单位及其工作人员都是全国教育"大棋盘"中的一片"棋"或一颗"棋子"，应当站高望远，胸怀全局，各尽其责，各展其能，开拓创新，协同奋战。研究教育和办教育不能脱离社会、经济、政治和文化的发展，不能脱离历史背景、国情和当前时代的需求，否则就会囿于"不识庐山真面目，只缘身在此山中"的境地。我的教育论是活教育论，要打破应试教育的枷锁和克服教育教学上的烦琐哲学、形式主义，使学生在成长、成才道路上获得生动活泼和主动

的发展。什么是活教育论呢？简言之，就是以学生健康成长为本，按照学生在成长、成才过程中的需要，发展变化的规律，以及不同学生成长的环境与具体情况，因材施教，因势利导，方法灵活，能够情通理达，教学相长，不断激活学生勤奋好学、自强不息的精神，攻克知识堡垒，使教育、教学、教养的内化功能同学生的自我成长机制统一起来，真正实施有效和优质的教育。由于教育的对象是有思想、有感情和情况各异的活生生的人，是在各种特定环境中成长的各具特点、各有长短的儿童和青少年，而人的成长成才的道路、所遇到的问题以及成才的早晚也不尽相同，因此，在教育和成才问题上一切凝固性的观点和做法都是错误的。在我的教育思想的坐标上，大教育观是纬，活教育论是经。从认识论、方法论的层面来说，简言之，就是视野要大，方法要活。无经纬不能成锦绣，因此，在教育研究和教育实践活动中，我总是努力将大教育观同活教育论统一起来，观察、思考教育现象和问题，从而提出某些观点、看法、主张和建议，或者进行某些实验。我知道自己识不广、才不高，加以各种条件的限制，在教育这片锦绣上没能编织出名山大川，但所纷呈的一些湍湍激流、攀山险道和杂树野花，却都是大教育观与活教育论相结合的产物。教育搞得不好，是要误国和误人子弟的。我屡屡呼吁要打破教育的狭隘眼界和应试教育的桎梏，反对教育教学上的烦琐哲学和形式主义，其原因盖在于此。[①]

敢峰的这段话，为我们研究他的教育思想和实践提供了一把钥匙。为什么他把自己所写的许多文章视为"铺路石子"，我明白了，这些"石子"都蕴涵和闪烁着"路"的理想与光辉，分开来是"石子"，融合

[①] 舒风编：《敢峰教育文选》，人民教育出版社2008年版，第38—40页。

起来就是"路"。敢峰说他最大的教育理想是"愿天下子女都成才",这不就是以大教育观为纬;活教育论为经,在全社会的共同努力下最后所要编织出的宏伟锦绣吗?以大教育观为纬,由此敢峰提出了要广开学路和教育发展的"大金字塔"与"小金字塔"相结合的"双塔模式",提出了教育兼有社会生产力和上层建筑"双重属性"和"教育的本质,就是社会的政治、经济、文化对培养人的要求的总和",提出了"兴教八议",提出了"21世纪是教育的世纪"和我国"直面21世纪的教育战略",提出了教育改革要集我国和西方教育之所长,走"以我为主,融合创新"之路,等等。以活教育论为经,由此敢峰提出了要"以学生健康成长为本"和"读懂学生这本无字书",提出了"要将爱、严、教育教学得法三者统一起来,实施教学互动、'死'活结合、因材施教三原则",提出了"使学生从小扎下中华文化的根""素质基因的培育和矫正""人生教育导航"和"三爱、三会"(爱学习、会学习,爱思考、会思考,爱活动、会活动)、"三自主"(在教师的激励和指导下自主学习、自主活动、自主管理),提出了"语言课程重心下移、数理课程重心上提"的课程安排、"牢固的根据地与广阔游击区相结合的知识结构"和"开发大脑是现代教育的枢纽工程"等主张,提出了"比进步、展亮点、争上游"的教育模型和"红杏出墙与弱苗促壮交相辉映"的教育生态,等等。在敢峰的教育思想和教育实践中,上面所列举的敢峰的一些观点和主张,都是他的大教育观和活教育论相交织的一些结点,只不过在教育运行的宏观层面和微观层面上各自有所侧重罢了。

敢峰的教育思想有一个发展过程,这个过程同当时的时代背景和历史的发展是不可分的,也是一定历史时代的产物,带有当时的历史痕迹。"文化大革命"前,敢峰的教育思想受当时阶级斗争理论的影响是很明显的,特别是在大教育观上。在活教育论上则情况有所不同,当时敢峰的许多鲜活见解,至今仍很有价值。改革开放以来,敢峰的思想更趋活跃。虽然其间有12年离开了教育战线，但敢峰在人才问题上的探索和涉足于人文科学的海洋，使他的视野更加开阔，教育的"诗外功夫"得到很大提高。因此，1995年他重返教育战线后，思如泉涌，在改革实验中提出了种种新的观点和主张，并逐渐系统地形成了他的大教育观与活教育论相结合的教育思想体系。

敢峰从1950年到1959年在中央机关主要从事高等教育工作，其后则主要从事基础教育工作。他还搞过干部理论教育，职业技术教育和业余教育也都涉猎过。众所周知，敢峰还写过大量直接面对青少年的教育文章。敢峰有在机关、学校、教育新闻单位工作的经历，唯独没有在教育理论研究单位工作的经历。这种经历对他的大教育观与活教育论的形成和没有走上学院式的研究道路（或者没有写出系统的教育巨著），大概也有一定的关系。敢峰说："我所提供的就是矿石，就是铺路的石子。当然矿石中也会有结晶体。教育学应当是一门科学，但严格地说，现在距离这个要求还很远，不论国内国外都是这样。因为它的综合性太强了，不能离开经济和社会的发展，而且奠定教育科学的一些基石——诸如脑科学、心理学、社会学、人才学、认识论等，都还在探索的过程中，加以整个形势发展很快，教育的周期很长，而教育的对象又是活生生的人，在社会生活中受到各种各样的影响，会发生这样那样的变化，有着许多不确定性。以我的教育思想来说，确定不变的就是人生教育这个主轴。因此，办教育要将变与不变统一起来，从宏观上看要以社会发展的需要和情况的变化为转移，在微观上更多的要靠总结教育实践经验和从经验升华而来的理论作指导，同时吸取相关学科研究的新成果，在探索中前进。我之所以提出大教育观与活教育论为经纬，以人生教育为主轴，说到底，就是基于此。"[①]下面，笔者就试分几个阶段，概述一下敢峰教育思想的发展过程。

[①] 舒风编：《敢峰教育文选》，人民教育出版社2008年版，第41页。

一、敢峰教育思想的形成时期

20世纪60年代，敢峰所著《人的一生应当怎样度过》和在北京景山学校进行的教改实验及所写的《教学小品》，是他的教育思想初步形成的两个显著标志。

20世纪60年代初，新中国刚刚成立十多年，经济基础非常薄弱，文化教育也十分落后，不只是学制长，教材也非常陈旧，许多中小学教师既不懂教育学也不懂儿童心理学，甚至连专业知识都没有多少，中小学基础教育的状况与社会发展、经济建设极不适应。特别是学习苏联，把苏联教育上的那一套搬到中国，教育是凯洛夫教育学的一统天下，连语文教学也要按照苏联的那一套来教。这怎么行啊！当时敢峰刚步入而立之年，正处在朝气蓬勃、意气风发的时期，他在中宣部教育处工作，了解到基层教育的一些实际情况，自然心潮起伏，产生了种种想法。

正当敢峰为教育思绪万千的时候，1960年4月9日，中宣部部长、国务院副总理陆定一在全国人大二届二次会议上作了《教学必须改革》的报告，报告提出：从现在起我们想进行较大的实验，在全日制的中小学教育中，"适当缩短年限，适当提高程度，适当控制学时，适当增加劳动"。"我们准备以10至20年时间，逐步地、分期分批地实现全日制中小学教育的学制改革"。"我们对新学制的初步设想，是全日制的中小学的年限缩短到10年左右，程度提高到相当于现在的大学一年级"。① 中宣部秘书长童大林想按照陆定一的设想建立一所实验学校，遵循"四

---

① 1960年4月10日《人民日报》。

"个适当"的精神进行教学改革实验。北京景山学校在这种背景下应运而生，敢峰被派去担任校长。敢峰是一个能吃苦又肯埋头干实事的人，于是欣然接受了这项艰巨的任务。

既然是实验学校，就应该大刀阔斧地进行改革。北京景山学校是一块肥沃的试验田，可以按照中央的精神和自己的创意去耕耘播种，只要肯付出辛勤的劳动，流了汗水，就会得到丰硕的收获。敢峰回忆当年的情况时对笔者说："社会上的一切改革都是为了除旧布新，解放生产力，推动社会向前发展。陆定一提出的'教学必须改革'和'四个适当'，其目的就是为了解放广大教师和学生的思想，激发他们蕴藏已久的教与学两个方面的创造力和积极性，多快好省地提高教学质量和学生的综合素质。"敢峰于是便按照这个思路，站在时代的前沿，在北京景山学校进行了全面的教学改革。

语文是中小学最重要的课程之一，却成了教育上学习苏联的"重灾区"。因此，敢峰把语文作为各科教学改革的突破口。敢峰在1958年曾编辑过《毛泽东同志论教育工作》一书，并先后学习了一些历史、文化和教育的论著。他对文化遗产的继承与新文化和新教育的产生、发展、创新的关系，在思想上有比较明确的认识。敢峰多次对笔者说："对儿童和青少年来说，首先是学习、继承古代文化遗产，在这个基础上才能谈到创新和发展，没有继承就没有创新。"当时批判旧思想、旧文化、旧典籍的风气很浓。敢峰心想：旧的文化遗产有哪些内容，讲了些什么，还不清楚，就讲批判，批判什么？要批判，也必须先弄懂它。敢峰在这种思想的指导下，在集中识字教学的基础上，首先从教材入手，改革语文教学。当时北京景山学校自己编了一套语文教材，除了《儿童学现代文》外，从三、四年级（小学阶段）开始读《儿童学文言文》（包括《三字经》《四言杂字》《幼学琼林》）和《儿童学诗》（唐、宋诗人脍炙人口的五言或七言绝句）。五至七年级（初中阶段）开始大量讲读

《古文观止》和《孟子》《左传》《国语》《战国策》《论语》《史记》等书的选篇，基本上达到低标准的文言文水准。八至十年级（高中阶段）不再要求学生背诵文言文，主要是挑选一些篇章，在教师的指导下，培养学生独立阅读文言文的能力。八年级选读史书（包括编年体的《资治通鉴》和纪传体的《汉书》《三国志》《唐书》）；九年级读诸子百家的文章（如《庄子》《荀子》中的篇章）和《聊斋》选；十年级读《学记》《诗经》《离骚》节选和古乐府等。除学习古文外，还要求学生熟读一批优秀的白话文和古典文学名著。比如，毛泽东、鲁迅、郭沫若、巴金、茅盾的文章和《水浒传》《三国演义》《红楼梦》等。当时，任何一所学校也不敢把这些古典文章作为教材，景山学校的教改可以说是独树一帜。那时敢峰把语文教学归结为七个字——"读书、写字、做文章"。写字也抓得很紧，作文提倡大量练笔，写"放胆文"。景山学校的特立独行，除了支持者外，自然也会招致社会上一部分人的议论——什么教学改革是"复古"啊，是倒退啊，但童大林和敢峰等人不管这些，顶着外边来的种种压力，继续埋头实验。可喜的是，学生们的语文水平和思维能力大大提高了，而且非常喜欢老祖宗留下来的这些文化遗产，他们读起来朗朗上口、津津有味。实践是检验真理的标准。经过短短几年的教改实践，社会公认：景山学校毕业的学生在语文水平和写作能力方面，比一般学校的学生要高出许多。景山学校的语文教学改革，对此后的人民教育出版社语文教材的编选和各地中小学的语文教学产生了重要影响。

与此同时，景山学校还进行了数学、外语诸学科的改革。比如数学，除了采用自己新编的教材外，还引用了法国等三个国家的教材做实验。外语从小学一年级起开设。

今天回顾近五十年前敢峰倡导学生读古文、背古诗的一些做法，觉得非常有意思。那时敢峰虽然没有明确提出，这样做是为了使学生"扎下中华文化的根"，也没有胆量这样说，但他思想深处还是明白此中真谛，只是默默地埋头做就是了。

在繁忙的教学改革间隙，敢峰将他在教改实践经验中迸发出的思想火花，以"教学小品"为总题目，写了一系列几百字的短文，陆续发表在《红旗》杂志的专栏上。这些短小精悍的文章是敢峰吸纳了古今中外教育理论的精华，结合自己的教育实践，融会贯通，凝结而成。敢峰后来在北京力迈学校提出的施教纲领、教学原则，有许多都是在20世纪60年代孕育出来的，在这些"小品"中都可以找到其踪迹。其中有一篇《从"小猫叫，小狗跳"之类说起》的小品文，文中有这样一段话：

过去我在学校中书读得少，自然有种种原因，自己不努力是原因之一，但教学上的少慢差费也不能推卸其责任。……把课文换成"小猫叫，小狗跳，小孩子，哈哈笑"之类的东西……大量减少儿童的识字数量，使儿童在课文中长年累月和一些小狗、小猫、小白兔、小狐狸等小动物为伍，以为这才是"适合"儿童年龄特征的最好办法。……又在教学上形成一些清规戒律：一不许背诵，把背诵一律谓之"死记硬背"，扣以"违反教学规律"的罪名；二必须使学生读"彻底"懂得的课文，不许让学生读那些一时较难完全读懂的文章和诗词。这样一来，许多古来的好文章自然是一不能读二不能背了。农时不可违，学时也不可违。古语曰，"时过然后学，则勤苦而难成"（《礼记·学记》篇），这在某种意义上说，也有一定道理。在年少时对一些古来的好文章不读不背，让记忆力的黄金时代像流水一样空流过去，怎不令人痛心？别人痛不痛心我不知道，反正我是很痛心的。有时写文章，常常为查一句名言，要在图书馆花费好几个钟头的时间，仿佛自己也曾读过，但不知出于何处，而"小猫叫，小狗跳，小孩子，哈哈笑"这些课文，这时却像故意开玩笑似的，每每讨厌地跃现于脑海中，不能从记忆中抹去。别的重要道理姑且不谈，即使光从这一点"狭隘经验"的感受出发，我也是力主在少年时多读一些古今的好文章。①

这篇文章中，就包含着让孩子自幼"扎下中华文化的根"的教育思想。敢峰为力迈学校制订的施教方略中，"不违学时，不误学时"的教育原则，培养学生"珍惜时间"的品质，从小"打下牢固的知识基础"等，在这里都可以找到最早的源头出处。另外，敢峰的《谈学生勇敢精神的培养》《要教学生爬点"陡坡"》等文章中都蕴涵着"重视培养学生的非智力因素，特别是心理素质"的思想；在《要善于"开锁"》《从模仿到创造》《点"石"成"金"》《"死"而后活，"死"中有活》等篇章中，既有"教学良性互动""因材施教""转变差生""弱苗促壮"的思想，也含有"开发大脑，启迪智慧"，引导学生"走上正确的人生道路"，"扎好做人的根"的宗旨。敢峰在《满园春色中的"红杏"》一文中，议论的是教师把全班学生教好之际，要同时培养一些"拔尖"学生，把"红杏出墙"和"满园春色"统一起来，从而引发出培养未来的科技、文化领域中的杰出人才问题。敢峰总是以小见大，从课堂教学想到全国，想到未来。后来，他在力迈学校时提出"要使红杏出墙与弱苗促壮交相辉映"和"力迈无'差生'"，也源于此。

这些名曰"教学小品"的短小文章，实际上是站在思想文化领域最前沿，从哲学角度论述了教育、教学领域的大问题，因此引起了教育界的广泛关注，得到老教育家叶圣陶的赞许，后来由上海教育出版社结集出版。

敢峰对烦琐的应试教育是深恶痛绝的。20世纪60年代，他在《人民日报》《人民教育》等报刊连续发表了几篇分量很重的文章，批评了

---

① 舒风编：《敢峰教育文选》，人民教育出版社2008年版，第521—522页。

教育、教学领域中的教条主义、形式主义和烦琐哲学,反对"片面追求升学率",反对应试教育,主张"减轻学生课业负担",培养学生多种学习能力和良好品质,教育学生"一颗红心,多种准备"(即高中毕业后,既准备升入高等学校继续深造,同时又准备上山下乡,或就业,或参军,等等)。当时敢峰在文章中,虽然没有提出"素质教育"和"优质教育"这些名词,但其思想已经形成。

二、敢峰教育思想走向成熟的时期

研究人才学和广泛涉猎人文科学是敢峰教育思想的催熟剂。

斗转星移,到了20世纪70年代末,中国跨入改革开放的新时代。全国人民从思想桎梏中解放出来,个个精神焕发地为实现四个现代化而努力奋斗。"文革"后的中国,从"左"的指导思想所酿成的灾难性恶果中觉醒过来,百业待兴,百事待举。各行各业都在呼唤着人才,到处都在期盼着人才。在时代的感召下,敢峰带领着几个年轻人开始了"人才问题"的研究,于是"人才学"应运而生。1980年11月,敢峰在合肥召开的"科学学、人才学、未来学首届全国学术讨论会"上作了《关于人才学研究的几个问题》的报告,其中有一段关于人才问题的论述:

人才学是以人才和人才问题为研究对象的一门学科。它的核心主要是两个部分:第一是关于成才问题的研究,即研究各种人才成长的规律,使更多的人,特别是青年走上成才之路,成为人才;第二,是关于人尽其才的研究,即研究如何广开才路,发现、鉴别、选拔和合理使用人才,做到人尽其才。我们常讲伯乐和千里马,现在看来，加强对成才规律的研究，千里马就能大批涌现，加强关于人尽其才的研究，将等于祖国到处有伯乐。发现人才，光靠发挥个别伯乐的作用，一个个地去发现，这显然是不够的。更广泛地说，从整体上来说，要从政策上和制度上进行研究，以利于最大限度地发现、鉴别、选拔和合理地使用人才，发挥人才的作用。①

青年人如何"成才"的问题，也即如何培养人才的问题，这既是教育学研究的问题，也是人才学要研究的问题。从人才学的角度来看，青年人成才的路要宽广得多，不只是学校教育一条路；从对培养人才的要求来说，研究人才学后也才看得更清楚。敢峰提出"广开学路——解放教育生产力"和"教育是人才的反求工程"，即由此而来。广泛涉足人文科学，更是从多个领域开阔了敢峰的视野和思路。正如跳出"庐山"的小圈子，再看"庐山"，就会横看"成岭"，侧看"成峰"，"远近高低"看得清清楚楚。这时敢峰对教育、教学领域存在的问题，以及如何改革，又产生了新的想法。这些想法集中到一点，就是要实现传统教育到现代教育的转变。

1983年国庆节，邓小平为北京景山学校题写了"教育要面向现代化，面向世界，面向未来"的题词。敢峰在邓小平"三个面向"题词的指导和鼓舞下，经过深思熟虑，于1984年9月在《人民日报》上发表了学习性的纪念文章《新时期我国教育改革的纲领——兼论从传统教育到现代教育的转变》。敢峰在文章中写道：

> 教育工作是国家和民族的百年大计、千年大计，是一切基本建设中最重要、最长远的基本建设。对这样一项意义深远和关系全局

---

① 舒风著：《人比山高：敢峰的理念和人生》，中国青年出版社2005年版，第188页。

的基本建设，没有远大的战略眼光是无论如何也搞不好的。我们应当认真学习和深入领会三个"面向"的战略思想，打破在教育问题上的狭隘眼界，进一步搞好教育事业发展的规划，创建具有中国特色的社会主义教育制度，在教育体制、教育内容（包括教材）、教育方法、教育手段和教育管理等一系列重要问题上，根据三个"面向"的思想坚定而又稳步地进行改革，经过一段时间的努力，把我们的全部教育工作转到面向现代化、面向世界、面向未来的轨道上来。①

敢峰高屋建瓴地从宏观上分析了中国的教育现状，在此基础上提出了将我国的传统教育转变为现代教育的"十条意见"，诸如："用现代的观点看问题，教育不仅仅是上层建筑，同时也是一种潜在的生产力……学校是开发智力资源的基础工业"，"要把单一的正规化学校教育，转变为以正规化学校为主体的多渠道办学——广开学路"，"完整的现代教育体系应包括学前教育、基础教育、专业教育、研究生教育、继续教育五级"，"使教育从过去凝固、保守的封闭系统转变为动态的开放系统"，"使教学从单一的传授知识转变为注重智能结构的全面培养"，以及"大学生和研究生要把'真刀真枪'的科学研究作为重要的学习方式"，"理工科高等学校要成为以培养人才为主的教育、科学研究和现代化生产三结合的基地"，等等。

1989年8月，敢峰又在《人民日报》上发表了《兴教八议》。这篇文章的开头就说："要振兴中华，一个严重的问题摆在面前：必须促进整个民族在教育问题上的觉醒。"② 这篇文章已经孕育了"重构"教育的思想。敢峰在文章的结尾写道："从长远和根本意义上说，全社会对

---

① 舒风编：《敢峰教育文选》，人民教育出版社2008年版，第14—15页。
② 1989年8月30日《人民日报》。

教育的投资是一切投资中赢利最大的投资，对人才的浪费是一切浪费中最大的浪费。现代的社会功利观要以教育和人才为支点加以重构，排除目光短浅和短期行为的影响……总之，教育可以兴邦，也可以误国，教育问题不解决好，我们中华民族要改变落后状况是不可能的。忧国忧民，其中一个十分突出的问题就是要忧教。教育兴则国本固，实现四化、振兴中华之命运系焉。"①

1995年7月，敢峰在《人民日报》上发表了《漫议重构基础教育》的文章。敢峰在文章中提出："历史上有过多次的教育改革。当前我们所面临的教育改革是否可以说有两个战略要点：一个是以发展教育'生产力'为主旨的办学体制的改革；另一个是以提高教育质量为目标的教学内容、方法、考试和管理等方面的改革（即以教学改革为中心的全面改革）。在这里，我想着重提出教育改革中一个极为重要的问题——基础教育的重构（特别是基础知识和技能的重构）。"② 敢峰提出的"重构基础教育"，不仅仅是办学体制的改革，也不仅仅是教学内容、方法等方面的改革，而是基础教育的总体性、结构性的改革，在现代社会中为孩子们一生的发展打好基础。

按照敢峰的解释，重构后的基础教育是人生的奠基教育、升大学（学习专业）的准备教育和走向社会（包括劳动就业）的指导教育三者的有机统一。其目标是把一个个无知的儿童，培养成为有理想、有道德、有文化、有纪律的具有发展前途的21世纪新人。1995年夏天，敢峰创办了北京力迈学校之后，于9月28日写了一篇《再议重构基础教育》的文章，刊登在《力迈特刊》（该刊后来改名为《力迈之窗》）的创刊号上。敢峰在文章中用五句话概括了重构基础教育的框架：

---

① 1989年8月30日《人民日报》。
② 1995年7月25日《人民日报》。

①使学生扎下中华文化的根，懂得中国的历史和国情，着眼于继往开来，在世界上再造中华民族的辉煌。

②把学生引上正确的人生路，能够辨别真善美和假恶丑，在现代社会中学会做人、立业、处世之道，具有高尚的爱国主义情操和建设有中国特色的社会主义志向。

③在抓好启蒙教育和双语教学（汉语和英语）的基础上，循序进行现代基础知识、智能和基本功的教学、训练，学用结合，以少而精统帅多而广，把打好基础同因材施教结合起来。

④在重视智能开发的同时，要十分重视非智能因素（特别是思想品德和良好的心理素质）的开发，培养学生为迎战 21 世纪所需要的创造精神和意志力。

⑤教养与教育、教学并重，实地培养学生独立生活能力和社会交往能力，良好的生活、学习、劳动和锻炼身体的习惯以及文明行为。①

这时，敢峰的教育思想已经成熟了。

三、敢峰教育思想的丰富发展时期

1995 年，敢峰离休后回到教育战线，一方面在北京力迈学校励志进行重构基础教育的改革实验，一方面在宏观上对教育进行着思考，提出了许多新的观点和主张，这是他的教育思想丰富和发展的重要时期。

---

① 敢峰著：《新世纪"根苗工程"》，人民日报出版社 2002 年版，第 25 页。

敢峰在力迈学校耕耘了十多年，虽然他已很少公开发表教育理论文章了，但他的教改实践和在教改实践中的思考，却非常丰富和鲜活引人，屡屡放出异彩，使他的大教育观和活教育论更加系统化和实际化。在新世纪之初，敢峰主编了《教育世纪》文丛，他还主持撰写了《教育的世纪和世纪的教育——纵论21世纪教育的战略地位和发展大趋势》《加入WTO的中国：呼唤职业技术教育的大发展》《以我为主，融合创新，推动中华文明的发展》等专论。2002年8月，敢峰在首届"中国科学家、教育家、企业家论坛"上作了《直面21世纪的教育战略》的发言，阐述了自己的"大教育观"：①广开学路、广开才路、广开就业门路，解放和发展教育生产力。这"三开工程"是将教育与社会经济发展融为一体的振兴教育、振兴经济和使中国21世纪人才辈出、群星灿烂的世纪性工程的必由之路。②在东西方教育，即中国和西方发达国家教育的交流、汇合和碰撞中，取我国传统教育（主要指新中国成立后）与西方教育之所长，去两者的弊端，在教育改革中走"以我为主，融合创新"之路。③精心构建21世纪的"根苗工程"：使学生从小扎下中华文化的根，扎好做人的根；把学生引上正确的人生道路；优化现代基础知识的教学和智能、技能的培养；注重非智力因素特别是良好心理素质和创新意识的培养；教养与教育、教学并重。④下大力气凝聚优秀人才和筹措资金，统一规划和构建以研究性大学为火车头的学、研、产联合体，在带动我国现代化建设过程中努力攀登21世纪的科学技术高峰、文化艺术高峰和学术理论高峰。⑤根据我国不同地区的经济社会发展、市场需求和就业需要，因地制宜地大力发展职业技术教育，特别是高等职业技术教育，努力提高各级各类职业技术教育的教学质量。从这个发言中，我们可以看到敢峰的教育观不只包括学校教育，它还涵盖了融汇中西方的教育经验，多种形式办学，筹集办学资金，广开就业门路，不拘一格使用人才，促使中国人才辈出，发展社会主义的文化艺术、科学技术事业等内容。

2005年7月,敢峰又在该论坛的中国教育热点问题高层研讨会上作了《教育"生态"与优质教育》的发言,痛陈了导致应试教育愈演愈烈的三大问题:教育生态严重失衡;教育导向出现了严重失误;教育评估同国家教育方针严重背离。这些都是宏观教育方面的。至于在"活教育论"方面,则主要体现在力迈学校的教改实践并散见于敢峰起草的文件、讲话、谈话中。2005年秋,在力迈学校建校十周年校庆之际,敢峰写了一篇短文《教育星空中的一支"短笛"——也谈我理想中的学校》,文章虽短,却是他从力迈学校十年教改实践中提炼出来的。为什么用"理想中的学校"这个词?因为改革实验远未成功,需要继续为之奋斗啊!

我们纵观敢峰的教育思想,也可以把它分为四个组成部分:宏观教育论、现代教学论、新型学生论和教育理想论。

(一) 敢峰的宏观教育论的核心是"人生教育导航"

敢峰有句名言是"吃猪肉,吃羊肉,最终要变成自己的肉"。猪肉、羊肉能变成人身上的肉,是吃进肚里,经过消化吸收的结果。继承古代文化遗产,学习外国的先进经验,生吞活剥是不成的,也必须经过消化吸收,最后变成自己的东西。2001年10月创办《教育世纪》文丛时,敢峰在《开篇词》中写道:"教育是知识经济之母。教育是民主政治之母。教育是先进文化之母。教育是使人类社会解脱人口、环境、资源和战争等危机,维护经济持续发展、社会不断进步、世界持久和平,以及促使人类自身全面发展、素质提高、创新潜力充分发挥的具有基础性的决定因素。用一句形象的话来说:教育是21世纪文明进步的标志与旗帜。"[1]

---

[1] 舒风著:《人比山高:敢峰的理念和人生》,中国青年出版社2005年版,第324页。

质言之，21世纪是教育的世纪。没有发达的教育，就没有各类拔尖人才，也就没有经济的繁荣、科技文化的进步、政治的清明和民主、国家的昌盛；没有先进的教育，国家就很难摆脱失业、贫穷、环境污染、资源紧缺造成的种种困难。敢峰提出"重构教育"的命题，是个时代性的命题，确实值得我们深思。过去我国在教育改革上已经延误了一些时间，现在不能再延误了。

2000年1月16日早晨，北京力迈学校全体师生排着整齐的队列站在庄严的国旗下，迎着初升的朝阳，聆听着敢峰校长铿锵有力的讲话：

> 现在，我们站在21世纪的入门处，举行力迈学校中学部21世纪的第一次升旗仪式。在这庄严神圣的时刻，我衷心地感谢老师们崇高的敬业精神和辛勤劳动，热诚地希望同学们肩负起历史的使命，高举人生的火炬，做21世纪新的一代风流。
>
> 每一个时代的青年，都肩负着他们那个时代所应肩负的历史使命。同学们所肩负的历史使命是什么？就是在21世纪中叶以前，使我们的国家走向现代化，走向世界，再造中华民族在人类历史上的辉煌。
>
> ……
>
> 高举人生的火炬是什么意思呢？人生有三宝，一要立志，二要好学，三要奋斗。人，无志不立，不学难行，不奋斗怎能开辟出人世间的大道？高举人生的火炬，就是要立志、好学、奋斗。……21世纪在呼唤着创造新世纪光辉业绩的各种杰出人才，希望在同学们当中有更多的人，今天打好基础，将来能奋勇攀登21世纪的科学高峰、艺术高峰和理论高峰，做一个"人比山高"的人，成为新一代的风流人物。[①]

[①] 舒风编：《敢峰教育文选》，人民教育出版社2008年版，第42—43页。

敢峰在一篇文章中写道:"教育兼具生产力和上层建筑双重属性。在教育过程中(即儿童和青少年的成长过程中),教育工作者肩负着时代的要求,肩负着国家、社会和家长的期望。教育工作者不能只顾知识的教学和停留在一般性的德育工作上,而要以人生教育导航,把一个个幼童一步步引上正确的人生路,使他们懂得在现在社会中为人、立业、处世之道,在世路多歧中能够分辨真善美与假恶丑,树立正确的世界观、人生观、价值观和荣辱观,铸造健康的人格(内铸人品,外立人格)。这是贯穿在学生健康成长过程中的一条始终不能偏离的红线。以时代所要求的健康人格为主体,科学和艺术为两翼,应当成为我们教育蓝图的整体模式。在当代中国,我们要以振兴中华为己任的人生教育导航,使学生懂得珍惜,懂得自强,懂得责任,把立志、好学、奋斗作为人生教育的核,使更多的学生能够成为实现21世纪中华民族的伟大复兴和维护世界和平、进步的新一代风流。"[①] 这段话应该看做敢峰对其宏观教育论的全面诠释。

(二)敢峰的现代教学论的核心是"教学互动"理论

敢峰在教育理论方面有自己的独特见解,向来不是"人云亦云"。敢峰曾对朱万明说:"教育这个词,本身原有的含义并不确切,它只讲了一个方面,这是历史的原因造成的,并形成了以教为中心的传统教育理论。作为对这种理论的反动,后来西方又出现了以学为中心的倡导学生自由发展的理论。这两种理论都不全面。"敢峰对这段话的解释是:"学生的健康成长过程,就是在特定的教育环境下教与学双向良性互动的过程……时代发展到今天,我们应当赋予教育新的含义,把这两个方面统一起来,创建促使学生健康成长的'教学互动'理论,使教育对学生的内化作用与学生自身的成长机制融为一体。因此,形象地说,我的

---

① 舒风编:《敢峰教育文选》,人民教育出版社2008年版,第37页。

教育理论，既不是传统教育的以教师为中心，也不是西方教育的以学生为中心，而是以教师的教和学生的学为椭圆的两个心所形成的教与学互动活动相统一的理论。在学校中的整个教育教学活动都是在教师主导下的这个互动中展开和实现的，学生也是在这个互动中成长起来的。"①

按照"教学互动"理论，敢峰认为教师应当把爱、严和教育教学得法三者统一起来，在教育教学活动中实行师与生（教与学）双向良性互动、"死"活结合（该"死"的"死"，该活的活；先"死"后活，"死"中有活；"死"活有度，两者结合）和因材施教三原则。教师要读懂学生这本"无字书"，既是学生的良师，又是学生的益友。教师在教学活动中，能够情通理达，因势利导，教学相长。教育教学的方式、方法与课堂结构也应当与此相适应，加以改革与创新，摒弃教育、教学中的烦琐哲学和形式主义，讲究"有效教学"和追求"高效教学"，在探索实践中建立和健全教学良性互动理论的方法论体系。这样做的终极目标是：其一，要把学生引上自学成才之路；其二，在知识结构上，要使学生建立牢固的"根据地"与广阔的"游击区"；其三，要把启迪智慧作为现代教育的枢纽工程。

（三）敢峰的新型学生论的核心是"以学生健康成长为本"

敢峰在一篇文章中说："教育是人类文明代代相传的'遗传工程'，以及在传承过程中促使人类文明不断发展的'创新工程'。这些都生动地融入和体现在学生的健康成长过程中。没有学生的健康成长就不能实现或者不能很好实现这一切。"②在一次学术会议的间隙，与会人员议论说："现在办什么事都提倡'以人为本'，我们教育工作者终日和学生打交道，怎样才算'以人为本'呢？"敢峰略微思索后说："'以人为本'，在教育上，说到底，就是'以学生健康成长为本'。这是国家、社会和

---

①② 舒风编：《敢峰教育文选》，人民教育出版社2008年版，第36、34页。

家长的根本利益。教育的核心是培养学生的健康人格,而健康的人格要以健康的体魄为基础。"

应试教育摧残了广大中小学生的身心健康。2004年,教育部对18万余名7~22岁的城乡男女学生进行了体质健康监测,其结果是绝大部分学生体重继续增加,爆发力、耐久力继续下降。天津市的调查显示,该地的学生身体素质已经降到二十年来的最差水平。2005年9月,中国青少年研究中心在全国范围内作的调查显示:57.6%的中小学生的第一苦恼是学习压力太大;6~14岁的中小学生有70%左右睡眠不足。我们的后代如果身心不健全,就不可能担负起建设祖国的重任,成为振兴中华的栋梁。"让学生健康地成长"应该是教育的起点。因此,敢峰认为:"办教育,特别是基础教育,必须'以学生健康成长为本',适应儿童和青少年的心理与认识特点,按照时代的需要和教育规律办教育,这是'天条',也是教育工作者的神圣职责。应试教育的最大祸害,就是严重损害了学生们的健康成长(即使是应试教育的获胜者也是内伤累累,不利于创新型人才的培养),同时也使教育生态遭到严重破坏,使教育事业的发展背离了科学的发展观。"① 2004年,北京力迈学校同中国教师报社联合举办了"以学生健康成长为本"的优质教育展示活动,就是要在中国"应试教育"低压的云层下"顶着风唱歌",坚持高举"以学生健康成长为本"的旗帜,展示力迈学校也即敢峰的教育理念和决心,表明敢峰坚定不移地在邓小平"三个面向"教育思想和国家教育方针指引下,奋力开拓前进的雄心壮志。

(四)敢峰的教育理想论的核心是"愿天下子女都成才"

几年前笔者写作《人比山高:敢峰的理念和人生》时,敢峰曾对笔者说:"干什么事业都要有理想,没有理想就失去了奋斗的方向和目标,

---

① 舒风编:《敢峰教育文选》,人民教育出版社2008年版,第34—35页。

没有理想就没有动力。"笔者问他："你这样执著地办教育，你的最大理想是什么呢？"敢峰脱口而出："我的教育理想，就是'愿天下子女都成才'。"随后他又解释说："这不只是我个人的理想，应当是所有教育工作者的共同理想。因为这是时代、家长和整个社会的殷切期望。"敢峰认为：人皆可以成才，成才的道路多种多样，成才的时间有早有晚，成才的过程也不会一帆风顺，总会遇到各种困难，诸如学习上一时跟不上队，或者受社会某些不良风气的影响，在进步道路上走一段弯路，这些都不足为奇。因此，作为一个教育工作者，在工作中遇到所谓"差生"是不可避免的。如何对待所谓的"差生"，怎样转化所谓的"差生"？这是一个世界性的难题，也是向所有教育工作者提出的严峻挑战。敢峰说："人生好比万米长跑，谁能说开始跑在后面的学生就注定永远落在后面呢？"所以，敢峰在创办北京力迈学校之始就提出："热爱学生是教师的'天性'，教好学生是教师的'天职'。"同时，敢峰豪迈地提出一个响亮的口号："力迈无'差生'！"为了实现这个远大目标，敢峰又为力迈学校制订了周密的"红杏出墙"和"弱苗促壮"交相辉映的施教措施，决心在一校范围内实现"愿天下子女都成才"的教育理想。敢峰常对教师们说："转变一个差生，胜造一座七级浮屠。"他还对学生说："不管你们过去学习的基础怎么差，只要努力学习就是好学生；不管你们过去有多少毛病和坏习气，只要认真改正就是好学生。"[①] 敢峰曾颇有感触地对笔者说："这就是我们的教育观，是我们评估教育和教学效果的标杆。这种教育观，这个标杆，在应试教育低压的云层下要树立起来真是不容易啊！一校不能擎天，如果它是正确的，我多么希望中国一切有志、有识、有社会责任感的教育工作者一同来擎，成为我们在教育上的'共同宣言'！"[②]

[①][②] 舒风编：《敢峰教育文选》，人民教育出版社 2008 年版，第 25—26、412 页。

四、敢峰的一生是教育改革的一生

屈原曾发出"路漫漫其修远兮，吾将上下而求索"的感叹。纵观敢峰几十年的人生道路，可以概括为不断学习新知识、新理论、新思想的一生，不断上下求索、披荆斩棘进行教育改革的一生。敢峰被冠以思想家、教育改革家的称号是当之无愧的。

敢峰的教育改革和探索，始自1960年中宣部创办北京景山学校，至今已达50年之久。敢峰在半个世纪的日子里，心中始终萦绕着、思考着中国教育如何改革，怎样才能把中华民族的子孙尽快培养成才等问题。

北京景山学校的成立，是根据当时教学改革的时代呼唤"应运而生"的。在"文革"前的六年中，敢峰与贺鸿琛等同志带领全体教师，在党的领导和各方面的大力支持下，从学制到课程、到教学方法，从德育到智育、到生产劳动，在各个方面均进行了许多大胆的改革实验，冲破了教学上的烦琐哲学、形式主义的束缚，摈弃了硬搬苏联教育、教学的一些不切实际的做法，努力探索符合中国实际和儿童、青少年成长规律的教育之路。敢峰经过几十年的努力，成绩斐然，举国瞩目，对当时和后来的基础教育改革起了重要的推动作用。

"文革"中断了景山学校红红火火的教学改革，敢峰被调到教育部等单位工作。在这几年当中，敢峰虽然没有在学校工作，但心里仍然记挂着景山学校及整个国家的教育事业的发展，这一点，我们从他这几年写作的大量有关教育改革和人才培养的文章就可以看出来。

1995年敢峰离休后，又同景山学校的老战友贺鸿琛、陈心五和结识的新战友张定东等人共同创办了北京力迈学校。敢峰在力迈学校董事会和田建国董事长的支持下，在立志教改的众多老师和同事们的共同努力下，按照邓小平"三个面向"的思想和国家的教育方针进行"重构基础教育"的改革实验，精心营建新世纪的"根苗工程"。敢峰亲自制订了《北京力迈学校的施教方略》《北京力迈学校重构基础教育改革实验纲要》和《力迈学校之魂魄》三个基本办学文件。

敢峰为北京力迈学校规定的办学目标是：经过一段时间的探索和奋斗，要力争攻克"重构基础教育改革实验"与"力迈无'差生'"两座雄关，使北京力迈学校成为现代一流的、在海内外有重要影响的基础教育学府，出人才苗子，出经验，出新的教育思想，出教育家。

北京力迈学校的核心工程，是教师的"凝聚、提高工程"：在教师中贯彻"事业凝聚、感情凝聚、待遇凝聚"三原则；举办教工学堂，铸师魂、修师德、扬师风、展师能，在教改实践中使教师得到再培训和再提高。

一所初建的民办学校，在全国疯狂追求升学率的"应试教育"压力下，自告奋勇、不畏风险地肩负起攻夺"重构基础教育改革实验"和"力迈无'差生'"这两座雄关（也是基础教育中的两大世界难题），其困难可想而知。

十几年来，敢峰为办好北京力迈学校，呕心沥血，历尽艰险，废寝忘食，殚精竭虑。北京力迈学校的一草一木、一砖一瓦，每个孩子的点滴进步，年轻教师的可喜业绩，无不渗透着敢峰的心血。十几年来，力迈学校在敢峰的带领下，在努力提高教育、教学质量的同时，对教育改革，其中包括学制、小学语文和社会课改革，从幼儿园起开设外语和引进剑桥英语教材，学生素质基因的培育和矫正等方面，都进行了有益的探索，成绩卓著，得到社会各界的广泛赞誉。教育部原副部长李琦在参观考察北京力迈学校时，盛赞："这是我真正理想的学校。"

北京力迈学校不搞应试教育，但也不怕考试。尽管中学的生源质量参差不齐，原有学习基础中、下等的学生居多，但在中考和高考中均取得了可喜的成绩。"红杏出墙"与"弱苗促壮"已成为力迈学校一道最亮丽的风景线。

在20世纪末，北京力迈学校处于第一个发展高峰期，全国31个省、市、自治区都有学生在力迈学校就读。近几年，特别是"非典"后，学生数量有所减少。在新的困难形势下，2006年敢峰校长又提出坚持走"品格立校、精品兴校"之路，实现力迈学校的"中兴"。2005年新建的剑桥国际中心，在王桂岚副校长和李放大博士的主持下，集中西教育之所长，奋力开拓了一条优质的学生出国留学之路，并在短期内接连取得了雅思考试及AS考试的优异成绩。汉语教学中心也为外国学生入读力迈学校积累了汉语教学经验。北京力迈学校正在向以中国优质教育为主体的国际性学校的方向迈进。

2006年6月，在中国新闻社评价中心开展的"首届中国最具竞争力品牌企业大型公益调查活动"中，北京力迈学校被评为"中国最具发展潜力人民满意的十佳民办名校"。

2006年9月，在由亚洲国际名优品牌认证监督管理中心等六家单位联合主办的"首届亚洲品牌盛典"上，北京力迈学校荣获亚洲教育行业"十大最具潜力品牌奖"，敢峰被评为"亚洲品牌创新十大杰出人物"。其后，中国新闻社编辑出版了《思想家教育改革家敢峰》专辑。

2009年教师节前夕，国务院总理温家宝到北京第三十五中学调研，听课后发表了讲话说："我们需要由大批有真知灼见的教育家来办学，这些人应该树立终身办学的志向，不是干一阵子，而是干一辈子，任何名利都引诱不了他，把自己完全献身于教育事业。"[1]

当前，我国要想培养出杰出的人才，像钱学森、季羡林等大师级的

---

[1] 《中国新闻周刊》2009年第38期。

人才，就必须树立现代的、先进的教育理念，冲破陈旧的、传统的观念束缚，由懂教育的专家在教育、教学领域的方方面面进行大胆的探索和改革。

愿各级各类学校的领导岗位都能够涌现出大批敢峰式的教育改革家。

第一编　宏观教育论

　　世界上万事万物时时刻刻都在发展变化，这是不依人的意志为转移的。教育事业作为社会的上层建筑，也在随着经济社会的发展而发展变化，一成不变的、僵死的教育是没有的。每个时代有每个时代的教育思想，教育总是为社会的经济基础服务的，为当时的政治所支配。我们认识到这个规律，就可以有意识地、主动地去改革教育，使之更好地为推动社会发展、人类进步服务。敢峰基于这种认识，在20世纪80年代提出了一系列改革教育的设想，其理论不乏真知灼见，极具超前性。

　　敢峰的宏观教育论的核心是"以人生教育导航"，用敢峰的话说就是"内铸人品，外铸人格"，培养的学生懂得现代社会的为人、立业、处世之道，在复杂的社会中能辨明真、善、美与假、恶、丑。

第一章

"教育工程"说

粉碎"四人帮"之后,全国人民在欢欣鼓舞中立即开始了大规模的经济建设,各行各业急需大批人才。由于"四人帮"的破坏,教育园地整整荒芜了十年,各类人才的供需矛盾十分突出。现代化建设对教育工作提出了更新、更高的要求,必须"早出人才,多出人才,出好人才",才能适应社会发展与经济建设的需要。此时,敢峰正在教育部主持《人民教育》编辑部的工作,他非常关心我国教育事业的发展和人才的培养,经过深思熟虑,写了《试论教育工程》[①] 一文发表在《光明日报》上。敢峰在这篇文章中首创"教育工程"说(当时"工程"这一概念仅见于工科领域和遗传工程,不像现在在各个领域普遍用开了。敢峰大胆地提出"教育工程",曾被讥为"机械论"或"怪论")。他在文章中写

[①] 1978年秋到1979年春,敢峰先后在《光明日报》上发表了三篇"论教育工程"的文章,分别是《试论教育工程》《再论教育工程》《三论教育工程》。这三篇文章收入《敢峰教育文选》时,合并为《三论教育工程》一文。

道:"教育是一种工程,是培养人才的工程。对无产阶级来说,这种工程,是要按照马克思主义的世界观塑造青少年儿童的灵魂和在青少年儿童头脑中建造知识大厦。而教师则是塑造灵魂的工程师和建造知识大厦的施工部队。"① 他认为这就是"无产阶级教育的实质",并进一步为"教育科学"下定义:"从理论和实践的结合上研究教育工程的这门学问,就是教育科学。"② 教育科学是教育领域中各门教育学科的总称,它包括学前教育学、小学教育学、家庭教育学、基础教育学、成人教育学,以及教育与其他相关学科共同研究形成的交叉学科,如教育经济学、教育社会学、教育心理学、教育哲学,等等。所以说,"教育工程"是一门多学科互相渗透的、相互联系的、庞杂的系统工程。

笔者曾问敢峰:"你为什么在1978年提出'教育工程'呢?那时,很多人都表示新奇,不理解,还有人在全国性的教育理论刊物上发表文章,批判这是机械唯物论。"敢峰说:"是啊!这并不奇怪。在此以前我也没有想到我会提出这个问题。这是培养人才的时代需要和当时兴起的'三论'(系统论、信息论、控制论)给我的启发。我感到过去研究教育往往飘在云里雾里,在概念中兜圈子;或者就事论事,头疼医头,脚疼医脚,陷在事务的泥泞中,理不出头绪。从思维方式和行为方式上看,一个重要的问题就是没有把教育作为'工程'。'工程',从广义上说,就是为了实现一个目标将理论与实践统一起来的行为模式,要把各种相关的因素考虑和研究清楚,把各种相关的资源组织和配置好,协调有序,在具体的实际操作中使目标成为现实。提出'教育工程',是我在教育思想上的一个很大变化,是从传统教育思想向现代教育思想转变的重要突破。我本来打算像过去写'教学小品'那样,将这些断想陆续写下去的,可是写到'三论'时就搁笔了(原因不去说它了),仅仅开了

---

①② 舒风编:《敢峰教育文选》,人民教育出版社2008年版,第344页。

个头。不过，我在教育上的思维和行为方式却遵此一直在运行着。现在各个领域都在大讲各种'工程'了，我非常高兴。这是改革开放之风结出的务实之果。但既然是'工程'，就要真正花工夫作为'工程'来研究和实干，不要流于形式和时髦语言。"①

敢峰的这番话，为我们了解他为何提出"教育工程"和对"教育工程"的理解提供了一把钥匙。

一、提出"教育工程"的理论依据

敢峰在1978年秋提出"教育工程"论，是他总结多年来从事教育工作的经验，针对当时教育工作的实际情况和社会需求思考的结果。敢峰绝不是空穴来风，头脑一热，想出了这样一个新的概念。

在西方，教育学一词来自希腊语"pedagogue"（教仆）。在古希腊，奴隶主家中有专门为主人到学校接送孩子，帮助携带学习用品，并监督孩子在学校的行为举止的奴仆。"教育学"是从"教仆"一词引申出来的，意为照管儿童的学问。在我国，一般都把教育学定义为："以人类教育现象为研究对象，揭示教育规律的一门社会科学。"敢峰给教育学下的定义是："从理论和实践的结合上研究教育工程的这门学问，就是教育科学。"这比一般的定义更强调了研究教育的实践性、教育实践经验升华为教育理论以及教育实践与教育理论的结合。敢峰在这里更强调了教育与其他社会领域，如经济、文化等方面的关系，又强调了教育系统内部各个专业领域的关系。

---

① 舒风编：《敢峰教育文选》，人民教育出版社2008年版，第351—352页。

首先，明确何谓"工程"。不同的人有许多不同的定义：有人说工程是"将自然科学的原理，应用到工农业生产中而形成的各学科总称"，比如"水利工程""化学工程""海洋工程""生物工程"等；有人说工程"泛指某项需要投入巨大人力和物力的工作"，或者说"服务于特定目的的各项工作的总体称为工程"，比如"菜篮子工程""米袋子工程""希望工程""绿化工程""环保工程"等。

教育是需要投入巨大的人力、物力、财力的事业，它牵涉到千家万户，涉及所有儿童、青少年的成长和发展；至于"回归教育"，还包括了成人的再学习、老人的终身教育。因为教育在空间上覆盖了全体国民，各行各业都在办教育，受教育者的年龄、专业和受教育的年限千差万别，涉及社会的方方面面，这就决定了教育事业的全民性、多轨性和协调性三大特点。全民性和多轨性不用多作解释。教育工程的协调性是指教育工程内部各系统与外部社会环境必须成龙配套、协调发展。比如，教育工程与社会经济、科学技术、人才管理制度等要协调发展，教育工程内部各个系统要协调发展，各类、各级学校比例要合理，人才的培养要符合人才成长规律，等等。只有这样，才能做到"早出人才，快出人才，出好人才"，"人尽其才，才尽其用"。有鉴于此，敢峰才以"工程"二字命名"教育"，称之为"教育工程"。敢峰感慨地对笔者说："恰当地而不是生拉硬扯地借助一些形象具体的东西来说明抽象的观念，有利于研究教育工作的规律，这不但不是庸俗教育学，而正是为教育科学的研究提供了某些思维的形式。"借用具体形象的事物来比喻、说明教育事业，不是敢峰的发明，早在17世纪捷克大教育家夸美纽斯在《大教学论》中就提出，学校是培养"人的工场"。这不就是把工业生产产品的工艺流程，拿来与学校培养人才的过程作比附吗？

教育工程不只庞大还非常复杂，它和建筑工程有许多相似之处。比如：建筑项目都有施工蓝图，教育也有培养目标、修业年限、学科设置、教学大纲等规划；建高楼，有十层还是十二层之分，中小学学制也有十年还是十二年的区别；大楼的建筑面积可以是上千平米也可以是上万平米，学校的课程设置可以单科独进也可以多科齐头并进；等等。这些方面两者都十分类似。

其次，教育是人类独有的"遗传工程"。中国古代的教育家荀子在《劝学篇》中说："学不可以已"，"木直中绳，輮以为轮，其曲中规，虽有槁暴，不复挺者，輮使之然也。故木受绳则直，金就砺则利。君子博学而日参省乎己，则知明而行无过矣"，故"不闻先王之遗言，不知学问之大也"。荀子还强调："积善成德，而神明自得，圣心备焉。"荀子的这些话就说明了人不是"生而知之"，其知识和品德，都是后天学习和不断积累、继承的结果。敢峰在《试论教育工程》中说："人，总是要死的。人类自身的延续和发展，一个是靠遗传，这是'先天'的；再一个靠教育，这是'后天'的。人类在改造自然、改造社会的斗争中长期积累起来的知识（即生产斗争和阶级斗争这两门知识），要一代一代相传，并在这个基础上继续前进，最根本的是靠教育。离开了教育这个基础，浩瀚的书本和各种认识手段（认识工具），都将成为一堆死的毫无用处的东西。因此，教育工程从一代一代传递思想和知识来说，也是一种特殊的'遗传工程'，学校就是这种传递思想和知识的场所。"① 这种传承和遗传，不是由先人简单地"教"，后人简单地"学"，就可以完成的。后人的"学习和继承"，不是简单地"复制"先人的知识和"重复"先人的技术，而是"有所发现，有所发明，有所创造，有所前进"。只有如此，人类社会和人类本身才能不断前进和发展。

最后，教育工程系统不是封闭的，而是开放的。它不断地吸收新的"学员""准人才"（或如敢峰说的"人才苗子"），不断地向社会输出新

---

① 舒风编：《敢峰教育文选》，人民教育出版社2008年版，第344—345页。

的各类人才。社会在不断发展前进，文化、科学技术和生产也在日新月异，时代的发展会不断向教育、向学校培育的人才提出新的要求。学校为了满足社会经济发展的需要，就必须不断调整教学计划，设置新的学科，更新教学内容；教师也必须不断吸收新的知识，淘汰头脑中的陈旧知识，以适应不断变化的教学需要。

教育工程的主要因素是学校、教师、学生，只有不断地与外界交换新的信息，才能有序地发展。学校必须向社会开放，校际之间，教师与教师之间，学生与学生之间，也须互相交流教学经验和学习心得。"闭门读书""关门办学""近亲繁殖"，只能使教育事业萎缩、退步，学生落伍于时代。

二、"教育工程"中的力学

教育的对象是"活的人"。在广大青少年的头脑中塑造他们的灵魂，建造知识大厦，只有通过学生和教师两方面的主观能动性才能达到预期目的。因此，教育工程的一个主要任务就是研究教育教学的方法、技巧、艺术，研究传授知识的难易程度和分量的大小，研究教育对象的接受能力等等问题。因此，敢峰特别强调"从实际出发，最大限度地调动"学生的学习积极性。他说："把学生学习的各种主客观条件、内因和外因高度有机地结合起来，不断改进教育的物质条件，不断改进教学方法和工作方法。教学不是照本宣科，是传授知识、培养能力的科学和艺术，是结合学生实际的一种再创造。"[1]

---

[1] 舒风编：《敢峰教育文选》，人民教育出版社 2008 年版，第 345—346 页。

1979年3月1日，敢峰在《光明日报》上又发表了《三论教育工程》。他在这篇文章中提出了"教育力学"的新概念。敢峰在文章中说："在宇宙间，力学是无所不在的'上帝'。……培养人才，在人的头脑中构筑知识的大厦，有没有力学的问题呢？同样有的。""关于这种力学，我们姑且称它为'教育力学'。"敢峰说："近代科学是力学发端的，如果我们连教育领域中的这个最简单的力学问题——'杠杆原理'都不清楚，培养人才的教育工程怎能搞好呢？"①

敢峰根据教学规律，概括出教育学的"杠杆原理"的公式如下：

　　教学内容（"阻力"）×作业量（"阻力臂"）＝学生学习负担（"动力"）×教学方法（"动力臂"）②

从敢峰的教育学"杠杆原理"的公式看，我们可以知道：学生的学习负担同教学内容和作业量成正比，同教学方法和技巧成反比。学生的学习负担有一定的限度，过量，学生则吃不消，教师在课堂上"灌"得再多，学生也吸收不了。因此，要想提高教学质量（包括相应的教学内容和作业量），又不使学生的负担超出合理的限度，根本问题是改进教学方法。起重机为什么能"四两拨千斤"？就是利用"杠杆原理"，有一个长的动力臂。所以，敢峰在文章中剖析教学方法与学生课业负担的辩证关系时说：

　　　　在教学上，要使学生以合理的学习负担完成较重的教学任务，也要有一个长的"动力臂"——好的教学方法。在教学上，教学任务（教学内容和相应的作业量）的确定，应有科学根据，不但要看客观需要，还要看实际可能。在教学内容适量的情况下，学生学习负担过重，

---

①② 舒风编：《敢峰教育文选》，人民教育出版社2008年版，第348、349页。

其弊病或者是作业量过多过重——"阻力臂"过长，或者是教学方法不得法——"动力臂"短，或者是两者兼而有之。因此，提高教学质量，应大力开展教学研究，加长教学的"动力臂"，而不能采用加重作业量加重学生学习负担的办法。认识和掌握教学上的"杠杆原理"，才有可能使我们从教学的必然王国走向自由王国。①

由此看来，"教育力"是由两种"力"合成的：一种是学生的"学习能力"（理解力、记忆力、自学力、想象力、联想力、驾驭知识的能力、独立思考的能力、分析问题和解决问题的能力，等等），一种是教师的"教学能力"（启发力、诱导力、组织活动力、形象化的语言表述力、逻辑推理力，等等）。所谓"教学"，即教师的"教"（传道、授业、解惑）与学生的"学"（懂理、知物、掌握技艺）两者结合在一起的"师生互动"的统称。所以说，"教"与"学"是矛盾的对立统一体，二者缺一都不能称之为"教学"。要想提高教学水平和质量，就必须从研究"教"和"学"两方面的客观规律入手，舍此无他。

教育工程中很重要的一条准则就是"教育信息反馈"。教师利用教育信息反馈，了解自己的教学效果、学生的理解接受能力，以此来调整自己的教学进度、课程的难易程度。没有"教育信息反馈"，就不知道自己"动力臂"和"阻力臂"的长短，也就无从改进教学方法、提高教学质量。

三、"万丈高楼平地起"

教育工程就好比一座拔地而起的高层建筑。盖高楼要打好基础，同

---

① 舒风编：《敢峰教育文选》，人民教育出版社2008年版，第349页。

理，在青少年头脑中建立起知识的大厦，也需要打好地基。地基夯得实，打得深厚牢固，高楼才能坚固。一座建筑如果把地基建在沙滩上，不深挖地基，不夯不砸，松松垮垮，不要说盖不成高楼，就是建成平房也会倒塌的。

敢峰在《再论教育工程》中说："中小学教育就是这种基础教育。中小学教育的基础打得如何，不仅对于人一生的发展有着重大的意义（不管是否升入大学），而且可以说，一个国家的中小学教育水平从根本上标志着这个国家的科学文化水平。未来世界科学技术竞争，其胜负最终将取决于中小学教育。"①

许多人往往注意高等教育和科学院所的建立，却忽视中小学的基础教育，这是本末倒置的做法。一个国家忽视了中小学基础教育，高等教育缺少了优秀的学生资源，也是办不好的。高等教育不能培养出大批优秀人才，尖端科学也会后继乏人，难以发展和提高。所以说，从事中小学基础教育和学前教育的教师们，不只责任重大，也十分光荣。他们对于国家科学技术、经济、文化发展的重要性，不亚于著名的大学教授。因此，国家给那些优秀班主任、特级教师以优厚的待遇和很高的荣誉，是完全应该的。

有远见的外国教育家们，每年都千方百计甚至不惜以重金在国外录取优秀高中毕业生。1999年，哈佛大学校长在开学典礼上风趣地说："我们的奖学金完全是以'需求'为标准的，我们100%满足你们的'需求'。当你们看到有的学生，一年只需付8美元就可以在哈佛大学读书，你们就知道哈佛大学是一所人人都上得起的大学。"2004年2月，新上任的哈佛大学校长郑重宣布："对于来自年收入低于4万美元家庭的学生，哈佛大学将不要求他们的父母缴纳分文费用。"世界名牌大学，如哈佛、耶鲁、剑桥、牛津诸校，每年都在我国录取一些优秀学生。经

---

① 舒风编：《敢峰教育文选》，人民教育出版社2008年版，第347页。

济发达的韩国也开始在我国网罗优秀高中生。据报载：2006年夏季，韩国百年老校延世大学，在上海对部分重点中学高三毕业生进行了面试，拟用60万美元（4年间，每人每年提供18 500美元的全额奖学金）招走其中8名优秀生；该校又以同样办法在北京录取了5名高三学生。2009年夏季，四川省某市一个高中毕业班的学生全部到国外读大学，没有一人参加国内的高考。

我国香港的几所名牌大学，每年也以较高分数在北京、上海等地招走一些优秀高中毕业生。2006年有关部门作了一项调查，结果显示65.53%的考生和家长更倾向于到香港读书。香港高校对内地考生的吸引力已经超过了内地一流的名牌大学，这就给内地的高等院校敲响了警钟，如果再无动于衷，再按照老方法办教育，我国内地的人才苗子"外流"现象将更加严重。

常言说"根深叶茂"，据植物学家研究，树冠的大小和扎到地下的树根（包括支根、毛根、须根）的范围是一样的。每棵高大的树木的地底下，都埋着深深的根。每一位大学问家，都有雄厚的文化底蕴做根基。中小学教育的根本任务之一，就是为国家的"人才苗子"打基础、扎深根。

中小学基础教育应在哪些方面打好基础？如何打基础呢？2002年6月，敢峰在《扎下中华文化的根及其他》一文中对此概括了几句话："基础教育之要义是为孩子们一生的发展打下良好的基础，从整体上看是为我们国家在21世纪的发展打下最深层次的根基。因此，我们把自己所从事的教育事业叫做新世纪的'根苗工程'。第一，根要扎好，就是要扎好中华文化的根，扎好做人的根，扎好基础知识的根；第二，苗要长好，就是要使学生长好面向现代化、面向世界、面向未来的苗，在德、智、体诸方面都能得到生动活泼和积极主动的发展。"①

---

① 舒风编：《敢峰教育文选》，人民教育出版社2008年版，第385页。

扼要地说，基础教育就是要在学生幼小的心灵中扎下"中华文化的根"，使他们学会做人和打下基础知识的深厚根基。中华文化是人类少有的丰富的文化宝库。中华民族历经五千余年的坎坷历史而未泯灭，反而逐渐壮大起来，就是由于有强大中华文化这一精神支柱支撑的结果。敢峰主张儿童从小诵读中华传统文化的经典，就是要让他们从小"扎好做人的根"，有利于健康人格的成长，从小培养孩子的良好的行为习惯，提高他们的道德修养和涵养。儿童诵读经典，可以积淀中华文化的底蕴，构建儿童的精神家园，为其终身发展积蓄经久不衰的动力；儿童诵读经典，虽然孩子们还不能理解其意义，但是他们所获得的信息，在其一生的成长过程中，会源源不断地释放出来，发挥作用。儿童受到的文化、道德的熏陶，将使其终身受益。传统文化的积累，可以为我们的后代奠定坚实的精神基础。

在相当长一段时间里，我们对传统文化都是采取批判的态度，有的甚至被冠以"毒草"之称，使人望而生畏，哪里还谈得到学习和继承。多年来，"四书五经"之类的中华典籍在中小学课本中消失殆尽。现在有不少人都在埋怨为什么我国在较长时间内都没有培养出大师级的学者、科学家和文学家。有些学者认为，我们过去几十年的"思想气候"和"学术土壤"不利于科学上的新学派、艺术上的新流派的产生，不利于科学和文学艺术"巨人"的诞生；也有人说，我国的科研经费太少了，仪器设备也很落后。不过，诸位也不要忘记：在民族危亡的抗日战争时期，西南联大在破破烂烂的板壁茅屋里居然培养了那么多杰出人才，还有杨振宁、李政道两位获诺贝尔奖的大师级学者。话又说回来，读中华传统文化经典未必一定能读出"大师级"的科学家、文学家；但是，要想培养出"大师级"的科学家、文学家，却离不开坚实的文化底蕴，离不开丰厚的人文素养。

青少年一代自幼扎下中华文化的根，在中华文化哺育下成长，长大成人之后，不管走到世界何处，都不会丢掉中华民族的优秀文化传统，不会忘记振兴中华民族的历史责任。2006年5月，第十二届青年歌手电视大奖赛上有一位来自加拿大的原生态歌手，这位16岁的小姑娘名叫宇子，她身穿鲜艳的壮族服装，唱了一支没有经过任何雕琢的、原汁原味的壮族情歌，立即在广大电视观众中引起了轰动，评委也给了她很高的分数。记者问宇子："据说你出生在加拿大，从小学到中学说的是英语，接触的是外国小朋友，你怎么能把壮族民歌唱得这么到家，味这么浓？"宇子笑笑说："我从小就和爷爷、奶奶及父母生活在一起。尽管在学校说的是英语，接触的是外国小朋友，但我回到家里仍然说的是中国话，爷爷、奶奶给我讲的是壮族故事，唱的是壮族山歌。我从小就跟爷爷、奶奶学会了唱壮族山歌。这次回国参赛，奶奶和妈妈亲手为我缝制了这身民族服装。"由此可见，民族文化的熏陶，耳濡目染，对人的思想影响是十分深远的。一个孩子，尽管身居海外多年，在西方文化的包围中，其民族传统和风情丝毫不会走样。

自幼务必扎好中华文化的根，其重要性已经很清楚了。但基础知识的根，为什么也要在幼年时代扎实、扎深呢？农民种庄稼讲不误"农时"，教育教学也有一个不误"学时"的问题。敢峰在20世纪60年代写作的《教学小品》中有一篇短文叫《从"小猫叫，小狗跳"之类说起》，文中有这样几句话："农时不可违，学时也不可违。古语曰，'时过然后学，则勤苦而难成'（《礼记·学记》篇）。"意思是说：人在少年时错过了学习的大好时光，成年后再勤奋学习也很难有高深的造诣。现代教育学、心理学的科学研究也证明了人的智力发育是有阶段性的，而且是不等速的。美国心理学家布卢姆根据对近千名儿童的追踪研究发现，儿童在5岁前是智力发展最为迅速的时期。假如17岁达到的智力为100，4岁时则达到50%左右，其余的30%是在4～8岁获得的，最后的20%则在8～17岁获得。中国科学院心理研究所通过脑电图的研究，也得出结论：人的大脑发育在4～20岁有两个显著的加速期，一个是5～6岁，一个是13～14岁。教育家根据大脑、智力发育的阶段，制定了学习语言和数学运算的最佳时期，错过了这个时期，再学习就比较困难。所以，敢峰在许多文章中都主张儿童在记忆力最佳时，多背诵一些好文章，多记一些外语单词。他在《"反刍"篇》中写道："在儿童和青少年时期，正是人一生中记忆力最强的时期，这时记忆下来的东西常常印象最深，终生难忘"，"因此，在儿童和青少年时期，多熟读一些书，多强调一点记忆、背诵，头脑里多装一点知识，将终生受用不浅。"①

到了1995年敢峰创办北京力迈学校时，他为力迈学校制订的《北京力迈学校的施教方略（要点）》中"教育原则"第四条就规定："不违学时，不误学时，按照学生的身心发展和对不同课程的最佳学习期适时安排有关课程和教育内容。"②在《北京力迈学校重构基础教育改革实验纲要》中，敢峰则具体地规定：语文教学"小学一、二年级集中识字2 000个，小学三年级指导学生大量阅读和背诵若干现代名篇"；"从小学二年级起，正式开设英语"，"听说领先，读写为主（以熟记单词和基本句型为基础），语法为辅，循序而进"。③

为什么说儿童时期多学习、多记忆一些基础知识，"终生受用不浅"呢？这是由于从小打下了深厚的文化知识基础，长大成人后，不管从事什么专业，再继续深造，其起点会比一般人高，发展也比较迅速，容易取得骄人的成就。所以敢峰说，"小学教育是极为重要的，具有人生最初的奠基和启蒙作用，不重视小学教育，就不是真正地懂得教育"，更谈不上是什么教育家了。

---

①②③ 舒风编：《敢峰教育文选》，人民教育出版社2008年版，第490、587、597页。

四、"教育工程"的分支工程

敢峰创办了北京力迈学校后,他又根据教育、教养和教学工作的不同系统和性质,在整个"教育工程"中分了许多分支工程(有些并未冠"工程"之名)。诸如:培养人才的"根苗工程",教师的"凝聚、提高工程",开发大脑的"枢纽工程"、"素质基因工程",以及转变"差生"的"弱苗扶壮工程"和"亮点工程",还有课堂教学的"磁场工程",幼儿园和小学部的"三A工程",等等。在这里,只对一些分支工程作简单介绍,部分分支工程在本书后文还有专门章节作较为详细的阐述和分析。

第一,"根苗工程"。它所涵盖的面是整个中小学教育。按照敢峰的解释,"根苗工程"的要义就是"根要扎好,苗要长好"。根深苗壮是基础教育改革的硬道理。根要扎好,主要指扎好中华文化的根,扎好做人的根,扎好基础知识的根;苗要长好,主要指要使学生在德(包括心理素质)、智、体、美诸方面都能得到生动活泼的主动的协调发展,创新的幼芽得到良好的培育。这一教育思想已成为北京力迈学校全体教职工的共识,并努力贯彻落实,十多年来取得了可喜成果。

第二,教师的"凝聚、提高工程"。这是北京力迈学校最核心的工程。教师的"凝聚、提高工程"包括三项内容:(1)贯彻"事业凝聚、环境凝聚(即感情凝聚)、待遇凝聚"三原则,使教师对力迈学校能够做到"人在心在,人去心留"。(2)举办教工学堂,铸师魂,育师德,扬师风,展师能,对教师进行再提高。一定要使教师深深懂得,热爱学生是教师的天性,教好学生是教师的天职,良好的师生关系是教育赖以发生作用的基础。(3)实行九级"段位制"。按照教师的教学水平、转化和提高学生的能力以及教学业绩给予不同的工资待遇,不受职称和工作年限的限制。

第三,开发大脑的"枢纽工程"。开发学生大脑,按照敢峰通俗的解释是:"使孩子聪明些,更聪明些。"力迈学校非常重视对学生大脑的早期开发,但又防止轰炸式的和无序的开发。敢峰把开发大脑、启迪智慧定名为现代教育的"枢纽工程"。力迈学校不断加强学生早期的右脑开发,不失时机地发展学生的感性和形象思维,并适时地同开发左脑、发展学生的理性和抽象思维结合起来,互相促进。按照学生生理、心理发展的规律和不误学时、不违学时的原则,调整了整个教学体系,将艺术和语言学科的重心下移,将数理学习的重心上提,自然科学与人文学科并重,并制订了将开发学生大脑同教学活动融为一体的连环开发战略,根据不同年级学生的实际情况加以具体贯彻:(1)玩中学,这是大脑的最初开发形式,让孩子们在玩中长智慧,在情境中陶冶感情;(2)不失时机地进行良好的学习启蒙教育;(3)在广阔的知识天地中,以兴趣为诱导,以竞赛为推动力,注意培育学生良好的学习方法和用脑习惯;(4)举办各种旨在开阔眼界、启迪智慧、培养情趣的活动;(5)在学生的学习和各项活动中注意激发学生的智慧;(6)引导学生手脑并用;(7)正确引导学生人脑与电脑联网,使电脑成为人脑的延伸。

第四,"素质基因工程"。它指的是学生素质发展基因的培育和矫正工程。力迈学校的教师们从学生的素质发展基因中,挑选出对学生一生的发展有决定性影响或重要影响的若干对,长年监测,有意识地通过各种教育、教学、教养活动及时进行培养和矫正。如:勤奋—懒惰;自强—依赖;专心—浮躁;自控—放纵;勇敢—懦弱;等等。力迈学校的"素质基因工程"是现代素质教育的一项崭新的重要实验,如果成功的话,它将从根本上使教育实现从必然王国向自由王国的飞跃。

第五,"弱苗促壮工程"。它是"根苗工程"的重要组成部分。跨入21世纪之后,敢峰把"力迈无'差生'"的理念同过去几年来转变"差生"的实践整合为"弱苗促壮工程",使之更加系统化、实际化。对学生进行主动"求学"的教育;对教师要求不要嫌弃学习差的学生,要把爱、严和教育教学得法三者结合起来。这是进行"弱苗促壮工程"的关键。

第六,"亮点工程"。它是"弱苗促壮工程"的第一道关口。这是在对"差生"进行深入系统的调查研究后,发现"亮点",使他们树立进步信心,并抓住个案追踪进行帮教,力求突破,树立榜样,带动其他"差生"共同进步的"工程"。"亮点"有别于"优点",它或者是"差生"偶然出现的一个"良好愿望",或者是偶然做的一件好事,或者是平时被掩盖着的优点。教师应及时发现这个"亮点",加以鼓励、引导、扶植,使之由"点"到"面",逐渐扩大并坚持下来,形成积极向上的精神力量,从而使学生逐渐由"差生"转变成优秀学生。

"亮点工程"就是在"差生"中找"亮点",在困难的环境中找"亮点",在犯错误时找"亮点"。教师应该树立每个人都会有"亮点"闪耀,时时、处处都会有"亮点"出现的观念。

"亮点"是"差生"转变的根据,是师生良性互动的契机。"亮点"是"差生"建立信心、产生动力的起点。在困难时,帮助"差生"找到"亮点"是会产生深远影响的,有可能对其一生起作用。研究"差生",一定要研究他的"亮点"在哪里。"差生"在精神上是很苦恼的,很多课程听不懂,在教室里坐着十分难受。"亮点工程"就是给"差生"开辟一条前进的生路:从他们的实际出发,不管起点多低,找到一个经过努力可以达到的目标,促使他们逐步树立进步的信心。

开一条生路,是帮助"差生"实现转变的起点,是他们的"亮点"发扬光大的关键一步。许多教师取得优异成绩的经验,就是肯于在找

"亮点"和指引学生出路上花费心血。

"差生"的通病是爱挑老师的毛病。他们随时能找到老师的不足，用这种办法掩盖自己的自卑。"亮点工程"就是要对"差生"多进行感情投资。敢峰说：教师"要贴近学生，化为学生的益友，更多更深入地了解他们，了解学生的群体，增进感情，形同鱼水。教育光讲科学和艺术还不够，是科学、艺术和感情三者的统一"①。

"亮点工程"要求教师长期的感情投资，要有耐心，允许学生反复。

第七，"磁场工程"。这是将优质教育与人文关怀相结合的一个分支工程。从根本上说，它的内涵是：在教育思想和教育方式、方法上，用中华民族的人文精神、人文智慧和人文传统，博采中国和西方教育之所长，"以我为主，融合创新"，走出一条有中华人文特色的、以学生健康成长为本的优质教育之路。具体来说，就是要使每一堂课、每一个教育活动，能像"磁场"一样吸引学生和发挥学生的积极性。

第八，"三A工程"。幼儿园的"三A工程"是指：健康、聪明、活泼；小学部的"三A工程"是指：素质基因工程、开发大脑枢纽工程、良好习惯的培养教育。敢峰和力迈学校的教师们，决心把幼儿园和小学办成全国最好的幼儿园和小学。我们可不要小看幼儿与小学教育，大量各类人才的最初根基就是在幼儿园和小学时期夯实的。

1978年，75位诺贝尔奖获得者在巴黎聚会。有位记者问其中一位诺贝尔奖获得者："在您的一生里，您认为最重要的东西是在哪所大学、哪个实验室里学到的呢？"这位白发苍苍的诺贝尔奖获得者平静地回答："是在幼儿园。"这样的回答使在场的所有记者感到非常惊奇。这位记者又问道："为什么是在幼儿园呢？您认为您在幼儿园里学到了什么呢？"诺贝尔奖获得者微笑着回答："在幼儿园里，我学会了很多很多。比如，

---

① 舒风编：《敢峰教育文选》，人民教育出版社2008年版，第663—664页。

把自己的东西分一半给小伙伴们；不是自己的东西不要拿；东西要放整齐；饭前要洗手；午饭后要休息；做了错事要表示歉意；学习要多思考，要仔细观察大自然。我认为，我学到的全部东西就是这些。"所有在场的人，对这位诺贝尔奖获得者的回答都报以热烈的掌声。大多数科学家都认为，他们终生所学到的最主要的东西，就是幼儿园老师教给他们的良好习惯。

我国著名教育家叶圣陶说过："什么是教育？简单一句话，就是养成良好的习惯。"叶圣陶认为，教育的目的就是培养习惯。他说："我们在学校里受教育，目的在养成习惯，增强能力。我们离开了学校，仍然要从多方面受教育，并且要自我教育，其目的还是在养成习惯，增强能力，习惯越自然越好，能力越增强越好。"

什么是习惯呢？习惯就是"长时期养成的不易改变的动作、生活方式、社会风尚等"。孔夫子说过："少成若天性，习惯如自然。"意思就是：小时候形成的良好行为习惯和天生的一样牢固。孩子的心灵是一块神奇的土地，你播种一种思想，就会收获一种行为；播种一种行为，就会收获一种习惯；播种一种习惯，就会收获一种性格；播种一种性格，就会收获一种命运。习惯对于孩子的生活、学习以至事业上的成功都至关重要。

我国教育家陈鹤琴说："习惯养得好，终生受其益；习惯养不好，终生受其累。"事实上，习惯是一种惯性，也是一种能量的储蓄；只有养成了良好的习惯，才能发挥出巨大的潜能。孩子自幼养成良好的习惯，可以健康成长并终生受益。

第二章

传统教育必须改革

1983年国庆节,邓小平同志为北京景山学校题词:"教育要面向现代化,面向世界,面向未来。"这是新的历史时期邓小平同志为我国教育事业制定的战略方针,也是改革传统教育的纲领。敢峰学习这个题词后,和全国的教育工作者一样,受到极大的鼓舞和教育。他结合自己几十年从事教育工作的实践经验,认真思考教育事业如何贯彻落实这个战略纲领。

一、我国教育的现状

当时我们的教育基础怎么样呢?当时教育的现状如何呢?也就是说,"三个面向"题词的基点是什么?

我国是一个人口众多,经济底子很薄,文化又很落后的大国,教育事业无论在规模上还是在质量上，都不能适应四个现代化的要求。我们用在教育事业上的投资十分有限，师资水平的提高、教学设备的更新和现代化等，也不是在短时间内可以解决的。从20世纪80年代到现在，经过近三十年的艰苦奋斗，我国国民生产总值翻了两番，教育事业也有很大发展，特别是高等教育近年来发展很快。但是，教育资源的分布极不平衡，东西部地区、城乡之间的差别很大。有许多贫困地区的孩子没学校读书，或者读不起书。有许多贫苦农民或城镇居民的孩子，虽然考上了大学，但由于交不起学费而无法入学。尽管近年来设立了"奖学金"和"贫困生贷款"，但仍然是杯水车薪。另外，教育结构也很不合理，特别是职业技术教育这条腿又短又细，不能适应经济发展与就业的需要。

随着我国社会经济的快速发展，高新技术不断涌现。现代农业、现代工业、现代服务业和现代文化事业在我国东中部一些地区已经形成，或者初具规模。但我国原来陈旧的教育理念和教育制度、教育体制，以及教材、教育教学方法、教育教学手段和措施，都不能适应和满足社会各个行业对现代人才的需求。高等教育的教育质量亟待提高。基础教育领域高喊"废止应试教育"已有二十多年，但"应试教育"力量还十分顽固。这些在中、小学的毕业年级表现得最为明显。

为什么"应试教育"的生命力那么"顽强"呢？这是因为：我们国家有"应试教育"生存的肥土沃壤，因为整个国家的人事制度、劳动就业制度、考试制度、人才的评价标准、社会的价值观念等，都没有得到根本改革，仍然沿袭一些陈旧的章程和体制。比如评价一所学校的教育、教学质量和业绩，主要是看它的高考升学率，社会各界对学校采取的是"高考升学率"一票否决制，而且直接与校长、教师的切身利益紧密挂钩。在这种情况下，学校不围着"高考指挥棒"转又该怎么办呢？

再看我们国家的用人制度。单位录用人，基本上是"唯学历""唯文凭"。一个人有了一张名牌大学的毕业文凭，就等于有了"好工作"

"高薪酬"的保证。如何才能获得名牌大学的毕业文凭呢？只有让孩子从小到重点小学读书。因为上了重点小学就等于进了重点初中，进了重点初中就等于顺利升入重点高中，升入重点高中再考取名牌大学基本上是没有问题的。所以，广大家长从小就逼着孩子上各种专长班、补习班，为应付考试死记硬背一些将来根本用不着的东西。千百万家长在"高考指挥棒"的指挥下，把孩子们赶上了这条羊肠小道。孩子们因厌学而服毒者有之，因学习成绩不佳跳楼自尽者有之，因完不成作业被打残甚至打死者有之，高考生落榜后投河上吊者有之。孩子们迫于无奈，离家出走，误入歧途，最后堕落犯罪的，也屡见不鲜。

2006年5月，国内五个大城市（北京、上海、广州、汕头、昆明）中学生发展状况调查研究报告显示：60%以上的学生，最大的心理压力源是升学（由于升学和考试、课业负担过重、父母要求过高等产生的压力），20%的学生对此感到压力非常大，只有5.8%的学生对此没有感到压力。为了减轻学生的学习负担，教育领导部门几年前就三令五申不允许在寒暑假、双休日给学生补课，但屡禁不止，全国城乡的学校依然如故。2003年9月底，广东佛山市某高中教师带头，公开反对学校在"十一"黄金周给高中学生补课。该教师因这一行为最初受到批评，继而是考核时被评为全校唯一的"不称职"教师。2004年9月1日，该教师被迫"待岗"。2005年2月，学校暂时停发了他的工资。该教师两次向法院申诉，均以"败诉"告终。仅仅依靠个人的力量，与根深蒂固的陈旧教育观念和习惯势力做斗争，只能碰得头破血流。教改路途之艰辛由此可见一斑，这就是我国教育的现状。

二、改革传统教育的十条建议

1984年9月，敢峰针对我国教育的实际情况，把学习邓小平教育要

"三个面向"的题词体会写成文章《新时期我国教育改革的纲领——兼论从传统教育到现代教育的转变》,发表在当年9月30日的《人民日报》上。敢峰在文章中说:"我们应当认真学习和深入领会三个'面向'的战略思想,打破在教育问题上的狭隘眼界,进一步搞好教育事业发展的规划,创建具有中国特色的社会主义教育制度,在教育体制、教育内容(包括教材)、教育方法、教育手段和教育管理等一系列重要问题上,根据三个'面向'的思想坚定而又稳步地进行改革,经过一段时间的努力,把我们的全部教育工作转到面向现代化、面向世界、面向未来的轨道上来。"①

如何改革传统的教育体制和教育内容、教育方法呢?敢峰提出十条改革建议。

敢峰认为,教育不仅仅是上层建筑,它还是潜在、后备的重要生产力。在实现四个现代化的过程中,科学技术是关键,教育是基础。教育的根本任务是培养四化建设所需要的各类人才。因此,在国民经济的整个系列中,学校是开发人力资源的基础工业。我们对教育事业的投资应得到充分的保证。根据世界上新的科学技术的发展,尽快建成若干个人才培训中心,同时按照我国经济社会发展的需要去改革教育。

历史上的传统教育是面向少数人的,现代化的大教育是面向全体人民。不改革传统的教育,就不能适应现代工农业大生产的需求。我国传统的工业和农业,正在转化为现代工业和现代农业。仅以现代农业来说,它是以广泛应用现代科学技术为标志的。现代科技在农业上的应用,使农业的内涵、结构、体系等方面发生了巨大的变化。生物技术的应用,使农业成为技术、人才密集型产业;计算机和信息技术的应用,使农业逐步成为可控性行业;材料、能源科学和工程技术的应用,使农业生产领域不断扩展,与其他行业相互融合,彻底改变了以手工劳动为

---

① 1984年9月30日《人民日报》。

主的生产方式，实现了专业化、集约化的大生产。所以说，如果不提高全民族的思想道德水平、文化素质和科学技术水平，劳动者就不可能从事现代化的生产劳动。为适应经济建设的需要，就必须对传统的教材内容、教学方式、教育体制进行改革。

敢峰认为，在教育体制上，首先应该广开学路，把单一的正规化的学校教育，转化为以正规化学校教育为主体的多渠道办学的格局。在全国既有致力于提高的由各级重点学校组成的"小宝塔"系统（21世纪初，敢峰又主张在义务教育阶段取消重点学校，因为情况发生了变化），又有适应不同情况和不同需要的各级各类教育的网络系统。特别要大力开展经营管理教育和新技术、新工艺教育，大力兴办中等技术学校和技工学校，在农村则要兴办适合农业生产的农业技术学校。

传统教育局限于学生在校期间接受教育，为了适应知识不断更新的需要，应大力发展成人教育和继续教育。理想的教育体制应该是终身制，完整的教育体系应该包括学前教育、基础教育、专业教育、研究生教育、继续教育，共有五级。其中，基础教育、专业教育、继续教育是基本的，应作为普遍的要求。敢峰在其他文章中提到的"人的一生应多次启蒙"，其实质也是"多次受教育""终身受教育"的意思。

传统的教育是凝固、保守的封闭系统。敢峰主张根据"三个面向"的要求，教育应转变为动态的开放系统，根据社会现代化建设的需要，及时调整教育结构和专业设置，并不断更新教学内容，迅速把国内外的社会经济信息、科学技术的新发展以及各种基础科学的前沿成果经过分析、研究，整理纳入到教学计划和教学内容中来。同时，要把过去单一的课堂教学变为"两个课堂"并举。在学好各门课程的前提下，指导学生阅读课外书刊，参加各种有益的社会活动和社会实践，使学生直接获得广泛的新知识、新信息。为此，必须不断地抓好教师的知识更新工作，组织教师轮训、进修等，造就一支训练有素的教师队伍。按照"三个面向"的要求，不断加强和改善学校的思想政治工作，培养学生学好科学知识以便将来投身四化建设的使命感和责任感，培养学生的开拓精神和创新精神，让他们走在时代潮流的前面。与此同时，有效地对学生进行爱国主义、集体主义、社会主义和共产主义教育，抵制各种资产阶级思想的侵蚀。

传统的学校教育只注重单一地传授知识，但现代社会知识更新非常迅速，因此敢峰强调提出必须注重学生智能结构的培养，认为这是应对当今世界知识激增、高新技术层出不穷的最有效的办法。为此，必须改革当前的教学方法和考试方法，把学生从学习上"一窄、二死、三负担过重"的恶性循环中解脱出来，达到才能和知识互相促进的良性循环。除此之外，还要把陈旧、落后的教学手段转变为现代化的先进教学手段。在教学过程中，充分发挥微机、电影、电视、录音、录像等电子化、信息化、数字化、网络化教学设备的作用，加强现代化的仪器设备和实验室的建设。

教育要做到"三个面向"，有条件的学校要从单一的教育职能转变为多种职能兼备，尽可能向社会提供科技服务，使理工科高等学校成为以培养人才为主的教育、科学研究和现代化生产三结合的基地。高等学校的教师应当加强科学研究，吸收最新的科学知识，不断提高教学质量。高等学校的本科生和研究生应当早日进入科学研究领域，把进行科学研究作为重要的学习方式。大学文科须从偏重于学院式教育转变为培养学以致用的青年马克思主义者、某一方面的理论家和学者的熔炉。要使文科的教学与研究为社会主义现代化建设服务，着重培养学生的马克思主义的立场、观点、方法以及分析问题和解决问题的能力。

敢峰在该文最后写道："要用'面向现代化，面向世界，面向未来'的战略思想来办教育，用科学的方法来管理教育，并在实践的基础上逐步形成一套具有中国特点的社会主义教育学，使教育从落后于社会经济发展的状况转变为经济建设的先行。"①

敢峰的这些教育思想和观点，在此前写作的文章中就曾闪现过。比如，"继续教育"的思想在《第二次启蒙》这篇文章中就涉及了。他在文章中说："必须重视启蒙教育：以第一次启蒙教育肇其始，以第二次启蒙教育（第二次启蒙指治学的启蒙——引者注）善其终。"②再者，关于"大学文科"和"理工科"改革的某些设想，早在 1966 年 1 月他参与起草《北京景山学校增设大学部的一些设想》③时就已露端倪。在这个文件中，"综合文科"的改革方向是"从根本上改变过去大学文科课程的体系"，基础课的学习，一要扎实，二要广博。比如，要求学生"掌握汉语，具有较高的写作能力和阅读一般文言文古籍的能力"；"用课外阅读或者专题讲座的方式，学一点自然科学常识和农业科学常识（例如植物学、土壤学、肥料学、细菌学、森林学、水利学，等等），学一点有关宗教、会道门、民族、地理、军事等方面的常识"。对"农业化学系"的要求是"既能从事农业生物化学的研究，又能直接参加农业和工业生产劳动，用所学的化学科学技术知识为农业服务"；对其专业课程的改革则规定："以物质的反应、合成和分析为纲，重新改组原有无机化学、有机化学、分析化学、物理化学、高分子化学等课程，按照对立统一规律，理论与实际相结合，建立一门综合性的化学基础理论课程。"至于"广开学路"的倡议，则散见于敢峰写作的《发展优势，广开学路，立志改革》《广开学路——解放教育"生产力"》等文章中。

几十年前敢峰提出的这些教育观点，今天看来不只没有过时，而且颇有新意和创见，对当前教育体制、教育内容、教育方法以及专业课程的设置等，仍有启发和参考价值。

---

①② 舒风编：《敢峰教育文选》，人民教育出版社 2008 年版，第 18—19、316 页。
③ 舒风著：《人比山高：敢峰的理念和人生》，中国青年出版社 2005 年版，第 112 页。

把"三个面向"仅仅在口头上喊得震天响,停留在写文章、作报告上,"三个面向"是实现不了的。敢峰在文章中指出:"这是一项非常繁重、非常复杂、非常细致的浩大工程,需要分层次、按系列、有步骤地去进行。各级教育行政部门怎么办,各级各类学校怎么办,各种不同的地区怎么办,都要根据四化建设的需要,从自己在整个教育中所处的地位、应有的作用以及现有的具体条件去考虑,采取相应的措施。要有规划,要有政策,要有办法,要有实施的具体步骤,还要有进行改革的各种试验。"① 只有这样脚踏实地地去做,才能落实"三个面向"。

研究敢峰的教育思想,研究敢峰关于教育体制改革的总思路,《新时期我国教育改革的纲领——兼论从传统教育到现代教育的转变》这篇文章最具有代表性。因为敢峰在这篇文章中阐述了我国教育的现状,论述了他对我国教育事业实现"三个面向"的各种主张。

三、搞现代化建设首先要发展教育

1989年8月30日,敢峰在《人民日报》上发表了《兴教八议》。这篇文章不仅是对《新时期我国教育改革的纲领——兼论从传统教育到现代教育的转变》言犹未尽的补充,而且还有新的升华和提高。敢峰在文章中说的第一句话就是:"要振兴中华,一个严重的问题摆在面前:必须促进整个民族在教育问题上的觉醒。"② 紧接着,敢峰以紧迫的心情呼吁:

　　实现四化,振兴中华,非把九年制义务教育抓好不可。没有人

---

① 舒风编:《敢峰教育文选》,人民教育出版社2008年版,第16页。
② 1989年8月30日《人民日报》。

民群众的知识化就没有四个现代化,如日月行空其理至明,可惜人们往往像被浮云遮住了眼睛,看不明白。对于高等教育的发展,情况要好一些,但也不如人意。如果一方面对现代化建设急于求成,一方面又对教育重视不够,从总体战略上说,犹如飞机起飞,忽视修跑道而急于冲向蓝天,是不可能取得成功的。这种被教育拖后腿的滞后效应,在我国社会主义现代化建设中,已经日益明显地暴露出来。当然,我们不是说等教育抓上去了再来进行社会主义现代化建设,这也是不可能的,重要的问题是要正确处理好现代化建设同发展教育的辩证关系。特别是在我们这样一个11亿人口的经济、文化不发达而发展又很不平衡的大国,从我国的国情出发,在发展教育上究竟采取什么战略,以便同现代化建设的进程相适应,很值得作客观冷静的探讨。①

敢峰切中时弊,在文章中谈了八条发展教育的建议。

敢峰认为,教育要坚持社会主义方向,就要把邓小平提出的"教育要面向现代化,面向世界,面向未来"作为我国社会主义新时期教育发展和改革的总战略指导思想,使长期落后于现代化建设的传统教育,从教育思想、教育结构、教育内容和方法到办学体制来一个比较彻底而又有步骤的改革,以期能够在不长的时间内,稳妥地转到现代教育(即与现代化建设相适应的教育)的轨道上来。在教育模式上,要把"小宝塔"和"大宝塔"结合起来,把培养人才和提高全民族的思想、文化素质结合起来。在我们这样经济、文化落后的大国,发展教育只能采取"两条腿走路"的办法。既不能以正规的学校教育代替各种各样的全民教育,也不能用正规的学校教育的模式来要求多种多样的全民教育,那

---

① 1989年8月30日《人民日报》。

样办教育的路子就越走越窄了。为了拓宽教育领域，我们应该加速构筑适合我国特点和实际需要的继续教育（终身教育）体制。我国继续教育在一个较长的时期内，将兼有知识更新和补课教育的双重任务。建立岗位培训、函授、短期学校（培训班）和自学等多种形式、多种层次、多种渠道的继续教育网络，覆盖全部成人教育。干什么学什么，缺什么补什么，不断吸收新知识，这就是继续教育的特点。

敢峰主张，教育结构要适应社会主义现代化建设进程对不同层次、不同类别人才的实际需要。这种教育结构不是固定的、一成不变的，而是根据不同时期的实际需要适时进行调整。在普及义务教育的基础上，根据我国的实际情况，在今后一个时期内，教育结构应转向职业技术型为主和中、初级为主。教育的重心要下移，即以义务教育为基础，以中、初级职业技术教育为重心，稳步发展高等专业教育和研究生教育。培养人才要重视基本素质与业务专长的统一。要把爱国主义教育与社会主义教育同国情教育结合起来，使学生努力打好理论与实践两个基础。在培养人才的布局上，要坚持学校教育、在职培训和利用现代信息、知识传播的条件，鼓励自学成才。总之，要想人才辈出，就必须广开学路，广开才路，广开就业门路。也就是通常说的要不拘一格培养人才，不拘一格选用人才。

教育大计，教师为本。敢峰认为，师范教育是教育产业的"母机工业"，要坚定不移地采取优先发展和确保质量的方针。对提高教师的社会地位和素质，改善教师的生活待遇和工作条件，年年要有切实可行的措施。这些二十多年前讲的话，今天仍有现实意义。在这二十多年里，国家对教育事业的投资一年比一年多，教师的工资待遇和住房条件都有了极大的改善。但在边远地区、贫穷的山区，广大中小学教师工资不但低，还经常被拖欠，工作任务重，工作环境、条件很差，急需得到改善和提高。这不只是关系教师的福利待遇问题，实际是关系我们子孙后代健康成长的大问题。

敢峰在文章中指出:"全社会对教育的投资是一切投资中赢利最大的投资,对人才的浪费是一切浪费中最大的浪费。"① 他希望动员全社会的力量关心和支持教育,多渠道筹集教育经费,并逐年努力增加国家对教育的投资。"现代的社会功利观要以教育和人才为支点加以重构,排除目光短浅和短期行为的影响。"② 敢峰的这句话说得是多么深刻,多么犀利啊!

敢峰在文章结尾写道:"教育可以兴邦,也可以误国,教育问题不解决好,我们中华民族要改变落后状况是不可能的。忧国忧民,其中一个十分突出的问题是要忧教。教育兴则国本固,实现四化、振兴中华之命运系焉。"③

富有敏锐的、强烈的时代感和使命感,站得高、看得远、想得深,既是敢峰思想的突出特点,也是他的一种宝贵品质。"必须促进整个民族在教育问题上的觉醒","在发展教育上究竟采取什么战略","现代社会功利观要以教育和人才为支点加以重构","教育可以兴邦,也可以误国"……这些铿锵有力的语言,真是具有振聋发聩的功效!

---

①②③ 舒风编:《敢峰教育文选》,人民教育出版社 2008 年版,第 330 页。

第三章

多种形式办学，解放教育"生产力"

在"文化大革命"之后，我国百业待举，各条战线急需大批人才。但当时各级各类学校一时间又不能马上培养出这些人才，以满足四个现代化建设的需要。那时，我国每年只有三十万左右的高中毕业生能升入大专院校深造，大约有三四百万的高中毕业生或参加农业生产，或在家待业，或流浪到社会上闯荡，造成人才资源的巨大浪费。敢峰针对我国教育事业当时的现状，在这段时间先后发表了多篇提倡"广开学路""广开才路"，多种形式发展教育事业的文章。如《教育是经济建设的先行官》《发展优势，广开学路，立志改革》《广开学路——解放教育"生产力"》等。

一、为何要多种形式办教育

1982年9月，党的十二大又向全党、全国人民发出"全面开创社会主义现代化建设的新局面""培养各种专业人才，提高全民族的科学文化水平"的伟大号召。敢峰结合我国的现实状况，抓住时机写了一篇《开创教育工作新局面的关键所在》的文章，发表在10月13日的《光明日报》上。文章说："教育包括有三个大的系统，一个是学校教育系统，一个是自学成才系统，一个是在职培训系统（包括各种培训班和业余教育）。用形象的话说，也可以叫做'三足鼎立'，缺一不可。"① 既然国家急需大批建设人才，社会上又有千百万青年人迫切要求学习成才、为国效力，党又发出"培养各种专业人才"的号召，按理说用多种形式办教育，"广开学路"和"广开才路"不会成为问题，但为什么还一时难以实现呢？原来社会上一部分人存在狭隘的教育观念，认为办教育只是教育部门的事情，与自己的行业无关；还有的人认为"有多少钱办多少事"，办教育的经费不多，进一步扩大规模是不可能的。

敢峰在文章中谈了"正规的学校教育""必须重点办好"之后，笔锋一转，有针对性地写道：

> 自学成才，历史早已经证明具有强大的生命力，是人才成长的广阔沃野。我们是社会主义国家，不能光看着走自学成才之路的青年自己去苦斗，除制定鼓励的政策外，教育部门和整个社会应当采取有效的措施予以指导，并尽量提供学习和辅导的条件，比如说编印自学丛书……在职培训，现在看来是一项非常迫切的战略任务，在今后一二十年内，特别是在近期，搞社会主义现代化建设主要靠现有的队伍，不千方百计提高他们，就很难适应当前形势发展的需要。
> ……
> 在这里，有一个很重要的问题，就是在思想上要打破关于教育

---

① 1982年10月13日《光明日报》。

工作的狭隘眼界，要使教育工作，培养和造就人才的工作，成为各个系统、各个部门以至整个社会的共同事业。教育的内容、要求、形式根据实际需要和主客观条件，可以各种各样，逐渐形成各种教育的网络系统……就是说，教育工作不能只着眼于培养正规学校学习的学生，而应当放眼整个社会，并动员社会各方面的力量，为一切愿意学习的人，尽可能提供各种学习的机会和条件，逐渐在社会上造成一种强大的、浓厚的学习风气。这样，才能更有效地提高全民族的科学文化水平，社会主义现代化建设所需要的各种各样的人才，才能千百万地在祖国大地上涌现出来。特别是在我们十亿人口这样一个大国，经济上还很落后，光靠国家拿钱办正规学校的办法来解决培养人才问题和普及教育问题，是远远不够的。①

二十年以后的 2002 年夏天，敢峰在首届"中国科学家、教育家、企业家论坛"上回忆说："广开学路的问题是 80 年代初提出来的。但是存在着不同意见，而且争论很大，持反对意见的同志是害怕实施广开学路会一下把国家教育搞乱。当时是强调正规化。当然这和纠正在'文化大革命'当中教育被'四人帮'搞乱了有关系。因此，当时注意这个方面，即注意正规、稳定，有它正确的一面。但是如果向前看，从国家教育整体来考虑，这个广开学路的问题可是个具有战略意义的大问题。虽然这些年我们的教育发展、改革都取得了很大的成绩，但是实际上还是很不够的。回顾这些情况可以看出，这些年我们不是非常积极主动想办法广开学路，或者说做得很不够，而往往是一种被动的、设防的、被形势推着走的状态。"② 敢峰认为，近一二十年我们的教育改革和发展是滞后于经济改革和发展的，错过了改革发展的宝贵时机。他举例说，

---

① 1982 年 10 月 13 日《光明日报》。
② 舒风编：《敢峰教育文选》，人民教育出版社 2008 年版，第 86—87 页。

20世纪80年代初,北京各大学响应邓小平"大力发展高等教育"的号召,纷纷办分校,但最后合并成一所"联合大学"。如果当时不搞合并,如今的高等教育会是另外一种情况。

敢峰认为:"学历教育—正规教育—应试教育的思维定势和主体教育模式,这些年把我们的手脚捆得死死的。不但不合于我们的国情,也不符合世界各地教育发展的普遍情况、普遍规律,不能从整体上适应我国现代化建设、市场经济和'入世'后的需要。这个定势和主体教育模式现在已打破了很多,还需要进一步打破,实行学历学位教育与职业技术教育并举,正规教育与非正规教育并举,政府办学与社会办学并举,面授教育与远程教育并举,在政府主导下,多办学主体、多渠道、多层次和多种形式办学,不拘一格育人才。如果不采取这种战略,不坚定地主动地采取这种战略,我看可能就要拖现代化建设的后腿。重学历学位是为了重人才,如果以正规的学历学位压人才,则走向了它的反面。"①

人们看问题往往非常片面,其实非正规也是一种正规,是正规的另一种特殊形态,有时甚至居于主要地位。抗日战争时期,游击区里的"游击学校"遍地开花,就是当时的正规学校。日本侵略者来了就解散,日本侵略者一走就开学上课。有时在野地里识字、上课。那时没有课桌椅,孩子们在地上找块土坷垃一坐,双腿就是课桌。当时不是照样学习,培养了许多抗日干部和八路军战士吗。

敢峰反对一些人只认"进大学才能成才"的思想观念。他更痛心的是,为了高考"千军万马过独木桥",结果把许多孩子挤落桥下的悲惨局面。敢峰说:"目标是要过河!你可以从桥上过,我可以坐船过,他也可以游泳过,水浅的地方也可以蹚水过。如果说从桥上过的就是正规的,坐船的和自己游泳过去的就不算过了河,行吗?"②

---

①② 舒风编:《敢峰教育文选》,人民教育出版社2008年版,第87—88、88页。

敢峰的结论是："客观事物发展规律和市场需求是铁定的，不可能抗拒的。不适应我国国情和现代化建设需要的教育定势，终归要被社会的发展、市场的需求进一步打破。"①

有些人认为，"有多少钱，办多少事"，"我国经济底子薄，不可能一下办许多学校"。敢峰针对这种认识说：

> 办教育要钱，这自然是不错。随着国家经济的发展，应当尽量增大对教育投资的比例。从长远的观点来看，对教育的投资是一切投资中赢利最大的投资，对人才的浪费是一切浪费中最大的浪费。但如果认为，就现在这么些钱，只能办现在这么多事，闭门自守，不思进取，那就不对了。②

我们有可能利用现有的条件（校舍、师资），采取多种形式办学，比如各种技术学校、夜校和补习班、训练班。这个潜力就大得很。这不但可以解决城市大批青少年升不了学，呆在家里，闲荡在社会上的问题，还可以对待业和在职青年进行专业培训。

现在大批农民进城务工，他们得到了锻炼，又见了世面，学了技术，也学了管理。一部分人很能干，在企业里会慢慢地上升到管理阶层，将来在打工者中肯定会出大批人才的。在这种认识的基础上，敢峰提出，在民工密集的城市，国家应该办"打工者大学"，国家不办，私人也可出资兴办。我们应该认识到，市场的需求、社会的需求是多种多样的。为满足社会的多种需求，大学也应该有各种各样的大学，培养出各种各样的人才。发展中国特色的职业技术教育，是解决我国众多人口吃饭问题、生计问题的最好办法。

---

① 舒风编：《敢峰教育文选》，人民教育出版社2008年版，第88页。
② 敢峰著：《教育与人才新说》，北京燕山出版社1989年版，第106页。

敢峰说:"把中国沉重的人口包袱变为巨大的人力资源,靠的就是教育,其中占的份额更大的是职业技术教育。经过职业技术教育,使学生有了谋生的本领,企业和用人单位能够有相应的职业技术人才。"①

我们国家人口众多,要解决就业问题,只靠现有的国营和私营企业是不够的,应该靠这些寻找就业岗位的人自己去立业,去创业。但是,一个人如果没有谋生的一技之长,他靠什么谋生?靠什么创业、立业?许多没有谋生手段的人生计出了问题怎么办?总不能都靠社会救济!到了那个时候,这些人甚至会不顾一切,铤而走险,严重影响社会治安和稳定。敢峰说:"吃饭问题,维持生活问题,光是靠国家力量是不够的啊。有一技之长他就有办法,没有就业岗位他就自己创业去。"②

总之,在学习知识、学习技术方面,学习就比不学习好,多学就比少学好,要使学知识、学技术成为社会崇尚的风气。从某种意义上甚至可以说:多一所学校就少一座监狱。

二、多种形式办教育的途径

敢峰倡导"广开学路"不是空洞地喊喊口号,而是立足于当时的实际情况想出了许多办法。

第一,用"发展优势"带动整个教育事业向前发展。

我国是一个有十几亿人口的大国,经济、文化的底子很薄,加以经过"文化大革命"的严重破坏,国家各方面的建设急需人才。在这种情况下采取平推的办法,必然费时费力而且贻误时机。针对这种情况,敢

---

①② 舒风编:《敢峰教育文选》,人民教育出版社2008年版,第99、100页。

峰提出"发展优势以带动整个教育事业"。敢峰把我国的教育事业的发展比喻成两个"宝塔形"。一个是"小宝塔",以办好重点学校、抓好重点先进地区的教育为中心,培养人才;一个是"大宝塔",以普及教育为基础,逐步提高整个中华民族的科学文化水平。优势应放在"小宝塔",以此带动整个"大宝塔"的建设。

即使是"小宝塔",也要抓好"宝塔尖"——在重点高等学校中抓好三五所大学和一些专业,使之尽快成为世界第一流的高等学府和专业,居于世界最先进的水平。与此相适应的还有一批重点中小学和幼儿园,在这些重点学校配备优秀的教师和最现代化的教学设备,从小抓好孩子语文、数学等工具课的学习,抓好思想品德教育,作为重点大学的后备生源学校(由于后来情况发生了变化,进入21世纪后,敢峰又提出淡化和取消重点中小学的观点)。

第二,要打破培养人才问题上的僵化思想和狭隘眼界,挖掘现有大学培养人才的潜力。

关于师资问题。我国高等学校的师生比率比外国高校高得多,许多教师工作量不足,有的甚至没有安排工作。敢峰在《兴夜学》中说:"许多学校教师有剩余,可挖掘的潜力还很大,何况还有许多社会力量可以借用,'能者为师'的路子宽着哩,再困难总比过去办夜学时的'小先生'制强吧。"①

关于校舍问题。现在一提办大学,首先想的是盖高楼,建教室,建宿舍。敢峰大胆地提出招走读生、办夜大学的想法。他说:"许多青年上不了学,许多有志成才者在自学中苦斗,许多待业青年想学一点技术,许多职工想提高科学文化知识,为什么不把夜学办起来呢?为什么这一座座夜间教育宝库却闲置着,不把它开发和动用起来呢?"②

---

①② 舒风编:《敢峰教育文选》,人民教育出版社2008年版,第414、413页。

办起各级各类夜学，不搞一平方米的基建就能解决教室问题。敢峰说："兴夜学，这是时代的需要。愿大家都来呐喊，都来尽力，把教育上的这支埋藏在地下的'生产力'解放出来。"①

第三，多种形式办学，多、快、好、省地培养人才。

敢峰在《广开学路——解放教育"生产力"》中说："采取一些在校外设教学点的办法（特别是文科），教师走出去教学，比如同经济部门、企业等联合办学，同地方政府联合办走读大学，以及广泛开展电视和函授教育等。"②敢峰算了一笔账：如果一所有两千名学生的大学，校内培养两千名学生，校外培养一万名学生，校内生与校外生之比达到一比五，整个中国的高等教育事业就大为改观。

或者"由机关、企业和社会团体办学，同大学的有关科系挂钩，请大学教师进行讲授和辅导，由大学进行考试，合格者承认其学籍"③。敢峰在《忽然想起"小鸟天堂"》一文中还肯定了前几年办分校的做法，"实践经验证明是成功的，应当巩固提高，稳步发展"④。

敢峰主张机动灵活地多种形式办学，一定要冲破各种陈腐观念的束缚，不能拿全日制学校的规章制度硬套。他说："应当从社会的需要以及学员的实际情况出发，发挥各学校、各单位以及教师之所长，多种多样，不拘一格，讲究实效。可以学基础课程，可以学专业技术，也可以学文学艺术，每期时间可长可短，学员人数可多可少。"⑤既可以办成夜校，也可办成假日学校，或者办成白天或晚上机动灵活授课的培训班。总之，以学到知识和技能为目的。

第四，大力发展中等专业教育（包括职业学校）。

敢峰说："国家培养一个大学生用的钱，可以培养五个中专生。大力发展中等专业教育，不但可以缓解目前需要中等专业人才的燃眉之

---

①②③④⑤ 舒凤编：《敢峰教育文选》，人民教育出版社 2008 年版，第 415、21、417、417、414 页。

急,而且这些中专毕业生经过几年的锻炼和在职提高以后,每五个人中间大概能有一个达到大学水平。宁可少办几所大学,也要多发展一些中专。"①这样做还是很划算的,用培养一个大学生的钱,培养了四个中专生和一个大学生。敢峰思考问题,总是从我国经济基础薄弱的具体国情出发,采取一些少花钱多办事,或者不花钱也办事的方法。

第五,鼓励自学青年刻苦学习,通过高等教育自学考试获得学历证书。

敢峰认为:自学与高等教育自学考试相结合的办法,是"教育领域中的一个具有开拓意义的尝试。这条路将会越走越宽,有着强大的生命力"②。为什么说它生命力强呢?因为这种办法形式灵活、时间灵活,而且把自学的内容与工作相结合,把学习的绩效与国家对学员的统一质量要求结合。成绩考核时可以单科也可以多科,学习时间可长可短,没有统一的年限,这就吸引了广大自学青年并调动了他们的积极性。

敢峰设想这种自学考试或成绩考核,"采用学分制为宜,除了一部分必修课程外,不必强求一律,只要积累一定的学分,就应给予相应的学历。至于各门课程学分的取得,除参加国家教育部门的统一考试外,也可申请参加高等学校的分科考试(特别是各种各样的专业课)"③。这样做就可以把自学青年和各种不正规的办学形式全部纳入到正规教育的轨道,实现条条道路通向大学,不管采取何种方式,只要考核合格,就可以获得国家或社会承认的学历。

第六,广开学路与广开才路同时并举,把广开学路与广开才路、广开就业门路连接起来。

仅有"广开学路"而没有"广开才路"和"广开就业门路",我们的工作才只完成了一半。前些年,我国每年不能升入高等院校学习的青年达几百万人之众。近些年,高等学校经过扩建和扩招,每年都有数百

---

①②③ 舒风编:《敢峰教育文选》,人民教育出版社2008年版,第21、418、418页。

万高中生入学，但也仍有以百万计的高中毕业生流入社会，几年累积下来也是一个相当可观的数字。我们各个部门要为这些年轻人创造良好的自学条件，并鼓励他们根据国家建设和社会发展的需要，从实际出发，立志成才。这些年轻人经过刻苦努力，在他们中间会涌现出大批人才的。

敢峰早就预见到这样一种教育状况，因此他在《发展优势，广开学路，立志改革》一文中曾建议国家出台一个新政策："凡达到大学毕业水平的，经过考试，发给证书，要按大学毕业生同样使用并给以同样的待遇。只要真正贯彻了这一条，就等于办起了几百所大学。"① 敢峰还建议对现有的技术工人加以培训，鼓励奋发上进："在技术学习上，也要研究和制定出鼓励刻苦钻研和精益求精的政策，按技术高低录用人才，并给以相应的物质待遇。对由于革新技术而大幅度提高生产力者，应给予奖励。如果能把这些变为国家的立法，制定具体有力的措施，付诸实践，取信于民，则整个社会必定学风大振，科学文化和技术水平的提高必定日新月异，为四化所需要的各种人才和良工巧匠必将春笋般地纷纷破土而出，其势必将'忽如一夜春风来，千树万树梨花开'。"②

时过二十多年，我国的人事制度和劳动就业制度经过深化改革，情况已大为改观，已经允许有一定学历的人报考国家公务员，在工厂、商店、公司应聘就业都有了充分自由。律师、法官、会计师、经济师、医生、护士、厨师、美容师、理发师、化妆师、教师等职业都实行了资格证书制，只要考核合格，就发给"任职资格证书"，就可以应聘这种职业。不过，从这里我们也可以看出敢峰是颇有远见的，他的教育思想、就业观念不只具有超前性，还符合我们的国情，社会的发展证明他是正确的。

---

①② 舒风编：《敢峰教育文选》，人民教育出版社2008年版，第355页。

三、教育的出路在改革

20世纪80年代初，敢峰就提出："教育的根本出路在于改革，非改革不能适应四化建设的需要。改革教育是当前整个世界的潮流，近一二十年来教育改革呼声之高，范围之广，在教育史上是罕见的。"① 这是因为，当前各国科学技术、经济、军事、文化诸多方面的竞争归根结底是人才的竞争，而各类人才又是各级教育所培养的。所以敢峰说："要搞好我国的四化建设，赶上和超过世界先进科学技术水平，不立志改革教育是不行的。"②教育改革是一项浩大、繁杂而细致的工程，要改革的问题非常多，诸如教育结构、领导体制、教学制度、教学内容和教学方法等，都需要改革。但是，仅有教育部门的改革是不行的，非要各个部门、各行各业共同配合才能奏效。敢峰说："城市中等教育结构必须同劳动就业问题结合起来，首先要广开生产门路，才能根据劳动就业的需要举办各种职业学校，否则中等教育结构改革唤来唤去还是'只听楼梯响，不见人下来'。"③总之，教育制度的改革牵涉到社会的方方面面，人事制度和劳动就业制度不深化改革，广开学路、广开才路、广开就业门路就无从实现。

敢峰的思想非常解放，关于教育制度改革他的思考是多方面的，他在考虑"广开学路、广开才路、广开就业门路"的同时，还考虑到"寓学于工、寓学于农"，"充分发挥工矿企业办学和乡村办学的积极性，培养他们自身所需要的各种人才"。

---

①②③ 舒风编：《敢峰教育文选》，人民教育出版社2008年版，第355—356、356、356页。

广开学路，广开才路，大家齐心协力办好各类学校是手段，提高全民的文化素质，培养大批的四化建设所需人才，加快我国经济建设的速度才是目的。为达此目的，敢峰在多篇文章中提出：办学校要提高与普及相结合；正规学校与非正规学校，重点学校与普通学校，长期学校与短期培训，全日制学校与夜校、假日学校、函授学校，同时并举。在办学措施上，只注重正规学校、重点学校，是少、慢、差、费的办法。敢峰的指导思想是在我国薄弱的经济基础上，利用现在有限的人力、财力、物力，尽可能快点、多点、早点培养出人才。

在教育改革方面，敢峰还从历史发展的宏观层面上研究了"教育和经济发展"的关系。他在一次会议上说："纵观几千年的教育史，在相当长的时间里它（指教育——引者注）几乎是存在于经济活动之外的；后来才进入经济的边缘地带，特别是欧洲产业革命以后，劳动者需要一定的知识、文化和科学技术；发展到今天，教育越来越向经济领域的中心挺进，引领着经济往前发展。比较明显突出的例子，比方说斯坦福大学和硅谷就非常明显。现在越来越清楚，知识经济处于先导、主导的地位，教育不仅是基础，它也应成为知识经济发展的主导和先导。我们要赶上去，很重要的一条，要集中优秀人才，要大力筹措资金，搞研究型大学为火车头的学、研、产联合体。"①

敢峰认为，我国的教育战略应该是"双塔型"战略：一个是提高全民素质的"大宝塔"，另一个是在这个基础上培养拔尖人才的"小宝塔"。广开学路，广开才路，多种形式办学，是为了提高全民文化素质，属于"大宝塔"范畴；办研究型大学，办学、研、产联合体，是培养拔尖的优秀人才，属于"小宝塔"范畴。

敢峰说：研究型大学和学、研、产联合体"搞多了不行，没有这么

---

① 舒风编：《敢峰教育文选》，人民教育出版社2008年版，第96—97页。

大的力量。……大学都办成那么大的,也不行。重要的是要把大学办好,办出高水平高质量,使提高全民素质的大金字塔基础上的培养拔尖人才的小宝塔光芒四射。"①

　　敢峰写作的这几篇文章是有针对性的,但他在文章中没有居高临下地批评人和生硬地说教,而是平心静气地摆事实、讲道理,借物喻理,由形象而抽象,以理服人,使读者感到非常亲切。

---

① 舒风编:《敢峰教育文选》,人民教育出版社2008年版,第97页。

第四章

首倡"重构基础教育"

  1995年7月25日,敢峰在《人民日报》上发表了一篇《漫议重构基础教育》的文章。敢峰在文章中提出:"历史上有过多次的教育改革。当前我们所面临的教育改革是否可以说有两个战略要点:一个是以发展教育'生产力'为主旨的办学体制的改革;另一个是以提高教育质量为目标的教学内容、方法、考试和管理等方面的改革(即以教学改革为中心的全面改革)。在这里我想着重提出教育改革中一个极为重要的问题——基础教育的重构(特别是基础知识和技能的重构)。"①

  什么是"重构基础教育"?为什么要"重构"?怎么样"重构"?要"重构基础教育",这三个问题是必须回答的。敢峰并没有写大块文章全面系统地论述这些问题。他提出这个问题,是感到这个问题实在太重要了,希望大家共同思考、研究和在实践中探索,并且自己率先一头跳下"河"去,扎进北京力迈学校"重构基础教育"的改革实践中,一干就是十几年。

---

① 敢峰著:《新世纪"根苗工程"》,人民日报出版社2002年版,第22页。

在北京力迈学校创建伊始和其后不久，敢峰陆续起草了《北京力迈学校的施教方略》《北京力迈学校重构基础教育改革实验纲要》和《力迈学校之魂魄》三个基本文件，这是他在一校范围内进行重构基础教育改革实验的思想和行动纲领。十几年下来，可以说在许多方面都有新的突破，给人以新的启发和思考，取得了许多新的教育经验，受到社会上的瞩目和好评。许多新来力迈学校的教师，他们的第一感觉就是：这里"别有洞天"。敢峰的教育思想也在这里得到了锤炼和升华，更实际也更系统化了，对此本书后文将会陆续阐述。虽然敢峰至今尚未用论文和专著的形式对"重构基础教育"作出系统的、完整的论述，但他在力迈学校立校和治教的三个基本文件（特别是《北京力迈学校重构基础教育改革实验纲要》）中早已作出了自己的初步回答，而且一以贯之地尽心尽力为此奋斗着。用敢峰自己的话说，这真是"戴着镣铐跳舞，顶着风唱歌"啊！在力迈学校十周年校庆之际，敢峰还写了一首《赠同仁》的诗表达他的心情："慷慨高歌壮远征，雄关如铁志如云。十年教改崎岖路，毋忘力迈相聚情。"

"重构基础教育"的问题，非一校所能解决。首倡"重构基础教育"，并率先在一校范围内进行实验，对于年迈的"教育布衣"敢峰来说，实在是难能可贵。敢峰以一己之力只能做到这一点，这一目标在全国范围的实现，他寄希望于广大教育工作者。

一、为什么要重构基础教育

敢峰为什么在这时提出"重构基础教育"呢？因为他意识到这是当今时代发展的要求。我们国家和西方发达国家几十年来的教育改革，总是摆来摆去，存在的问题始终得不到解决，根本原因就在于没有认识到和解决好基础教育的重构问题。时代发展到今天，再不通盘考虑基础教育的重构问题，必然影响社会经济的正常发展。

我们国家的基础教育从新中国成立初期到现在，历经半个多世纪，改革了几十年，现在怎么样呢？仍然是统得过死，学生的知识面过窄。纳入"应试教育"的轨道后，社会上以应考、升学率高低来评价学校，学校也只能以升学率来评估教师的业绩和水平，整个中小学教育也就按照升学的"标高"来批量"生产"学生。这就极大地妨害了学生良好个性的形成和潜能的开发，怎能适应时代发展的需要呢？众多的有识之士对"应试教育"抨击、改革了多年，而且教育主管部门也提出以素质教育来取代"应试教育"，但由于我国经济和教育还不太发达，此怪圈不但没有削弱，还有加强之势。我国基础教育的另一大弊端，是不能按照儿童、少年、青年不同年龄段的身心特点进行教育，有些学校把大学的教学内容压到中学，中学的学习内容压到小学，把基础教育搞得非常繁杂，学生的课业负担很重。要想减轻学生的负担，还要提高学生的素质，就必须摒弃教学中的烦琐主义，以少而精统帅多而广，对基础教育进行重构。

西方发达国家的基础教育又如何呢？他们虽然摆脱了应试教育的束缚，让学生得到自由发展，其好处是学生学得活，个性得到了良好的发展，但基础知识和技能训练较差，读、写、算的基本训练不扎实，这也影响了学生将来潜能的开发和创新能力的发展。

20世纪末至21世纪初，我们正处在由工农业社会进入信息社会的时期，社会经济、科学技术名副其实地、日新月异地飞速发展。一个大学毕业生，在学校学习4~5年毕业，刚走上工作岗位，其所学知识已有50%被淘汰。我们如果再按照过去传统的教育模式和教学方法去培养学生，显然不能满足现代信息社会的需要。这就要求我们必须对中小学教育进行结构性改革,重新构筑新的教育内容、模式和体制,以及与之相适应的教学措施和方法等。

按照敢峰的解释,重构后的基础教育是人生的奠基教育、升大学(学习专业)的准备教育和走向社会(包括劳动就业)的指导教育三者的有机统一。其目标是把一个个无知的儿童培养成为有理想、有道德、有文化、有纪律的具有发展前途的21世纪新人。

敢峰有名的人生格言就是:"人生有三宝:立志、好学、奋斗。人无志不立,无学难行,不奋斗就不能开辟人世间的大道!"[1] 这人生"三宝"完全与人生的"三种教育"相吻合。孩子在幼年时,把他们"引上正确的人生路",需要自小"立志";面对浩瀚的文化知识,必须"好学";毕业后进入竞争激烈的人生社会,必须学会"奋斗",不"奋斗"则无法生存。

敢峰认为,从我国当前教育的现状看,要想重构基础教育,必须实现三个转变:"从传统教育到现代教育的转变;从'应试教育'到素质教育的转变;从单纯传授知识和烦琐主义教学到在教学过程中注重打好基础、启迪学生智慧、开发学生潜能、发展学生创造力的转变,即从被动地接受教育到生动活泼地主动地学习的转变。"[2]

实现"重构基础教育",不是一朝一夕、一蹴而就的事,需要对教育现状广泛地考察,然后进行周密研究,设计出可行的实施方案(或者说是基本框架),还须编辑一套与之相适应的教材,制订出一套新的教育、教学措施和教学方法。仅仅有一套完整的计划还不够,还需要有一些条件较好的中小学进行重构基础教育的大胆实验。敢峰不是说空话、大话的人,他向来是言行一致、言出行随。敢峰既然大胆地倡导"重构基础教育",自己就决心身体力行,努力实现。因此,1995年秋,敢峰

---

[1] 敢峰著:《新世纪"根苗工程"》,人民日报出版社2002年版,第133页。
[2] 舒风编:《敢峰教育文选》,人民教育出版社2008年版,第378—379页。

到北京力迈学校出任校长,在全国教育界打出了"重构基础教育改革实验"的旗帜,充当开路先锋。

二、重构基础教育的框架

北京力迈学校创办伊始,敢峰就写了一篇《再议重构基础教育》的文章,刊登在《力迈特刊》创刊号上。敢峰在文章中用五句话概括了重构基础教育的框架:

①使学生扎下中华文化的根,懂得中国的历史和国情,着眼于继往开来,在世界上再造中华民族的辉煌。

②把学生引上正确的人生路,能够辨别真善美和假恶丑,在现代社会中学会做人、立业、处世之道,具有高尚的爱国主义情操和建设有中国特色的社会主义志向。

③在抓好启蒙教育和双语教学(汉语和英语)的基础上,循序进行现代基础知识、智能和基本功的教学、训练,学用结合,以少而精统帅多而广,把打好基础同因材施教结合起来。

④在重视智能开发的同时,要十分重视非智能因素(特别是思想品德和良好的心理素质)的开发,培养学生为迎战21世纪所需要的创造精神和意志力。

⑤教养与教育、教学并重,实地培养学生独立生活能力和社会交往能力,良好的生活、学习、劳动和锻炼身体的习惯以及文明行为。①

---

① 敢峰著:《新世纪"根苗工程"》,人民日报出版社2002年版,第25页。

为什么敢峰把"学生扎下中华文化的根,懂得中国的历史和国情"作为重构基础教育的首条呢?因为一个不重视、不懂得自己文化和历史的民族,是没有希望的民族,不可能自立于世界民族之林,更谈不上再造中华民族的辉煌了。国外一些有识之士早些年就认识到,21世纪世界的经济、科技、文化的重心将移向东方,21世纪是现代化与东方文明相结合的新世纪。用中华文化的精华(在精而不在多)哺育学生,使他们从小扎下中华文化的根,是培育新一代的需要,也是再造中华民族辉煌,走向世界的时代需要。

2002年6月,中国教育电视台和上海教育电视台的记者采访敢峰时,曾提出:"现在我们是在走向世界、走向现代化,为什么要把使学生从小扎下中华文化的根放在第一条呢?"敢峰回答说:"正因为我们要培养走向现代化,到目前为止走向世界、走向未来的新一代人,所以使学生从小扎下中华文化的根就更为重要。世界在走向中国,中国也在走向世界,这是双向的。历史文化是不能割断的,要使我们的民族凝聚起来,自立于世界先进民族之林,再造中华民族的辉煌,不使学生从小扎下中华文化的根,不用中华民族的人文精神哺育我们的后代,怎么能行啊!"①

基础教育是人生的奠基教育。敢峰认为,把学生引上正确的人生道路是基础教育中一个不容忽视的永恒主题。他说:"教育以育人为本,德育的功能就是塑造人的'灵魂',而且是在世路多歧中使学生明辨真善美与假恶丑。"②但这种教育必须是"动之以情,明之以理,约之以法,晓之以利害",使学生们"初步树立科学的世界观、人生观、价值观,懂得做人、立业、处事之道,能够正确地认识个人同国家、社会、集体、他人的关系"。③

重构基础教育的主体是智育,智育由基础知识、智能和技能三部分

---

①②③ 舒风编:《敢峰教育文选》,人民教育出版社2008年版,第386、381、381页。

组成。敢峰认为，智育的第一基础是语文、外语和电脑网络，第二基础是知识，第三基础是智能和技能。他主张，语文和外语的教学重心要下移，放在小学、初中，数、理、化的教学重心要上移。这是因为教学活动如同种庄稼一样，有个不违学时和不误学时的问题，各门功课都要按照学生最佳学习期来安排教学和提出恰当的要求。

敢峰在力迈学校就是按照"重构基础教育"的思路，根据儿童记忆力、模仿力、想象力和学习语言能力强的特点，在小学一、二年级进行大量识字教学，达到认识两千个左右汉字的水平；从三年级起加大阅读量（辅以学生自己查字典），扩大学生眼界，启迪学生智慧，使学生的整个学习进程大大提前；到了四年级，就以练习写作为重点来安排现代文的教学，同时教会学生阅读一般古诗词和文言文。在初中阶段，学生在语文上可以基本过关。到了高中阶段，语文课开设古籍选读、文艺欣赏和评论等选修课；准备学文科的学生，选修一些经济、哲学和历史书籍；准备攻读理工科的学生，则在强化、优化现代科学基础知识的同时，大幅度提高学生的智能与技能，并使其接触某些自然科学的前沿。

总之，整个中小学阶段，都要做到"不违学时，不误学时"。社会实践已经证明，"时过而后学，则勤苦而难成"；当然，也有大器晚成的例子，但这不是教育的基点。笔者认为，《三字经》中所说的"苏老泉，二十七，始发奋，读书籍"，不过是鼓励后学者奋发读书的佳话，不可当做"少小不努力"的借口。

三、注意非智力因素的培养

敢峰提出"重构基础教育"前，还很少有教育家提出在中小学的教育、教学中要特别注意"良好心理素质的培养"和"培养学生的独立生活能力和社会交往能力"。尤其是后者，教师们认为这是家长的责任，或者是社会的责任。现在敢峰提出来，"必须把培养学生的良好心理素质等非智力因素放在战略要点的位置上来考虑"，要"教养与教育、教学并重"。①

敢峰认为，重视学生良好心理素质的培养，并排除学生"在学习和生活过程中的各种心理障碍"，"是重构基础教育中的一个极为重要的新课题。智力因素好比是'箭'，心理素质等非智力因素则好比是'弓'，发射'利箭'，还要依仗'强弓'才行"。②

非智力因素包括许多方面，诸如：正确的人生观和价值观，健康的体魄、性格，掌握一定的劳动技能和技巧，有健康的审美观和兴趣，等等。另外，许多心理特征和性格特征，如坚强、毅力、志气、专心等，也是非智力因素的重要方面。

基础教育是人生的奠基教育，必须在中小学阶段抓紧孩子的道德品质教育，使学生明辨真、善、美与假、恶、丑，使学生们"初步树立科学的世界观、人生观、价值观，懂得做人、立业、处事之道，能够正确地认识个人同国家、社会、集体、他人的关系"。非智力因素的培养，品德的教育，既可以在课堂上进行，也可以在课外活动中进行。无论采取何种形式，都必须是动之以情，明之以理，约之以法，晓之以利害，生硬的、呆板的说教是不能奏效的。教师要像春风润物那样，通过传授知识、游戏活动、参观、旅游等方式，点点滴滴地渗透给学生。

敢峰说："教育以育人为本，德育的功能就是塑造人的'灵魂'。"他认为，把天真无邪的孩子们引上正确的人生道路，是基础教育的永恒主题，是家长、国家给予学校和教师的神圣职责，不得有任何疏忽。

---

①② 舒风编：《敢峰教育文选》，人民教育出版社2008年版，第383页。

北京力迈学校在非智力因素教学方面做得很好。从小学到中学，十分注意基础文化的教育。因为科学文化知识本身就是科学世界观和良好品德形成的基础和依据，学生对文化基础知识掌握得越牢固，理解得越深，就越有利于学生科学世界观和良好道德品质的形成。在力迈学校的幼儿园和小学低年级，教师们都是从儿童的实际出发，在孩子们能接受的范围内，紧密结合教材的特点，自然渗透有关培养科学世界观和道德品质的内容。比如，在儿童做游戏当中进行团结互助、谦让友爱、勇敢进取的教育，都是十分自然的事情。

在体育方面，除了体育课上由教师进行体育、卫生、保健知识的教育外，在体育课和课间活动、课后锻炼、运动会等活动中，也对学生加强了体育技能与技巧的培养和锻炼，促使学生养成良好的卫生习惯。其他各科教学也结合自己的特点向学生进行卫生保健和心理健康方面的教育，并按照生理卫生和心理卫生的要求开展教学活动。如：要求学生保持正确的坐、立、行、阅读、书写的姿势，防止近视眼、驼背的发生；减轻课业负担，让学生保持旺盛的精力和良好的情绪，身心得以健康发展。

北京力迈学校的教师们还注意培养孩子们健康的审美情趣，在音乐课上讲解音乐的旋律美，在美术课上讲解色彩、构图美、雕塑的造型美，在体育课上讲解舞蹈的形体美等一般的美学常识。其他学科也都注意结合教材对学生进行审美情趣的教育，如：语文课教给孩子如何欣赏语言节律的美感，诗词、散文中的意境之美；地理课讲述祖国山川、地貌秀丽之美；历史课讲述古代遗迹、文物之美。力迈学校一年一度的艺术节前后，教师集中精力对学生进行审美情趣的教育，准备节目和展品的过程，既是创造"美"的过程，也是欣赏"美"的过程。

总之，力迈学校的教师通过各科的教学活动，引导学生欣赏自然美、生活美和劳动美，促使学生养成讲卫生、爱整洁的良好习惯；让学生明白，只有心灵美和仪表美相统一，才是真正的美。榜样的力量是潜移默化的，在日常生活和教学活动中，力迈学校的教师们都注重自己的仪表美、言行美，在各方面成为学生的表率。

重构基础教育，说起来容易做起来是非常难的。"重构基础教育"是我国中小学教育改革的宏伟蓝图，按照这个蓝图去实施，我国的基础教育将会彻底改观，会有一个质的飞跃。

敢峰的"重构基础教育"的理论，有些观点他在20世纪60年代创办北京景山学校时就已经形成了，如"反对烦琐主义、形式主义的教学"，主张"启发式"，"以少而精统帅多而广"，等等。在20世纪80年代和90年代，敢峰总结了国内外教育改革的正反两方面的经验和教训，根据世界经济和科学技术的发展需求以及我国改革开放日益深化的国情，融会古今中外的教育思想，汲取其精华，扬弃其糟粕，形成了自己独特的"重构基础教育"的教育思想。

第五章

发展教育与开发智力

在敢峰比较系统地论述教育问题的文章中,《智力开发与教育学、人才学》《新时期我国教育改革的纲领》《怎样开创教育工作的新局面》《教育是人才成长的基础》等文章比较集中地涉及教育的本质、属性等理论问题和发展教育、开发智力等重大实际问题。对这些问题,敢峰有何独到见解呢?

一、关于教育的本质和属性

什么是教育?20世纪80年代初,敢峰在《智力开发与教育学、人才学》这篇文章中说:"通俗地说,教育就是培养人。家庭教育、学校教育、业余教育、在职教育,等等,都是培养人的。教育的本质,就是社会的政治、经济、文化对培养人的要求的总和。"① 当时社会上对教育本质和社会属性的认识是有分歧的。对此，敢峰在这篇文章中写了这样一段话：

> 有些人认为，在阶级社会中，教育的本质应归结为阶级性，教育是阶级斗争的工具。这个说法在一定条件下也是对的。因为每一个阶级都是按照本阶级的利益来办教育的，社会的政治、经济、文化对培养人的要求，总是通过掌握教育的统治阶级去实现的。但是，教育又是一个永恒的范畴。在阶级产生以前，从教育的广义上来说，它就存在（当然它不是学校教育）。在阶级消灭以后，教育照样要存在下去，就是从思想教育来说，它也是永恒的，只不过在阶级消灭以后，它不反映阶级斗争的性质罢了。关于教育本质的讨论，有许多分歧，有争论。其中有的是从这一方面看问题，有的是从那一方面看问题，强调的重点不一样，程度不一样，所指的内容范围大小不一样，就产生了各种不同的看法。许多观点虽然强调的重点不同，但却互为补充。有的观点看起来是对立的，实际上却相反相成。马克思认为，人的本质是社会关系的总和。教育的本质，离不开一定社会的政治、经济、文化对培养人的要求。离开这个要求来谈教育本质，那就是空谈了。②

敢峰的这段话，对教育的本质论述得十分清楚：教育的本质是随着社会的发展、演变而变化的。在阶级存在的社会里，教育是有阶级性的；将来在彻底消灭了阶级之后，教育就不存在阶级性了。但教育仍然受当时社会、经济、文化所制约，教育仍为所在社会的经济、文化服

---

①② 舒风编：《敢峰教育文选》，人民教育出版社 2008 年版，第 292、293 页。

务。教育的这种本质属性则是永恒的,是永远改变不了的。敢峰认为,争论的各方是相反相成的,各有其合理的地方,又各有其不足。敢峰对教育本质的论述,是辩证的、发展的,因此就避免了片面性,没有陷于各执一词的极端争论。

关于教育与生产力的关系问题,敢峰同样采取发展的眼光,用历史的、辩证的态度去分析。在他的文章中有这样两段话:

> 从整个社会的发展来说,经济的发展是基础。科学技术发展到今天,如果没有智力开发与它相适应,它就很难再向前发展,经济也就很难再向前发展。只有掌握现代科学技术的人,才能够进行现代化的生产和管理现代化的经济。所以,智力开发已经成为当前经济发展的重要先决条件。而教育也从过去远离经济发展的上层建筑领域走下来了,成了经济发展的先行官。教育在经济发展中的作用,以及教育本身的构成,同古代相比已经发生了很大变化。古代的教育,属于上层建筑(当然,民间还有自发地传授生产技术的教育,当时人们不把它算在教育之内),办教育的目的是统治阶级为自己培养接班人。在那个时代,科学技术不发达,是小农生产、小农经济,不需要多少科学文化知识,教育与生产是远离的。封建时代,学馆也好,私塾也好,主要是读经书,是不传授生产技术知识的。由于生产力的发展,近代资产阶级对生产者应具备的科学文化知识提出了一定要求,对教育也就提出了一定的科学技术教育的要求。于是,资产阶级为了自己的利益,提出了双轨制教育,一方面为本阶级培养接班人,另一方面对劳动人民加强资产阶级思想的影响,传授一定的生产技术知识。这时候,教育同生产力挂钩了,从上层建筑领域走了下来。
>
> ……

……现在，有一个对教育重新认识的问题，以及把传统教育改造成为现代教育的问题。现代教育的属性已经从古代的单一的上层建筑属性发展为纵跨上层建筑、经济基础、生产力的三位一体的东西，并从少数人的享有扩展到了全民的普及。过去强调教育是上层建筑，这是历史的原因，在当时的情况下，是对的。现在强调教育是生产力，对不对呢？我认为也是对的，但认为教育只是生产力，那就错了。思想政治教育明显是上层建筑。而且应当指出教育不是直接的生产力，是间接的、潜在的生产力。现在教育对生产发展的重要性越来越大了，所以对教育有一个重新认识的问题。①

敢峰认为：在古代的封建社会，教育是属于上层建筑部分，"教育与生产是远离的"；到了近代资本主义社会，教育从上层建筑走下来，与生产力挂钩，结合起来；社会生产发展到今天，教育成了"纵跨上层建筑、经济基础、生产力的三位一体的东西"。敢峰之所以得出这样的结论，是由于现代教育成了一种错综复杂的社会现象。教育既含有生产力的要素，比如传授自然科学知识和生产技术等，但又不能完全归结为生产力；教育也有上层建筑的要素，如教育思想、方针、目的以及社会科学的教育内容等，都是意识形态，在阶级社会都有阶级性，但这些又不能完全归结为上层建筑；教育和经济基础有密切联系，但又不完全是经济基础。另外，教育还包括既不是上层建筑，又不是生产力的成分，比如教学方法、教育教学手段以及教育机构和设施等，这些又不完全随着社会变化而变化，有的还具有物质属性。因此，敢峰认为教育的属性既不完全是上层建筑，也不完全是生产力和经济基础，而是具有上层建筑、生产力和经济基础多重属性。

---

① 舒风编：《敢峰教育文选》，人民教育出版社 2008 年版，第 294—296 页。

二、发展教育与经济建设

敢峰指出：教育是"生产力"，但不是"直接生产力"，而是"间接的、潜在的生产力"。为什么说教育不是直接的生产力呢？因为教育不生产物质产品。学校自产生以来就是培养人才的场所，教育的"产品"主要就是社会需要的掌握知识和劳动技能的各类人才和合格的劳动力。教育事业是通过培养这些"劳动力"去掌握生产工具并作用于劳动对象，才能构成"生产力"去进行社会生产，创造出使用价值来。高等学校的科研成果，也要通过生产部门才能转化为直接的生产力。所以说教育是"间接的、潜在的生产力"。

在古代，在早期的封建社会，农业生产和手工业生产所需要的劳动力不是学校培养出来的，新的劳动力是在家庭里，在手工作坊里，由长辈或由师傅言传身教带出来的。学生在学校不过是读一些经书，学一些计算的知识，教师对生产技术的传授并不多。只是到了近现代社会，教育培养掌握现代生产技术人才和劳动者的功能才显现出来。要维护和发展生产，就必须不断地再生产各类人才和劳动力。人才和劳动力的再生产就是教育与生产联系起来的桥梁。经济的发展是社会发展的基础。今天，科学技术在经济发展中的作用越来越重要，所占的比重越来越大。如果没有智力开发，没有先进的科学技术与现代经济相匹配，经济也就很难再向前发展。只有培养出大批掌握现代管理知识和现代科学技术的人才，才能够进行现代化的生产和管理现代化的经济。

敢峰在《教育是经济建设的"先行官"》一文中对此问题就阐述得十分清楚："搞经济建设需要各种各样的人才。没有科学技术人才，没有经济管理人才，没有懂技术的熟练工人，任何现代化的工厂不过是一个废品仓库。"① 敢峰在《智力开发与教育学、人才学》中也说，西方发达国家都在搞经济竞争和军事竞争，而"经济、军事竞争的一个重要方面就是科学技术的竞争。科学技术的竞争本质上是人才和教育的竞争。搞科学技术竞争，不但需要科学和工程技术人员，还需要懂技术、会操作的工人。教育是培养人的。所以现代西方发达国家，很重视抓教育，还搞终身教育"②。

开发智力已经成为当前经济发展的重要先决条件。要开发智力，就必须大力发展教育，这已经是不辩自明的道理。敢峰说："智力开发可以分两个方面。一个是培养人才，叫做人才开发；一个是提高整个民族的科学文化水平。"③俗话说"百年树人"，要完成这两个方面的任务，没有几十年的时间是不行的。敢峰说："第一，整个经济建设所需要的大批人才的培养不是孤立的，而要建立在整个中华民族科学文化水平提高的基础上。第二，培养人才的周期长，仅从入小学到大学毕业就需要十四五年。"④

智力开发既然是一项长期的艰巨任务，又是人类历史上迄今最伟大的工程。敢峰站在战略高度，提出智力开发的长远、中近期和当前三个目标。他说："智力开发，不只从微观上进行研究，还要从宏观上来进行研究。宏观研究，就是要研究如何提高整个中华民族的科学文化水平和聪明才智。""我们的长远目标是用科学的思想方法和现代的科学技术把我们民族武装起来。中近期目标是实现四化。当前的直接目标是立足现实，发展生产。"⑤

为了实现智力开发的中近期目标，敢峰针对我国的具体情况提出四条措施，我们可以概括为"提高认识""舍得投资""多方面合作""多

---

①②③④⑤ 舒风编：《敢峰教育文选》，人民教育出版社2008年版，第358、295、294、358、295页。

种形式办学"。

如今,社会已经发展到知识经济时代,人的智力开发和物质资源的开发已经成为经济起飞的双翼,缺一不可。但一部分人认识不到这一点,仍按老规矩办事,这就拖了开发智力、发展经济的后腿。主管教育工作的人必须提高认识,明确责任,同时还要调动教育者(既包括教育部门的领导,又包括普通的教师和职员)与受教育者两个方面的积极性。既有认识,又有积极的行动,开发智力的工作才能高效运转起来。

仅有积极性,没有资金,还是办不成事。要办学校,就需要经费(要建校舍,要扩大师资队伍,要增添图书、仪器和各种设备,等等)。因此,在教育上要舍得投资,要先投资。敢峰说得好:从长远和根本上看,这是"所有投资项目中赢利最大的投资"。在我国,过去几十年中对教育投资太少了。与其他事业相比,投资不成比例。在这方面,我们是吃了大亏的。

提高了认识,有了资金,这还不行,还需要各个方面通力合作,多种渠道办教育。教育、文艺、电视、报刊、科普等,各行各业、各个部门都应拧成一股绳,劲往一处使,根据自己的条件,多想一些实际的、有成效的办法(包括穷办法、土办法),广开学路,采取多种多样的办法,创办不同性质、不同形式的学校。只有如此,人才培养、智力开发事业才会蓬蓬勃勃地开展起来。比如,工矿企业如果能把物质生产和培养人才结合起来,潜力也是相当大的。国家这么大,情况这么复杂,不能光靠学校教育这一条渠道,要通过多种渠道来开发智力。

总之,智力开发,光靠教育部门不行,要整个社会都来重视,共同努力。经济发展,人力、物力、财力这三个要素缺一不可。但是在现实生活中,有些人对物力、财力很重视,对培养人才却不重视。一方面人才不够用,另一方面又压抑、埋没人才,这实在是不应该有的现象。

三、懂得智力的发展规律才能开发智力

要懂得智力的发展规律,首先要知道什么是智力。敢峰说:"智力是思维能力的总和,大脑加工能力的总和,是人类认识规律、驾驭规律,认识世界、改造世界的能力。"①

研究智力不能离开认识世界和改造世界。敢峰关于智力的结构和层次,有下面一段精彩论述:

> 智力有结构,分层次,全知全能的人是没有的。人类认识世界、改造世界,总是遵循从感性到理性,从实践到理论再回到实践这样一条路线。要按这样的认识路线来考察智力的结构、层次和类型。
>
> 智力的层次有三部分:基础部分,包括观察力、记忆力和各种接受能力;主体部分,也就是思维运筹部分,包括分析、综合、系统化、判断、推理、联想等能力;升华部分,包括创新、应变、攻关(解决难题)的能力。②

知识、技术都可以继承,但智力不能继承。青年人可以继承老一辈的知识、技术,不可能继承前辈的智力。基因可以遗传,但智力不能遗传。谁也不能保证科学家生的儿子,长大以后也是科学家;谁也不能保证文学艺术家的儿子,成人后也是文学艺术家。聪明人的儿子也可能弱

---

①② 舒风编:《敢峰教育文选》,人民教育出版社2008年版,第300、300—301页。

智、呆傻，这样的事屡见不鲜。有人说了：聪明人的后代绝大多数都是聪明者，这个不假。但聪明人的后代的聪明智慧或者超过父辈，或者低于父辈，总不会与父辈一模一样的。

人的智力、聪明才华，要靠后天在实践中学习、培养、锻炼，逐渐发展起来。对智力超常儿童的研究，重点也应放在智力发展上。在古希腊戴尔菲城的神庙里，有一座只刻着一句铭言的石碑。铭言说："你要认识自己。"法国哲学家卢梭认为这句名言"比伦理学家们的一切巨著都更为重要、更为深奥"。因为"人类的各种知识中最有用而又最不完备的，就是关于'人'的认识"。同样是人，生活在同样的社会环境中，有的人能力超群，有的人则智力低下；有的人早慧，有的人则大器晚成；有的人具有超常的记忆力，有的人则有非凡的计算才能。关于这些，古今中外的书籍都有记载：德国杰出的诗人歌德，幼年时就聪颖过人，4岁开始读书，过目成诵；我国南北朝时的梁代文学家萧统，3岁开始学《孝经》《论语》，5岁遍读"五经"，史书上称赞他是"读书数行并下，过目皆忆"。这些具有非凡记忆力的人，他们的大脑和智力与常人有何不同？

人的思维过程，人对客观世界的认识过程是十分复杂的，就连颜色对人的思维活动都有影响。加拿大一教授在一所学校做了一个试验。他将学校本来为橘红色、白色和褐色的墙刷成黄色和蓝色，并在墙的颜色改变前后对学生进行了测试。结果表明：有的学生在墙的颜色改变后成绩提高了；学生的出勤率高了；流落在校外的学生少了；学生中惹事生非的现象也减少了。

在同一个班级里，大家的智力都差不多，学习环境一样，有的人学习成绩优秀，有的人就平庸无奇；在同一个家庭环境里，弟兄姐妹之间，生活环境一样，有的人在学业上达到了很高的造诣，有的人却一事无成；在同样的社会环境里，有的人喜欢文学艺术，有的人却喜欢理工科技。人的智力发展方向、发展特点,就像人的面孔一样,千人千模样,绝无雷同。为什么同样的外界条件作用于不同人的大脑会有这样大的差异呢?哪些客观条件对人的智力发育、发展有积极的影响,哪些条件有不利的影响?人,如何充分利用外部的有利条件,又如何避免外部的不利条件?我们对这些问题虽有一些研究,但并没有对所有问题、所有方面都研究得十分透彻。这些都是有规律可循的,但我们并没有完全认识并充分把握住这些规律。

有人预言,人类社会的未来,取决于挖掘和利用人类大脑的潜在智慧。教育家们应该努力把上述诸多令人不解的现象研究透,把人类的思维过程研究透,并找出其规律性的东西,为幼儿教育、学校教育、成人教育、自学成才以及整个中华民族科学文化水平的提高,提供科学依据,以便我们遵循着人类认识客观世界的规律,遵循着人才成长的规律和思维规律,事半功倍地去开发智力、培养人才,多出人才,快出人才,为我国社会主义现代化建设作出应有贡献。

关于如何开发人的智力,敢峰先后带领北京景山学校和北京力迈学校的教师们,在教育实践中作过许多有益尝试,也摸索了一些经验,这些在他的文章中都有论述。20世纪80年代,敢峰在研究人才学的基础上写作了《怎样使孩子聪明些》。他在这篇文章中谈了五条意见:

①培养孩子爱学习的兴趣。
②培养孩子动手的兴趣和能力。
③珍视孩子的好奇心,鼓励他们发现、提出各种问题,培养他们动脑子的习惯。
④让孩子展开想象的翅膀,海阔天空地翱翔。
⑤给学生讲各种刻苦学习和创造发明的故事,让他们看科学

家、文学家、政治家的传记。①

稍后，敢峰在研究"聪明学"问题时，又在《智慧——聪明之中枢》这篇文章中提了两条措施：培育智慧，锤炼智慧。

与此同时，敢峰在《智力开发与教育学、人才学》一文中，又结合研究智力开发规律，提出改造教育、教学的八条意见：

第一，当前，教学上窄、死、重，即知识面太窄、学得太死、学生学习负担太重，是培养人才的三条大忌。要想法摆脱这种恶性循环，转入学习知识和提高能力二者互相促进的良性循环。

第二，看一个学校教学的好坏，不能只看升学率高，还要看大面积的提高幅度。看一个学生的学习成绩，不能只看考试分数，还要看他在原有的基础上有多大进步。

第三，要把培养智力和双基教学（基础知识、基本训练）结合起来，不要顾此失彼。不能强调了一个方面就忽视另一个方面。

第四，兴趣、信心、方法，是提高学习质量的三大法宝。要培养学生的学习兴趣。学习兴趣是十分重要的。对学习没有兴趣，学习知识就成了最重的负担，没有兴趣很难谈上发展智力。

要帮助学生树立学习信心，特别是帮助差等生树立信心。

要教给学生学习的方法，指点给他们考虑问题的思路，在学习上使学生处于主动地位，成为学习的主人。

第五，老师要把"教"建立在研究学生"学"的基础上，教育学要建立在研究学生学习规律的基础上。

第六，我主张学生的学习要"山"字形发展，不要追求门门一

---

① 参见舒风编：《敢峰教育文选》，人民教育出版社2008年版，第311—312页。

百分。"山"字形很好，有助于学生智力的发展和主动地学习。

第七，要让学生多看课外书，多参加课外科技活动，课内课外结合。教科书薄了，不等于负担轻，弄不好反而造成负担重。

第八，手脑要结合，学习和思考要结合，释疑和质疑要结合。①

这八条意见是颇有见地的，对多出人才、快出人才、早出人才极为有益。比如，敢峰主张学生"山"字形发展，即各科学习成绩一般，允许突出发展有特长的一门功课。这样做既照顾了特长生的兴趣和爱好，又有利于尖子人才的培养。许多学校总是强调全面发展，不可偏科，往往把一些学生某些方面的优秀才华扼杀掉。有些学生可能门门功课都是满分，但最终成为平庸之才。这对优秀人才苗子的发现、培养是极为有害的做法。

敢峰还主张：评价一个学校，"不要只看升学率"，要看"大面积提高幅度"；评价一个学生，"不要只看考试分数"，要看"在原有基础上有多大进步"，"特别是帮助差等生树立信心"。十几年过去之后，敢峰把这个意见经过补充，融进了力迈学校的施教方略，形成了"力迈无'差生'"的教育思想，即"不管你们过去的学习基础多么差，只要努力学习就是好学生；不管你们过去有多少毛病和坏习气，只要认真改正就是好学生"，及时发现"差生"的"亮点"，加以扶植和培养。

20世纪90年代，敢峰创办北京力迈学校时，他在《北京力迈学校重构基础教育改革实验纲要》中提出七条开发大脑的措施，称之为"枢纽工程"。

敢峰先后在多篇文章中共提出开发智力的措施二十二条。这些措施

---

① 舒风编：《敢峰教育文选》，人民教育出版社2008年版，第301—302页。

互为补充,各有特点,各有侧重,有些措施尽管有相通之处,但不完全雷同。

总之,开发智力要从幼年抓起,一定要培养孩子勤学、好奇、善问、多思、博闻、广见、手脑并用的习惯。一个人生来闭目塞听、孤陋寡闻,是不可能聪明伶俐的。读者仔细揣摩、体味后,定有教益和收获。

敢峰希望大家都来研究教育学,专兼结合起来研究,把教学论的研究建立在教学实践的基础上。教师在教学中要把教育科学和教学艺术结合起来,一方面让理论在实践中生根,另一方面把实践经验上升到理论,从而形成现代的、符合我国实际的教育学。

四、开发智力与自学成才

开发智力,引导广大青年成才,是时代的要求,是振兴中华的需要,也是国家和人民的希望。今天,广大青年成才的途径是非常广阔的:一是通过学校教育成才;二是自学成才;三是在职培训成才。自学能不能成才,最根本的要靠志气或者决心、毅力。敢峰在《人才成功的规律》一文中形象地说:"自修是个大学校。要进这个校门,也有入学考试,它不考语文、外语,也不考数、理、化,只考一门课——志气。对于有志的青年,它是有一千收一千,有一万收一万,有一百万收一百万,有一千万收一千万,对于无志者一个也不收,走后门也走不进去。在这个大学里,三百六十行,什么专业都有,'海阔凭鱼跃,天高任鸟飞',由你根据主客观条件自由选择。如果脱离主客观条件,胡思乱想，不脚踏实地，那当然不行。"① 敢峰希望所有待业青年同时也是自学青年，走自学成才之路，更好更快地进入就业之门。即使就业了，也要继续坚持走自学成才的道路。广大青年人有了成才的决心和志气，但怎样才能把决心变成现实呢？敢峰根据人才学的研究，为广大青年指出了五条自学成才的规律：顺应时代潮流、勤奋学习、艰苦奋斗、掌握科学的方法、谦虚谨慎。

凡是成功的人才，都能实事求是，依据主客观条件确定自己在事业上的具体奋斗目标，站在时代潮流的前面，与时代潮流一同前进。一个人落后于时代或超越时代的要求都不会成功，逆时代潮流而动就更不行了。古今中外的成功者，归根结底都是顺应了时代的潮流和符合社会的需要的。敢峰说："我们立志成才的青年，要不为名、不为利……以实现四化、振兴中华为己任，牢牢把握人生之舵，识潮流，辨风向，风正则高挂帆篷乘风而行，风不正则顶风破浪而上。在困难面前要有志，在复杂的事物面前要有识。有志有识，看清方向，才能与时代潮流一同前进。在业务上，也要看清社会经济、政治和科学文化等多方面发展的需要，分析自己的主客观条件，确定自己的具体奋斗目标，切不可脱离实际，这山望着那山高。"②

凡是人才，都是学而知之，学而成才。诸葛亮曾说："非学无以广才。"敢峰说："学习是人才成长的基础，而勤奋，则是在知识的天空中奋飞的翅膀。人的成才是与勤奋学习成正比的。说不要勤奋学习就能成才，诱使青年去追求什么'成名捷径'，那是旧社会江湖骗子卖的假膏药。在勤奋学习的基础上，要研究学习的战略和方法问题。"③今天的自学青年处在"知识激增"的时代，我们面对无边无际的知识海洋，在工

---

① 舒风编：《敢峰教育文选》，人民教育出版社 2008 年版，第 192 页。

②③ 舒风编：《敢峰教育文选》，人民教育出版社 2008 年版，第 193、193—194 页。

作繁忙、竞争激烈的情况下，怎样才不会被知识淹没，自学成才呢？敢峰说："第一，学好必要的基础知识，而且要越牢固越好。第二，适时选择好业务上恰当的进击目标和进军路线，并据此建立相应的知识结构。第三，把学习上牢固的'根据地'和广大的'游击区'结合起来。第四，在学习中要注重智力和能力的培养。第五，讲究学习方法，提高学习效率。第六，科学地运筹时间。"①

凡是在事业上取得成功的人，都是不怕困难，百折不挠，有为真理献身的精神和实干精神的人。艰苦奋斗是人才成功之路。敢峰说："人才，从一定意义上说，就是奋斗之才。不论顺境和逆境都能够成才，要成才都必须奋斗。人们总是喜欢顺境，但在实际生活中，总是一帆风顺的事是没有的，而且一帆风顺也未必好。顺境和逆境往往是互相交替的。所谓'逆境出人才'，实质上是奋斗出人才。在人才成长和事业成功的道路上，总是有各种各样的难关。困难面前识英雄。我们是在景阳岗的老虎面前认识武松的。"②

敢峰多次讲过，困难是凯旋门，困难是磨刀石。"凯旋门"只让英雄们通过，懦夫是过不去的。"磨刀石"可以把我们的意志磨得更坚强，才华磨得更锋利。他说："就算困难像一座高山横在我们面前，是山高还是人高？我说是人比山高。人攀登到山顶不就比山高了吗？在困难面前，不怨天，不尤人，要善于发挥和利用周围环境中一切有利于自己成才的因素，战胜和克服种种不利于自己成长的因素。自学成才的道路，就正是这样一条道路。"③真正的人才是埋没不了的，在任何艰难困苦的情况下，都能破土而出。一味埋怨客观条件的人是成不了才的，在事业上是不可能有什么作为的。

凡是人才，要取得事业上的成功，都不是靠蛮干的，必须在奋斗中

---

①②③ 舒风编：《敢峰教育文选》，人民教育出版社2008年版，第194、194、194—195页。

掌握科学的方法——唯物辩证法，研究战略战术，使自己的主观努力符合客观事物发展的规律性。有了正确的方法，学习和工作才能事半功倍；否则，仍难免失败。

凡是人才，总是谦虚谨慎，在成绩面前永不止步，不断进取。古语说得好，"满招损，谦受益"。陈毅同志在一首诗中说："历览古今多少事，成由谦逊败由奢。"这的确是古今经验教训的总结。特别是在一个人成才出名和工作取得成绩、事业取得胜利的时候，更要注意这一点。在历史上，在现实生活中，人才由于骄傲而中途夭折或事业由胜利转向失败的例子是很多的。

敢峰在《成才之路就在脚下》一文中说："我们这个时代，成才之路是非常广阔的。在学校读书也好，自学也好，在职培训也好，都能成才。理想是前进的灯塔，立志是事业的大门，学习是成才的阶梯，奋斗是成功的道路。"①

五、广开就业门路，不唯学历

广大青年走自学成才之路已蔚然成风，这是我国人才辈出、群星灿烂的好兆头。20世纪末，有许多自学青年通过自学考试拿到了结业证书或毕业证书；有的虽没有通过考试，但有实际能力和研究成果，却在就业时遇到了麻烦。有些用人单位，不是辩证地、实事求是地看问题，他们看重正规大学的毕业生，对自学成才者却另眼相看，对他们的实际水平和研究成果持怀疑态度。在选用人才时，走自学道路的人在量才的

---

① 敢峰著：《教育与人才新说》，北京燕山出版社1989年版，第23页。

天平上往往要被压低几分。这样对待自学成才者,是不利于广开学路、广开才路、开发智力、加快经济建设步伐的。20世纪80年代,敢峰为广大自学青年大声疾呼,连续写了《选才要重视自学成才者》《莫以学历压人才》《要重视实际学力》等多篇文章,倡议"不拘一格选人才",广开就业门路。

敢峰在《选才要重视自学成才者》一文中说:"走自学成才道路的人同正规学校毕业取得大学学历的人,两相比较,前者在水平上是否一定低于后者?显然不能得出这个结论。人与人情况各有不同,应当因人而异进行具体分析。就某些现代自然科学的专业而言(不是所有的),由于受实验等各种条件的限制,自学之路难通,但是相当多的专业,特别是社会科学和语言学等专业,自学完全可以出高才,这已为古今中外大量事实所证明,毋庸列举。"①

我们在现实生活中,不是经常看到这样的情况嘛。不少年轻的在职人员,一边工作,一边自学,既有理论知识,也有实践经验,在工作中是骨干,很有发展前途,论实际水平并不比大学毕业生差,可是仅仅由于没有大学毕业文凭,而得不到重视。现在的一些考试办法(例如考研究生),有利于正规学校毕业的学生而不利于自学成才者,不论在考题和评分标准上,还是在应考训练和考前准备上,都是如此。而且,很难考出自学成才者的真才实学。尽管这样,在考试取得同等成绩的情况下,自学成才者仍然会遭受不公平待遇,这是毫无道理的事情。

敢峰在多种场合说:"如果有两个应聘者:一个是正规大学毕业生,一个是自学成才者。我录用自学成才者。"敢峰解释说:"自学成才者,我认为至少有三大特点,或者说是三大优点。一是学习刻苦,而且是异常刻苦,不刻苦不可能自学成才。二是工作能力强,在自学的过程中经

---

① 敢峰著:《教育与人才新说》,北京燕山出版社1989年版,第53页。

过多种困难的磨炼,把能力培养起来了。三是有实践经验。"① 招聘人才、录用员工时,注意敢峰提出的这三条特点是非常重要的,因为它们对人才的成长和长远发展具有根本性的意义。一个人只要具备这三个优点,即使在书本知识的掌握上有某些缺陷,学习的系统性差一些,以后在工作实践中也会弥补上的。

社会中有"有形"的大学,也有"无形"的大学,自学成才者上的就是"无形"大学。在人才问题上怀有世俗偏见的同志,目中只有"有形"的大学,看不见"无形"的大学。而有识才慧眼的人则不然,对"无形"的大学和"有形"的大学一视同仁,能够拨开世俗偏见的迷雾,不拘一格把人才选拔出来。

要广开才路,就必须打破以学历论人才的狭隘观念。学历,标志着一定的文化知识水平,因此对学历采取虚无主义的态度是不对的;但是,又不能仅以学历论人才。在学历与人才之间画上等号,甚至只认学历,不认人才,这更是不对的。录用人才看学历,本来是为了尊重人才,如果以学历压制自学成才者,那就走到反面去了。我们不要干这种蠢事。

敢峰在《莫以学历压人才》一文中说:"人才,是多类型和多层次的,人才的成长也有着多种途径,大学教育是一种途径,自学成才是一种途径,在职培训也是一种途径。'三足鼎立',缺一不可,否则就不能满足我国现代化建设的需要。"② 广开才路,就要不拘一格选用人才。在选人时,要重视实际的德才而不要片面看重学历。只重学历,就会把大批人才拒于门外,堵死了自学成才之路。敢峰在文章末尾颇为感慨地写道:"不要只见高台之上涌明月,鸡窝里也会飞出金凤凰啊!"③

"学历"与"学力"不能画等号。现实生活十分复杂,有些人有学

---

①②③ 敢峰著:《教育与人才新说》,北京燕山出版社1989年版,第54、55、56页。

历但没有能力，学业水平也平平常常；而有的人没有学历，但工作出色，有非凡的才华，治学有道，管理有方。用人单位那些握有人员录用权柄的同志，决不能用学历来卡、压有学力的人才。我们应该第一要看学历，第二不唯学历，第三要重视实际学力。这样做，才叫实事求是。

现代化建设需要大批人才，除了高等学校培养的人才以外，还要鼓励更多的人走自学成才之路。有些人按学历是初中毕业生，论学力是"大知识分子"，那就应当按"大知识分子"来对待，依"大知识分子"的待遇安排工作。

2002年8月，敢峰在首届"科学家、教育家、企业家论坛"上就教育改革、广开学路问题发言，这次他讲得更为深刻，他说："实施广开学路、广开才路、广开就业门路这个'三开工程'，是将教育与社会经济发展融为一体的振兴教育、振兴经济和使我国21世纪人才辈出、群星灿烂的世纪性工程的必由之路。这个'三开工程'是紧密联系在一起的，广开学路、广开才路、广开就业门路缺一不可。"①

总之，开发各族人民的智力，通过各种渠道培养社会主义现代化的建设人才，是我们的当务之急。教育是培养人才的基础工程，我们更需要用战略眼光看待教育，舍得投资，精心改革。教育工作者应该按照邓小平同志提出的"三个面向"思想，努力改变目前教学工作中学生的视野和知识面过窄、学得过死、课业负担过重的状况，努力培养学生好奇、好问、好强、好胜的性格特点和心理素质，把课堂教学搞得生动活泼，让学生对学习知识产生浓厚的兴趣。

---

① 舒风编：《敢峰教育文选》，人民教育出版社2008年版，第89页。

第六章

关于民办教育的思考

　　20世纪80年代初,改革开放的春风吹遍中国大地,新生事物如同朵朵鲜花,争奇斗艳,装点着祖国的大好河山。在百花丛中,民办教育这朵鲜花显得格外夺眼。

　　民办教育一出世,就引起各方面的关注。这棵幼苗经过风风雨雨,历经磨难,终于在党和国家的阳光普照下,茁壮成长起来。1999年夏天,中国教育电视台等单位组织召开了一次关于民办教育的研讨会,敢峰在会上作了发言,针对民办教育谈了一些看法和想法,对大家颇有启发。

一、民办教育要把握好时代和社会需要的脉搏

　　人类社会在发展过程中需求什么,人民群众就会自发地创造出什

么,以满足社会的发展和人民的需要。我国自改革开放以来,各项政策放宽了,文化、教育、经济等各个领域都异常活跃。人民群众对中小学基础教育要求更高,更多样化。当时一部分有远见的企业家,既看到此中商机,又愿意投资教育事业,于是我国的民办教育在20世纪80年代便应运而生。民办中、小学在全国各地如雨后春笋般地涌现出来,满足了广大群众的多种需求,弥补了公办学校的不足。所以敢峰说:"我国的民办教育是改革开放新形势下的产物。"① 他根据这一社会现象得出结论:"社会需求是推动社会经济、教育、文化等各项事业发展的强大动力。符合与适应社会需求和社会发展的事物,具有强大的生命力和不可逆转性。这是一条铁律。"②

我国民办教育在国家"积极鼓励,大力支持,正确引导,加强管理"的政策支持、引导下,迅速发展起来。敢峰说:"当今,在义务教育阶段,民办中小学的发展在许多地区数量上已经接近相对饱和。生源不足的迹象已经开始显露。"③ 他建议:"我国的民办教育要有长足的发展,首先要把握准、把握好社会需求的脉搏,并在总体上根据社会需求的变化进行调整。从总体上说,教育的布局和发展也有个'生态平衡'问题。"④

教育的布局一定要合理,学校的多少一定要与人口的密度、比例协调。过多则生源不足,造成教育资源浪费;过少则学生入学困难,班级人数超员,教师管不过来,教育质量必然下降。解决中小学合理布局的问题,民办学校可以依靠市场调节,没有生源(即没有社会需求),自然就关闭了。而公办中小学,必须依靠政府教育主管部门,有计划地整合、分配教育资源,以达到合理布局的目的。

关于民办教育的市场调节——社会需求问题,敢峰分析说:"民办

---

①②③④ 舒风编:《敢峰教育文选》,人民教育出版社2008年版,第371、371、372、371页。

教育适应社会需求，主要是两个方面：一个方面是家长培养孩子求学的需求，另一个是社会和市场对培养人才的需求，要把这两个方面结合起来。这两个方面的需求均具有多层次性和多类别性，因此在举办民办教育时，要进行家长、学生意愿和社会、市场需求这两个方面的调查，审视各地区、学校布局的状况，科学地选择新建学校的定位。"①

办工厂要摸清市场，生产的产品要定准位，生产多少品种，销往何处，购买对象是哪些人群，一定要心中有数。否则，产品没有销路，工厂只有倒闭。办学校也如此，应该做到"看菜吃饭，量体裁衣"。你所处的是偏僻山区、农村，适龄儿童不多，就只能办一所规模不大的民办小学。假如一定要办什么有特色的现代化中学，群众没有这方面的需求，只能自生自灭。这是创建民办教育者不可忽视的问题。

敢峰非常富有远见，在20世纪末，他根据我国经济的发展趋势和未来社会人才结构及需求，提出尽早举办民营职业大学的设想：

> 综观整个教育，社会需求的洪峰已涌向后义务教育阶段。这里有着民办教育最广阔的发展天地。当前有意举办民办教育的有资金和有志有识之士，要把目光转向后义务教育阶段，特别是"抢滩"高等职业教育，按照社会和市场对高级复合型实用人才的需要举办职业大学。企业与高等学校联姻，举办职业大学，实行优势互补，在今后一个较长的时间内是大有可为的，所培养出来的人才在人才市场上也具有很强的竞争力。②

敢峰在这个问题上想得非常深远，2002年8月11日，他在首届"中国科学家、教育家、企业家论坛"上发言说："中国人口这么多，就

---

① 舒风编：《敢峰教育文选》，人民教育出版社2008年版，第372页。
② 敢峰著：《新世纪"根苗工程"》，人民日报出版社2002年版，第112—113页。

业和谋生可是个天大的问题啊。这个问题解决不好，社会能够稳定吗？现在美国动不动就是计算解决多少就业岗位，把这个作为很重要的指标。中国人口多，我们一方面要发展经济，广开各种就业门路，一方面要大力发展多种门类、多种层次的职业技术教育。人，生存在社会上，要给予他能够谋生的本领。一方面是现代农业、制造业、服务业需要各方面素质好的人才，要尽可能多地提供就业岗位，另一方面从业者本人也要有本领啊。后义务教育大量的应当是职业技术教育，这个导向非常重要。"① 说得直白些，要让中国具有劳动能力的所有成年人，人人有工作，个个有饭吃，就必须大力发展职业教育，让每个人都学到一种谋生的手段和技术。只有这样，才能使每个人得到一个工作岗位，依靠自己的合法劳动生存下去。

二、民办教育的生命力

民办教育的生命力既强大又柔弱。说它强大，是因为它有公办教育不具备的优势。优势一，民办教育在教学改革的方案设想、实施，教学计划的安排，各项制度的制定，财务开支诸多方面，较少地受到制约和干预，有一个比较宽松自由的环境。这是教学改革取得成效的一个极为有利的条件。优势二，学校的领导、教师、员工可以在全国范围内甚至海外高薪招聘，"双向选择，来去自由"。公办学校就不具备这么大的自主权，名教师招来不容易，不合格的教师辞掉也非常难。民办学校在全国高薪招聘教师，这样能够保证教育质量，提高教育质量。优势三，办

---

① 舒风编：《敢峰教育文选》，人民教育出版社2008年版，第98页。

学方可以高薪聘请懂教育的行家主持学校的工作。校长、副校长组成一个懂教育的、有魄力的领导班子。列宁有句名言,"要领导必须内行",外行不能领导内行。

这三大优势集中到一点,就是民办教育的质量。民办学校质量好,培养出来的学生素质高,其生命力就强大。民办学校培养的学生品质差、素质低,社会和家长都不满意,既没有竞争力,也没有生命力,必然是短命的。民办教育的强大生命力就取决于其质量。敢峰说:"不管哪类民办学校,都要努力把提高教育质量和提高管理水平放在第一位。不要华而不实,要实而后华。现在家长选择民办学校,都很实际,很慎重,并不轻信媒体宣传,而且要到各个学校去考察,反复比较,找已入学的学生家长了解情况。因此,要实施名牌战略,最最重要的是要在苦练内功方面花力气,下工夫。"① 何谓"内功"?就是敢峰说的,"要走品格立校、精品兴校、与时俱进之路",努力提高教育教学质量。舍此无他。

这里要特别指出的是:民办学校提高教学质量不只是提高升学率。民办学校如果总在升学率上与公办的重点中小学攀比,那就会走入迷途。敢峰认为,衡量一个学校的教学质量不能只看升学率,应该看学生的进步幅度。他说:"以力迈学校为例,学生入学时,成绩参差不齐,思想和学习习惯也差别很大。而重点中学是从小学拔尖,培养三年后,升高中时,甩出去一大批,又在更大的范围内拔尖。假如把力迈的学生给了北京四中,北京四中的学生给了力迈学校,高考的结果会如何呢?"现在追求高升学率有一个公开的"秘密",就是千方百计争夺优质生源,而真正的高质量的教育,是要建立在因材施教基础之上的。

人们送孩子入学都挑选名牌学校,因为名牌学校培养出来的学生素

---

① 舒风编:《敢峰教育文选》,人民教育出版社2008年版,第373页。

质高。敢峰说:"人们重视名牌,因为名牌是各种类型、各种性质的产品和出品单位获得成功的社会标志,它取得了人们的信任,在眼花缭乱的社会竞争中对人们具有强大的吸引力和'聚焦'作用,占据着优势地位。"① 名牌中小学的形成是由多种因素综合作用的结果。其中有自身的优势,有机遇,也有宣传和广告的传播、渲染作用。但归根结底,有一点是最重要的,那就是校长的教育理念和其对学校教育教学的组织、领导才能。提高民办学校的知名度,不能只是盖多少高大的教学楼,购置多少现代化的教学设备,而主要在于提升校长的教育理念,提升教师队伍的素质。北京力迈学校虽然建校只有十来年的历史,在国内外的知名度却很高,其原因就在于敢峰的教育理念走在了国内外的最前沿。所以,2006年春天,敢峰被评为"第三届全国民办教育十大杰出人物";同年6月,在中国新闻社开展的"首届中国最具竞争力品牌企业大型公益调查活动"中,北京力迈学校被评为"中国最具发展潜力人民满意的十佳民办名校";同年9月,北京力迈学校又荣获亚洲教育行业"十大最具潜力品牌奖",敢峰校长被评为"亚洲品牌创新十大杰出人物"。

  任何事物都具备双重性,优势在一定条件下也可能转化成劣势。因此,在民办教育的三大优势中,也潜在着在一定条件下可以引发的三个致命的弱点:办学者不懂教育,只知拼命赚钱、捞钱;教师素质低下,不懂业务,不钻研业务,教学质量差;学校不按教育部门颁布的教学大纲、教学时间进行教学,教学随意性很大,处于无计划状态。这样的民办学校,即使一时靠广告宣传作用成了"名牌",也是假名牌、泡沫名牌,很快会褪色、破碎的。针对这种情况,敢峰曾经深有感触地说过:"现在许多重点中学都在各地办分校。是真的办分校吗?有些是出租招牌。办教育切忌急功近利、搞花架子、赶时髦。民办教育最容易犯这个

---

① 舒风编:《敢峰教育文选》,人民教育出版社2008年版,第372页。

毛病。"

敢峰在"亚洲品牌盛典"大会上发言说:"讲名牌首先要讲品格。品格是品牌的支柱。"敢峰认为：民办学校实施名牌战略，一定要立足于创造"真名牌"，即名与实相符的名牌。在宣传中产生一点泡沫也无可厚非，但决不能走向泡沫名牌。至于假名牌，那是自欺欺人，只能骗人于一时，最终既害了别人，也害了自己。

至于民办学校在发展过程中遇到这样那样的困难，经历这样那样的挫折，或者在办学策略上出现了这样那样的失误，那是另外一个问题。2006年夏，敢峰在青岛海滨写作的《海滨感悟》一诗中说："清高岂能济世，正确未必成功。有志尚待磨砺，浪急更须从容。"从这首诗笔者联想到，在当前教育形势下，民办教育中一些有志教育改革之士，也会有各自的感想的。

敢峰认为，民办教育的名牌战略是学校"依靠创造名与实相符的真名牌，在竞争中实现自身发展的战略"①，必须走品格立校、质量兴校之路。在民办教育中创办名校，不仅有利于学校自身的发展，而且对提高民办学校的声誉，促进民办教育事业的发展，都有着重要作用。民办学校的发展，需要有自己的优秀代表。敢峰说："名牌战略从更高层次的意义上说，也是整个民办教育的发展战略。"②

敢峰提出了一个事业成功的公式：现代事业的成功＝资金＋人才＋机遇。他说："民办教育的成功，名牌民办学校的出现，也要按照这个公式运作。"③资金、人才、机遇三个条件不只是缺一不可，而且还要优化组合，做到这些是很不容易的。哪家民办学校实现了这个优化组合，哪家学校就能崛起，就能自立于名牌学校之林。

---

①②③ 舒风编：《敢峰教育文选》，人民教育出版社2008年版，第373页。

三、市场运作与教育规律

我国到了20世纪80年代后期,由于经济、教育体制的改革,教育事业发展成了新型的文化产业。而民办教育一出世,就是企业与教育界联合举办的新型教育产业。民办教育既是产业,就必须进入市场,是市场中的一个行业,就要讲竞争规律、讲投入产出、讲优胜劣汰,就要树立品牌,就要考虑学校独特的核心竞争力。

教育既然成了产业,校长和教导主任、教师等人就都成了"产品"的"生产者"与"经营者"了。那么,学校的"产品"是什么呢?无疑应该是德才兼备的学生,不过这种商品是一种"特殊商品"罢了。把合格的毕业生作为"特殊商品",听起来不太顺耳,但在市场经济条件下,人才在"人才市场"上尚且被称为"特殊商品",毕业生走向"人才市场"当然也就是"特殊商品"了,而在校读书的学生自然就是正在"加工"(受教育)的"特殊商品"了。

学生在民办学校里接受教育、培养(产品加工),获得了有用的知识和技能(产品的附加值),这些应作为一种"资本"形态来看待,而这种"资本"是学校举办者投资的结果。既然学生受教育后获取的知识是投资的结果,那么教育这一新兴产业也应和其他行业一样理应在市场运作中遵守市场的运作规则,对投资者来说,应该讲投入产出。这也是毋庸讳言的客观事实。

因此,敢峰在首届"中国科学家、教育家、企业家论坛"上的发言就主张给予民办教育的投资者适当的回报,达到双赢。他说:"民办教育的天地很大。穷国办大教育,不吸引资金行吗?可是你要吸引资金,又不允许人家赢利,还要担风险,人家资金会来吗?投资进来不但不许赢利,还要担风险,谁干这种事?如果那样,还不如把钱捐了,不担风险还落个名。捐资办学当然非常好,毕竟很有限啊!这和发达国家的情况也很不同。当然,我们是要办教育,不是开学店,更不能搞欺骗,应当把教育的公益性质和允许适当的合理的收入统一起来。"①

但办学校终归与办工厂、办商店不一样。它有自己的特点和独特规律,办学校必须按照教育规律来运作和管理,市场行为和市场运作在这里都是不适宜的。所以,敢峰在《关于当前我国民办教育的几点思考》一文中说:

>是产业,就要尊重市场规律。是学校,就要尊重教育规律。民办教育既然是产业和学校的统一,就要同时尊重这两个领域的规律,把两者结合起来,在运作上协调一致,既按照教育规律办好学校,又使投资者获得适当合理的回报。也就是说,在办学形式上按照产业来运作,在经济利益上尊重市场规律,而在教学工作和学校内部的管理上则必须按照教育规律来进行。②

敢峰反对盲目地把市场经济的一些办法生硬地搬到教育领域。他说:"教育可以引进一些市场机制,但把市场经济那一套全搬到学校,搬到教育界,我不赞成。有一种教育理论,说学生、家长、政府都是顾客。甚至把'家长'说成是'上帝',这是硬套。其实在商业上,'顾客'也不是'上帝',是顾客口袋里的'钱'才是'上帝'。"③

敢峰这段话是非常有道理的。在市场经济条件下,"钱"是"上

---

① 舒风编:《敢峰教育文选》,人民教育出版社2008年版,第98—99页。
②③ 敢峰著:《新世纪"根苗工程"》,人民日报出版社2002年版,第115、232页。

帝",没有"钱"办不成任何事,所以民间有句话就是"有钱就是'爷'"。民办学校的"钱"从哪里来?一是企业家的投资,二是学生家长拿的学费。如果学校培养的学生(产品)不合格,毕业后既不能升入高等学校,又找不到适当的工作(如同工厂的产品没有销路),自然就没有生源,没有生源也就断了资金的来源,民办学校就办不下去。要想培养出优秀的毕业生,民办学校就应该有一支稳定的、高素质的教师队伍。若想招聘到优秀的名牌教师(特级教师、模范班主任等),就必须有优厚的工资报酬。这些资金哪里来?靠的就是源源不断的学生交来的学费收入。如果招不到优秀教师,学生得不到良好的教育,自然生源就不足;生源不足,办学的资金就匮乏;资金匮乏,就更没钱聘请优秀的教师任教了。一所民办学校落入这样恶性循环的怪圈,想办下去就非常困难了。

一些民办学校教学质量差的主要因素有两个:一是校长和教师的素质低,不懂得办教育的规律,没有丰富的知识;二是投资方对学校的管理工作横加干预。所以说,要想办好民办学校,民办学校的投资方不要随意插手和干预学校的工作。学校应当依靠懂得教育规律、有责任心的校长来管理学校,校长要聘用一支高素质的教师队伍,学校主办方要全力支持校长的工作。学校办得好(成为社会名牌),培养的学生是优秀的人才苗子(产出名牌产品),投资方的利益也在其中。按市场行为或市场运作的办法干预学校工作,到头来受损失的也包括投资方自己。当然,民办学校的校长也要尊重和考虑投资方的权益,体谅和照顾投资方的困难,双方同舟共济。只有如此,民办学校才能健康顺利地发展起来。

第二编　新型学生论

敢峰新型学生论的核心是"以学生健康成长为本"。学校培养出的人才，不能只有一个健康的体魄，还要有正确的人生观和世界观。这样的人，在艰苦的工作和生活环境中不会灰心丧气，在优越的物质条件下也不会颓废堕落，真正做到"富贵不淫，贫贱不移，威武不屈"。这样的人，在任何时候都会积极向上，顽强拼搏，只要一息尚存，就会奋斗不止。这样的人，在学校，做自己的主人，做学校的主人；未来进入社会，就能做社会的主人，做国家的主人。

第一章

实施新世纪"根苗工程"

敢峰在北京力迈学校进行"重构基础教育"的改革实验,是把它作为一项"教育工程"来进行的,定名为"新世纪'根苗工程'"。

敢峰把北京力迈学校定位为:按照邓小平"三个面向"的教育思想和国家的教育方针进行重构基础教育改革实验的学校。敢峰在这所学校的范围内,对我国现行的中小学办学体制、教育教学思想、课程、学制、教材、教法、活动、评价等方面重新建构,开始进行一场世纪性、结构性的改革实验,并亲手起草了《北京力迈学校重构基础教育改革实验纲要》,当时预计十五年可以"大成"。敢峰按照他的理想模式,在北京力迈学校实验"重构基础教育"。敢峰理想的教育模式是什么样的呢?他在北京力迈学校创办十周年时写作的《教育星空中的一支"短笛"》一文中有这样一段话,道出了他几十年的夙愿:"我理想中的学校,要冲破当前教育天空低压的云层,挣脱应试教育的桎梏和狭隘眼界,以学生的健康成长为本,集中国和西方教育之所长,'以我为主,融合创新',进行重构基础教育的改革实验，为孩子们一生的发展打好基础。"① 总之，敢峰要立志探索 21 世纪我国中小学优质教育的最佳模式，因而把这项创举称为新世纪"根苗工程"。敢峰在《北京力迈学校重构基础教育改革实验纲要》中，对"根苗工程"有这样一段生动的描述：

> 北京力迈学校在中小学教育中实施"根苗工程"。第一是根要扎好，第二是苗要长好。"根要扎好"主要指扎好中华文化的根，基础知识要学得扎实，基本功要练得扎实。"苗要长好"主要指学生在德、智、体诸方面都能得到生动活泼的主动的发展。对传统教育的统得过死、学得过死和西方教育倡导的自由发展两种倾向，我们都不赞成，而是取两者中之合理部分，去两者之弊，走一条根深苗壮的教育之路，使学生在未来的发展中能够枝叶繁茂、果实累累。②

后来，敢峰又明确提出，要使学生扎好中华文化的根，扎好做人的根，扎好基础知识的根，并绘制了"力迈教育树"，宣称北京力迈学校的教育追求是："理想的学校，优质的教育，鹏程万里心系中华的学生。"

2004 年 6 月，敢峰针对当时"应试教育"愈演愈烈的状况，高举"以学生健康成长为本"的旗帜，与《中国教师报》联合在力迈学校举办以"以学生健康成长为本"为主题的展示活动和汇报会、研讨会。在研讨会上，敢峰更进一步提出："以学生健康成长为本，融中国和西方教育两者之所长，走'以我为主，融合创新'之路，对教育教学进行整体的系统的改革实验，为孩子们一生的发展打好基础。"③

由此看来，新世纪"根苗工程"的办学理念、办学目标、办学特

---

①②③ 舒风编：《敢峰教育文选》，人民教育出版社 2008 年版，第 136、591—592、701 页。

色，既不是单纯的升学应试，也不是单纯的自由发展，而是扎扎实实为学生的一生发展打好坚实基础。敢峰为北京力迈学校设计的总体教改思路是：

  一、使学生扎下中华文化的根。
  二、把学生引上正确的人生路。
  三、优化现代基础知识的教学和智能、技能的培养。
  四、注重培育学生的非智力因素，特别是心理素质。
  五、教育、教学、教养并重。①

这个方略在实施中，"以学生的生理、心理发展过程和认识规律为经，以培育学生的素质发展基因、开发大脑、教学基础知识、增强体质体魄体能为纬，精心设计教学课堂和活动课堂相结合的大教学体系"②。按照这个体系，学制为12年：小学5年（2/3分段），初中3年，高中4年（文理分科），为将来适时过渡到小学5年、中学5年做准备。敢峰说："现在大学本科后面有硕士、博士、博士后，为了早出人才和适应时代发展的需要，中小学的学制将来一定要缩短才行。"③

为实施"根苗工程"，敢峰采取了如下三条富有创见性的战略措施。

一、培养学生健康的"素质基因"

敢峰认为，培养和矫正学生的"素质基因"，是为了不断激活学生

---

①②③ 敢峰主编：《教育世纪》文丛（第17期），大象出版社2005年版，第25页。

健康成长的内在因素，打好学生最深层次的发展基础，高扬人生教育之帆。

现代生物工程和人体科学的研究表明，基因是生物体在上下代之间传递遗传信息的基本单位。敢峰大胆借用"基因"一词，提出了"素质发展基因"的概念，并把"教人立志，教人好学，教人奋斗"作为"素质发展基因"的"核"。

敢峰从学生发展的各种"素质基因"中，选出对学生一生的发展有决定意义的若干对，让教师们长年监测，有意识地通过各种教育、教学、教养活动及时进行培养和矫正。如：勤奋—懒惰；聪明—愚钝；认真—马虎；勇敢—懦弱；好学—厌学；专心—浮躁；等等。

敢峰把良好素质分解成最小的单位——"素质基因"，如："勤奋""虚心""自律"等，点点滴滴地培养学生的良好素质，而且找出其不良的"素质基因"进行比较，如"勤奋"对照"懒惰"，"虚心"对照"骄傲"，"自律"对照"放纵"，等等。这样学生要接受正面教育是具体的而且是微小的，很容易改正不良的习气，养成良好的习惯和品德。这样做比大而笼统地要求学生改正错误，培养良好品德，更容易见效，更受学生欢迎。犹如爬山一样，要想一下子攀登一座数千米的高峰，往往感到困难，没有信心。如果把这座高峰分解成十几米、几十米的一小段一小段的山路，一段一段地攀登，则会觉得不太困难。因为每攀登一段，有一个短暂的休息；每完成一段攀登，有一个小小的胜利感、成就感，就会激励我们继续攀登的勇气。

学生素质的培养，健康人格的形成，也和"素质发展基因"矫正、培养的数量成正比。矫正的不良"素质基因"越多，进步得越快、越大。巴尔扎克老年时在自己的手杖上刻着一句话："我粉碎了每一个障碍。"意思是：他之所以在创作上取得辉煌成就，是因为他克服了前进道路上所有的障碍。人要想进步，就必须克服挡在面前的大大小小的障碍，克服得多，进步就大，成绩就多。人的成就的大小，和人一生克服的困难多少是成正比的。

北京力迈学校在进行"素质发展基因"的培养、矫正时，还制订了可操作的科学测评方法，对各项"素质发展基因"采取抽样检测和模糊的评估办法，实行以三分为及格的五分测评制。每学年测评一次，结合学生的实际发展情况，进行综合性的研究分析，再进一步采取有针对性的培育和矫正措施。

北京力迈学校的师生们，自1998年夏初，开始按照敢峰的《重构基础教育改革实验纲要》的要求，在学校进行"素质发展基因"的培育和矫正实验，已初见成效。

实践证明，"素质发展基因"是可以通过学校的教育、教学、教养加以培育和矫正的。敢峰提出的"素质发展基因"在素质教育中的应用，是我国素质教育中最富有创见、最前卫的研究成果。目前除了北京力迈学校在教育、教学、教养实践中进行"素质发展基因"培育和矫正的探索外，据笔者所知，目前海内外还没有第二个学校进行这种实验。敢峰在进行基础教育重构实验时，在"素质基因"层次上施教，以培养并发展学生的良好素质。这种深度的创新，将对现代教育产生巨大而深远的影响。

敢峰曾在多种场合说："'功夫在诗外'，这是一条普遍规律，教育工作也是这样。"[①] 教育的功夫也在课堂之外，在学校之外。要想把学生教好，不能局限在狭小的教室内，仅仅在课堂上进行。非智力因素、良好心理素质的培养，都不能局限在课堂上，要在课上、课下、校内、校外，要靠平时在学生所有的活动场合去培养。

"素质发展基因"的培养与矫正，关注的不是学习成绩，不是考试

[①] 舒风编：《敢峰教育文选》，人民教育出版社2008年版，第610页。

得了多少分，而是学生的理想、志向、价值观、为人的品德和准则、处世的态度、克服困难的勇气和信心等。这些都是在课堂上学不到的，但对学生的成长作用非常大。

美国幽默大师马克·吐温说："我从不让学校的教育干扰我的学习。"学校的教育内容应该包括许多方面，绝不只是学习知识。教育应该围绕为人、立业、处世，围绕培养学生的人生理想来进行。如果学校的教育内容、方法和措施，无法实现学生的人生理想，那就是失败教育，学生和家长应该抛弃这样的学校，终止这样的学习生活。

北京力迈学校的"教育基因工程"，是现代素质教育的一项极为重要的崭新实验，是重构基础教育改革实验中极具价值的一项实验，它将从根本上使教育实现从必然王国向自由王国的飞跃。

在此基础上，敢峰又提出了"以振兴中华为己任"的人生教育，作为力迈"教育之魂"，使学生懂得珍惜，懂得自强，懂得责任。这在全国也是首创的。

二、实施现代教育的"枢纽工程"

敢峰在《北京力迈学校重构基础教育改革实验纲要》中提出的第二条创见是"开发大脑，启迪智慧"，以教学活动为基础，以开发大脑为中心，实行左右脑连环开发战略。他认为这是现代教育的"枢纽工程"。

敢峰为力迈学校制定的开发大脑战略有七条措施。

第一条是"玩中学"。这一条主要针对幼童时期的孩子。就是到了儿童和少年期，玩也是一种益智的方式，在玩耍中、在游戏中学到知识，启发智慧。孩子们在做游戏、扮演故事中，就极自然地开发了语言表达潜能和想象的能力。歌唱才能、乐器的演奏才能、数字的计算才能等，都可以通过做游戏来开发、培养。国外心理学家、教育家研究发现，儿童在游戏中从小伙伴（尤其是比自己大一两岁的哥哥、姐姐）那里学习到的知识比从父母、教师那里学到的要多、要快。儿童之间的互相影响，比成人对他们的影响要迅捷、深刻。这就是教师要引导孩子们在"玩中学"，从中开发大脑、启迪智慧的道理。

在美国的小学里，学生的功课不像中国这样繁重，孩子们有广阔的自由空间和精力去做自己感兴趣的事情，他们可以在玩中开发自己的思维和潜力。我们国家越是重点幼儿园和小学，教师对孩子的管理就越严格，思想上、精神上对孩子们捆绑得死死的。我们的孩子从小就受到思想框框的束缚，只能想教师教给的应该想的事，出了这个圈子就是"异端邪说"，就要受到责备。他们没有自由发挥特长的空间，创造性的幼芽稍一冒头就被扼杀了。《欧阳海之歌》的作者金敬迈回忆说：20世纪40年代，他在四川读小学时，老师讲《木兰辞》。金敬迈质问老师说："'雄兔脚扑朔，雌兔眼迷离。两兔傍地走，安能辨我是雄雌'一句是谬论，因为人类男女性征是很明显的，不能因为兔子难辨雄雌就将其强加在人类身上。"老师一听火了，斥责他是"小流氓"，狠狠地批评了一顿。校长知道后，却赞扬了金敬迈一番，说："希望我们的学生都能多思、多想，敢于说出自己的看法。"

第二条是"进行良好的学习启蒙教育，把学生引入书本知识的天地"。俗话说的"见多识广"，指的是经历的事多，见的世面多，知识就多，见识就高。读书是间接地见识世面，学生通过书本知识，可以上知天文，下知地理，不只了解中国的历史，还了解外国的历史，不只了解过去的事，还了解当前国内外的许多事情。读书的过程是培养学生想象力、联想力以及思维能力的过程。书读得越多，想象就越丰富，联想就越广泛，思维就越敏捷全面。

敢峰在第五条中指出，"要精心爱护学生的创造性的萌芽（如对事物的好奇心)"，这是开发潜在智慧的重要手段之一。儿童只有好奇才能不断地发现问题、思考问题。好奇，即使对成人来说，也是极为宝贵的品质。爱因斯坦的天分就在于他有极大的好奇心，直到他十几岁时还不断地对"时间与空间的绝对性"发问。他琢磨着、想象着人类从光的角度来运算会有什么结果。假如人类骑着光束飞奔，时间就会凝固了，或者说不存在了。"相对论"就是在爱因斯坦不停地发问、不停地思考中诞生的。

第六条讲的是要"动手牵动大脑，动脑优化动手"。俗话说"心灵手巧"，"手巧"者必然"心灵"。儿童在搭积木的过程中，无形中就开发了空间、方位的知觉能力；儿童在做手工、绘画等活动中，培养了想象力、色彩辨别力和审美力，促进了智力的发展。

敢峰要求各科教师在教学中都要注意开发学生的智力，启迪学生的智慧。比如，数学课侧重培养学生有条理地去思维，培养学生科学地推理、判断的能力；应用题的一题多解，就是培养学生全方位、多角度思考问题的好方法。

有一个法国幼儿教育工作者，在我国一所重点幼儿园找了20个孩子做算术测验："我的船上有32只羊和24头牛，请问我的年龄是多少？"20个孩子，有回答"不知道"的，有回答"32+24=56"岁的。法国人摇了摇头，说："同样的问题我问20个法国孩子，他们联合起来反抗说：'你的牛羊与你的年龄没有一点关系，你在蒙骗我们，我们拒绝回答你这个愚蠢的问题。'"一些人往往责备我们的孩子不聪明、胆子小，其实是我们的家长和教师从小把聪明伶俐的孩子管得胆子小了，教育得愚笨了。敢峰总是告诉教师们，要启发孩子们敢于怀疑，敢于提问题，敢于说出与老师不同的意见。学生们只有从小养成这样的习惯，长大之后才能有自己的独立见解，才不跟风跑。

国内外的科学家公认，人的大脑中有很大一部分潜在智慧没有被开发利用起来，有人主观地判断说未开发的智能达90%。即使没有这么多，就算只有50%未被开发，经过教育、学习与训练后能开发利用起来，人就会比现在聪明得多。

敢峰认为，大脑的一般开发程序是：优先开发右脑—左、右脑协调开发—侧重开发左脑或者侧重开发右脑。所以他主张：在学生刚入学时，年龄幼小，都偏重于感性认识和形象思维，所以要不失时机地开发右脑。待年龄稍长，则左、右脑协调开发，使感性的形象思维与理性的抽象思维结合起来，互相促进，给抽象思维插上想象力的翅膀。想象力是科学创造的先导。学生到了高中阶段，文科的学生可侧重开发右脑，理科学生则侧重开发左脑。不管侧重在哪个方面，都应注意两者协调发展，最后臻于形象思维和抽象思维的高度结合，达到悟性思维的极佳境界，包括创造性思维过程中的灵感来潮。敢峰在中小学的教育、教学中，根据大脑发育的规律和教育实践经验，有针对性地提出"开发大脑，启迪智慧"，特别是把它作为现代教育的"枢纽工程"，这也是他在教育学上的一个创举。

三、夯实学生终身受益的文化基础

为什么要夯实文化基础？夯实文化基础为什么能使学生终身获益呢？

敢峰有一个独树一帜的观点，那就是："文化是根和主干，科学是枝桠。科学中也有科学文化，现代文化应该把科学文化包括在内。"坚实的文化是学习、研究、发展一切科学的基础。学生长大成人后，不管是搞自然科学还是人文科学，总之，不管钻研哪一门学科，都离不开基础文化知识。以语文、外语、数学这三门工具课来说，不管以后从事什么工作都离不开。语文、外语达不到一定水平，就没有自学能力，国内外的文献资料看不懂，业务就不能提高和进一步发展。退一步说，就算自己埋头苦干出了成果，也无法总结写成文章，在国内宣传、推广，更谈不到介绍到国外去了。一个人既精通祖国的语言，又精通一两门外语，就像一个人用"两条腿走路"，用"双手拿东西"一样，比"独臂英雄""单腿好汉"本事大得多。

数学，是认识世界和学习所有科学知识的基础。不管学生将来学理还是学工，不管是主攻天文还是研究地理，即使从事工农业生产，数学知识也是必须掌握的。有没有数学知识，能否熟练地使用数学这个"工具"从事科学研究，其学习的速度和效果是截然不同的。没有数学这把金钥匙，连科学殿堂的大门都打不开，更不要说登堂入室了。

基础文化课还包括文史知识和社会科学、自然科学的一些基础知识。这些知识可以教给学生为人处世的道理，培养学生良好、健全的人格，引导他们从小爱科学、学科学、用科学。这就是为什么要下大力夯实文化基础，让学生终身受益的道理。

文化基础既然如此重要，敢峰在北京力迈学校是如何安排各科教学的呢？我们从《北京力迈学校重构基础教育改革实验纲要》中可以看出，语文、数学、英语始终是中小学的主干课程。语文的重心和英语教学的起点下移，数理课程重心上提。在小学以艺术熏陶和自然科学的启蒙为两翼，初中自然科学和人文知识并重。在所有的教育和教学活动中，敢峰要求教师一定要着眼于使孩子们聪明些，更聪明些，对所学知识能够举一反三、融会贯通，从而开发孩子们的大脑，培育孩子们的求新和创造意识。高中则开始实施文理分科。

敢峰为什么要把语言类课程重心下移，数理类课程重心上提呢？这是根据学生思维、心理发展的特点和学生的年龄特征来安排的。儿童在6~9岁处于学习语言的最佳时期，这时语言的模仿力和单词、语汇的记忆力最强。因此，在小学一、二年级安排集中识字；三、四年级指导学生大量阅读和背诵若干现代名篇，同时增加古诗词、古代寓言、古代人生格言等的学习；四、五年级以作文为中心安排语文教学。小学二年级正式开设英语课，探索学生在汉语大环境（辅以英语小环境）中学习英语的道路，听说领先，读写为主，语法为辅，循序渐进。儿童学习语言错过最佳时期是很可惜的。同样，数理学习也不宜在小学阶段要求过高，因为学生抽象思维的发展要晚一些。敢峰为什么强调在教学上要"不违学时，不误学时"，其道理也在这里。学生到了中学阶段，抽象思维的能力日益发展起来，数理课程的教学再相应加重。高中阶段就可以根据学生的发展情况进行文理分科了。

数学课着重打好三个基础：算术和方程的基本运算；数学的抽象思维训练；绘图和识图能力的培养。比如，有的小学数学教师在课堂教学中创造了"一题多解"和"一题多变"的教学方法，极大地提高了孩子们的学习兴趣，对开发孩子们的智力极为有益，同时也带动了其他学科的教师，努力在教学方法上进行创新和改革。

在自然科学方面，从小学开始设置自然课，引导学生综合性地观察、了解自然现象，并动手做实验，进行自然科学的启蒙教育。中学，特别是高中理科，要优化强化生物、物理、化学基础知识的教学和实践，增设现代科技史和高新科技知识讲座等课程。

同时在小学开设综合性的社会课，对学生进行人文科学和人生启蒙教育，引导学生综合性地了解历史和社会。中学，特别是高中文科，则强化历史、地理、政治诸科的基础知识教学，并开设人生、伦理、心理等课程或专题讲座。对学生进行在现代社会中为人、立业、处世之道的教育，使学生逐步树立正确的人生观、伦理道德观和价值观，懂得世界上既有真善美，又有假恶丑，志存高远。

在美育方面，对学生不失时机地进行早期艺术教育，讲授有关基础知识，培养有关技能，通过艺术的熏陶和情操的陶冶，培养学生的健康人格，发展他们的情感和形象思维能力。到了高中阶段，则适当增加文艺欣赏和评论方面的训练。

随着信息技术的发展，北京力迈学校加强了对电脑网络和信息课的教学与训练。学生在掌握有关电脑的知识和技能的基础上，与计算机衔接并学会编制软件程序。在高中阶段，开设信息课或举办专题讲座，有意识地培养学生收集信息、处理信息的能力。

学生要打好文化基础，没有一个健康的体魄是不行的。为此，北京力迈学校除了上好体育课，教师在课上讲解体育运动知识，传播强身卫生之道，锻炼体能和技巧外，平时的早操和下午的课后活动也要有教师的指导，有计划地对学生进行训练。根据学生的年龄特征，学校还开设了生理卫生课，举办专题讲座等。

此外，为了保障学生有一个健康的体魄，学生食堂注意学生的全面营养，生活教师注意保证学生的休息和睡眠时间，卫生室则采取有效措施，增强学生的防疫和抗病能力，各方面都尽职尽责、协同配合。

第二章

关于"吃苦、争气、知耻"的教育

　　1997年秋天,北京力迈学校开学后不久,敢峰提出要在全校进行"吃苦、争气、知耻"的教育。敢峰为什么在这个时候忽然提出进行"吃苦、争气、知耻"的教育呢?敢峰的教育观点不是脑子一热凭空想出来的,而是他在教育、教学实践中,从现实生活中点点滴滴地总结出来的。此时正值北京力迈学校创办两年多,敢峰发现绝大多数学生都是独生子女,家庭经济条件优裕,父母不只"望子成凤""望女成凤",而且非常娇惯孩子。在这样优越的家庭环境下成长的孩子,在生活上往往互相攀比,穿名牌,吃好的,在学习上怕吃苦、怕困难,缺乏上进心和刻苦学习的品德。他们在食堂吃饭,不珍惜粮食,不知勤俭节约;在宿舍不遵守作息制度,搞些妨碍大家休息的小动作;在课堂上不专心听课,课后不认真做作业,马马虎虎,应付差事。老师们辛辛苦苦地教导,他们却心有旁骛。这些学生认为自己家里有钱,即使不努力读书,将来的工作和生活也都不成问题。针对这种情况,敢峰提出了对学生要进行"吃苦、争气、知耻"的教育,他在《关于"吃苦、争气、知耻"教育——答〈力迈特刊〉记者问》这篇文章中说:"光就学习抓学习是不行的,还必须抓吃苦、争气(首先是为国家民族争气,也包括为父母和自己争气)的教育,抓非智力因素的培养。对学习好的学生也要进行这方面的教育,否则认为能考个好成绩就满足了,就骄傲起来,终难成才,更成不了大器。"①

一、"吃苦"教育不是让学生做"苦行僧"

我国改革开放二十多年后,人民的生活水平普遍提高了。提出对学生进行"吃苦、争气、知耻"的教育,是否要让学生"吃得差,穿得坏",又过解放前的苦日子呢?不是的。敢峰说:"绝不是要降低学生在学校的生活水平,教育学生做'苦行僧'。恰恰相反,要使学生的学习条件、生活条件尽可能好一些。但是,一定要教育学生具有吃苦的精神(即艰苦奋斗的精神)。"② 敢峰强调指出:

教育学生要有吃苦精神,重点是放在学业上,难点也在这里。"乐学"(或快乐教育)对小学低年级学生来说是对的,但随着年龄的增长,要逐渐懂得刻苦学习才好。不然,孩子长不大啊!学习是乐事,也是苦事,要寓乐学于苦学之中,克服了学习上的困难才能真正感到学习上的快乐。老师讲课对学生是非常重要的,力迈学校在这方面抓得很紧,但老师的教毕竟不能代替学生自己的学。"师傅领进门,修行在个人",这句古老的话包含的哲理还是对的。学生自己不努力学习,想靠老师用轿子抬到知识的山顶上,那怎么可

---

① 舒风编:《敢峰教育文选》,人民教育出版社 2008 年版,第 622 页。
② 敢峰著:《新世纪"根苗工程"》,人民日报出版社 2002 年版,第 64—65 页。

能呢?①

把"吃苦"理解为吃糠咽菜,穿得破破烂烂,是非常肤浅的认识。"吃苦"的实质是一种"艰苦奋斗,发愤图强"的精神,是不怕困难和挫折,千方百计,夺取胜利的拼搏精神。克服种种困难,顽强奋斗是要"吃苦"的。在学习的道路上,对一个十几岁的学生来说,一篇古文的理解、背诵,一道数学难题的求解、证明,外文单词、语法的记忆,物理、化学的实验顺利操作,得到正确的结果等,都要付出辛勤的劳动和汗水,不吃苦是不可能获得优秀成绩的。

体力劳动需要吃苦,脑力劳动也需要吃苦。艰苦奋斗、顽强拼搏的精神,不只学生时代需要,就是成人也需要。人世间,要做成几件像样的事,没有"吃苦"精神是办不到的。试想一个人白天醉生梦死,晚上轻歌曼舞,能做成什么事?"吃苦"的精神不只现在需要,就是到了共产主义,物质财富极大丰富之后,仍然需要艰苦奋斗。行笔至此,想起武汉大学出版的一本《武大名人名师讲演录》,其中有著名教授吴其昌在1932年的一篇讲演。他说:"无论哪一种学问,我都愿用我的生命去换,我就把我整个'身'和'心'贡献给这一种学问。立了这样一个诚恳真挚忠实的宏愿,学问决计不会不造到最高一层。"② 接着他举了几个例子:朱熹注"四书",直到死那天还修改《大学·诚意》章;高则诚写作《琵琶记》,写到"吃糠"的情节,痛哭流涕地滚落在柴堆里起不来。然后他说:"他们都是用整个生命去换他的学业。所以他们能在各个不同的方面,造占各个至高顶峰、永远不朽的地位。做学问第一个根本态度,应该如此。"③吴其昌教授的一生就是用生命换学问的一生。他潜心写作探究上古种姓族源的《金文世族谱》,仅仅十万字的一部学

---

① 敢峰著:《新世纪"根苗工程"》,人民日报出版社2002年版,第65页。
②③ 转引自吴令华:《用生命换学问》,载2006年4月9日《文汇报》。

术著作，前后写了四年，三度校补，劳累得身心"苦懑烦悲，不可忍堪"，直到积劳成疾，住院为止。

古今中外的大学者、大科学家都具备了这种"吃苦"精神。2006年8月，在西班牙首都马德里召开了国际数学家大会，颁发菲尔兹奖。菲尔兹奖被誉为数学界的诺贝尔奖，而获奖者之一俄国数学家格里高利·佩雷尔曼却没有出席大会。在此之前的数月中，国际数学家联盟主席约翰·鲍尔曾亲自到彼得堡，用了两天共十个小时劝说佩雷尔曼出席颁奖大会。但佩雷尔曼最终只回答了三个字："我拒绝。"其理由是：数学界承认他对庞加莱猜想的证明是正确的，那就足够了。除此之外，他不用再证明什么，或者说什么。做学问就需要这种默默"吃苦"的精神。一个人如果终日浮躁地忙于赶场吃饭、领奖、作报告，那么他用来做学问的时间和精力也就不多了，在学术上的成就和贡献也就可想而知了。

敢峰提倡的"吃苦"精神，就是朱熹、高则诚、吴其昌、佩雷尔曼的刻苦钻研精神，不慕虚名、不事张扬、甘于寂寞的求学精神。人类没有这种"吃苦"精神，文化不会发展，科技不会进步。这种学业上的拼搏"吃苦"精神，必须从青少年时代培养，待到长大成人再抓就晚了。所以敢峰主张：学生不能坐着轿子，舒舒服服让教师抬着登上知识的山峰，必须靠自己的双腿，一步步攀缘而上。

艰苦奋斗的精神，不只做学问需要，就是人类自身的健康生存也是离不开的。瑙鲁共和国位于南太平洋一个美丽的小岛上。该岛面积约24平方千米，人口约1万人。这里有取之不尽的鸟粪资源，年输出的纯收入高达9 000余万美元。小岛上的居民不需要工作，他们的一切都由政府包干，而且每人每年还享受政府发放的35万美元的生活补助。因此，岛上的居民过着极其奢华的生活：家中雇着外国佣人，现代电器一应俱全，吃的是包装考究的西式食品，出门驾驶着高级轿车。但是在这样美丽的天堂国度里，居民心脏病、高血压、糖尿病的发病率高居世界之首。37％的人患有糖尿病，仅有 1.3％的人能活到 60 岁，是世界上人均寿命最短的国家。人类长期生活在舒服安逸的生活环境中，既没有体力劳动，又没有脑力劳动，头脑中没有进取精神，没有超越或进一步改善现实生活的理想，其免疫力和适应环境的生命力就会变得十分脆弱。由此看来，发奋图强、艰苦奋斗、主动吃苦劳作，是人类生存发展的必然需要。

二、"争气"就是积极向上，不甘落后

关于"争气"的教育，有一次敢峰与朋友谈话时说："争气就是向上嘛！包括为国家争气，为爸爸、妈妈争气，为学校争气，为自己争气。"他举例说："游泳运动员林莉，父亲在她小时候就教育她'要吃苦，要争气'。这对她一生影响很大。"敢峰对"争气"诠释得非常通俗，就是"向上"，"力争上游"，"不甘落后"。"争"字的意思非常好，就是"力求得到"或"力争达到"。本来不可能得到的"东西"或达不到的"目的"，由于努力了、争取了，而"得到"或"达到"，这是何等美好的结果，何等幸福的美妙感受啊！所以，用"争"字除了组成"争气"之外，还可以组成"争光"（争得光荣）、"争冠"（夺得冠军）、"争脸"（争得荣誉）、"争先"（赢得先进）、"争胜"（夺取胜利）、"争取"（力求获得）、"争艳"（竞争美丽、漂亮）等词语。

敢峰主张对学生进行"争气"教育，就是要使学习后进的学生，树立改变落后状况的信念和志气；使学习优秀的学生，养成不满足已有成绩，争取先进再先进的不断进取的思想品德。在学校制造你追我赶、热火朝天、蓬蓬勃勃的学习局面。

敢峰教育思想述评 愿天下子女都成才

争气，是一个人有自信心、有自尊心的表现。人无自信心，在困难面前就会裹足不前，办不成任何事情；人无自尊心，就被人轻视、歧视，甚至侮辱。自信与自尊是相辅相成连在一起的。没有自信，就不可能有成就，在事业上没有成绩，就很容易自卑、胆怯，遇事没有自信心，形成恶性循环。争气是自信、自尊的核心，是两者的原动力。"争气"教育是理想教育的一部分，抓好学生的"争气"教育，也就促进、带动了学生的理想教育。

我们在黄山、张家界等旅游胜地，常常看到抬滑竿的或挑担运货的劳工。在华山有一位唯一的女挑夫，她能挑着100斤重的东西上山。当香港凤凰电视台的记者问她："你不觉得苦吗？"她把扁担一搁，豪迈地说："我要挑出一个好日子来，心里甜滋滋的。"这是一位争气的人，她要用自己的肩膀挑出彩电、冰箱，甚至楼房、汽车，她要挑出一个美好、幸福的前程。在这位争气的女挑夫眼里，扁担可以改变世界，可以创造世界。如今，这样具有"争气"精神的普通人物太多了。宁夏一位女孩背着失明的母亲上大学；湖北一位中年妇女靠自己的双手劳动，侍奉着八位无人照顾的孤寡老人；四川一个小女孩从11岁起，靠打工奔走数个省市，历时15年终于查到了杀害父亲凶手的线索，伸张了正义。一个人争气与否，命运是大不一样的。

中国历史上的岳飞、文天祥、郑成功、史可法等人，都是为民族"争气"的英雄。鲁迅有一句话说得好："我们从古以来，就有埋头苦干的人，有拼命硬干的人，有为民请命的人，有舍身求法的人……虽是等于为帝王将相作家谱的所谓'正史'，也往往掩不住他们的光耀，这就是中国的脊梁。"[①] 中国人民是有骨气，有志气的。

"争气"是艰苦奋斗、不怕挫折、矢志夺取胜利的通俗表述。革命

---

① 鲁迅：《中国人失掉自信力了吗？》，见《鲁迅全集》第6卷，人民文学出版社1981年版，第319页。

志士都懂得，事业的成败全在自己，通常说的"命运掌握在自己的手里"，就是这个道理。当年延安的条件多么困难，面对国民党的挑衅和即将发起的内战，毛泽东讲过这样的话："如果蒋介石一定要强迫中国人民接受内战，为了自卫……我们就只好拿起武器和他作战……如果我们打不赢，不怪天也不怪地，只怪自己没有打赢。"① 这就是革命领袖为人民争气的魄力。

解放战争打到末尾，把蒋介石也"打"明白了。1949年初，蒋介石隐退之前在国民党中常委会上生气地说："我们不是被共产党打倒的，是被我们自己打倒的。"国民党退守台湾后，蒋经国在总结历史教训时也说："自己不毁灭自己，就没有人毁灭自己；自己不做自己的敌人，天下就没有敌人。"

过去的人和事、外国的人和事暂且不论，就当前那些纷纷落马的大小贪官来看，哪一个不是自己打倒自己的？既不是国家法律允许他们为非作歹，也不是人民群众要他们贪污腐化，是他们自己不争气，不严于律己，不加强思想修养造成的。人，只要有志气，有自信心，有顽强的毅力，再加上站得直、行得正，是任何人也打不倒的。

一个国家贫穷落后，在国际上处处被动，受人欺负；一个地区贫穷落后，人民生活困苦不堪；一个家庭贫穷落后，全家老幼缺食少穿。人只有争气，才能改变自己的不幸命运；国家的人民争气，国家才能由贫穷落后变为繁荣富强。敢峰意识到这点，所以他才在学校教育中狠抓学生的"争气"教育。

我们国家经济落后，底子薄，就更需要争气的年轻人，一代一代地不懈努力，前仆后继地奋斗，建设我们的祖国。这样争气的年轻人，不可能自然而然地成长起来，要靠家庭、学校和社会共同努力培养造就。

---

① 毛泽东：《抗日战争胜利后的时局和我们的方针》，见《毛泽东选集》四卷合订本，人民出版社1966年版，第1127页。

这样争气的年轻人,才是中华民族的脊梁。所以说,学校对学生进行"争气"教育,就抓到了点子上。

"争气"教育也可以说是立志教育。敢峰说:"人无志不立。"人若没有志气、理想和远大抱负,则不可能事事做到"争气"。一个人有无志气,有无理想,其日常行为表现是大不一样的。有志气的青年人,工作、学习时朝气蓬勃,积极进取,一丝不苟;无志气者,则终日疲疲塌塌,精神萎靡,对工作能拖则拖,吊儿郎当,办不成一件为人称道的事。

总之,"争气"教育也就是人生的理想教育、立志教育。大而言之,是为民族、为国家、为人民争气和立志,小而言之,是为家庭、为父母、为个人争气和立志。一个人只有不懈地争气、立志,才能有旺盛的斗志,不断搏击、进取,活得才有意义。

三、做人,从"知耻"开始

通俗地说,不知耻,就是"不要脸面"。一个人不要"脸面",就什么丑事、坏事、恶事都可以干出来。所以敢峰说:"做人,从知耻开始。不知耻,何以为人?"

年幼的孩子还没走上社会,他们的思想与成人相比是十分单纯的。但是,孩子们的思想也不是一张洁白无瑕的纸,因为他们在家庭里,从电视的画面上,在上学的路上,与父母在公园里、在商店里,都会有意无意地看到一些不美的,甚至是丑恶、凶残的场面,这种影响是潜移默化的,对孩子的成长是不利的。所以,必须从幼儿起就对孩子进行"知耻"教育。知耻是很重要的道德操守,人具备了知耻之心,就会对社会上的不良言行、各种丑恶现象感到愤恨，会自觉地积极追求高尚、善良、美好的言行。知耻之心是一切不良行为、卑鄙可耻的丑恶思想的"抗毒素"，或者说是美好思想的"守护神"。知耻心强的人接受不良思想影响的可能性就小，或根本不受其影响，而且还能帮助周围的人抵制或摆脱丑恶思想的影响。

"耻"是耻辱、羞耻，和荣耀、光彩相对立。对学生进行"知耻"教育，就是让学生明善恶，懂美丑，知道如何做人。敢峰在《关于"吃苦、争气、知耻"教育——答〈力迈特刊〉记者问》中对"知耻"教育有一段详细的阐述：

> 知耻的教育，对中学生来说也很重要。学生在学校生活中出现的许多问题和反映出来的思想，都同这个问题有关。比如说：有些学生以为能欺负别人是自己有本事；随意损坏公物也不在乎，要赔反正家里有钱；等等。在社会上也容易接受一些坏的影响。什么事该做，什么事不该做，什么是光荣的，什么是可耻的，不懂得这些怎么行啊！在对学生进行正面教育和激励学生前进的过程中，一定要教育学生知耻，懂得严重妨碍别人是可耻的，欺负弱小是可耻的，随意损坏公物是可耻的，浪费粮食是可耻的，考试作弊是可耻的，种种不文明的言行是可耻的，甚至要使学生懂得：不好好学习，白白浪费光阴，也是可耻的。真正学会做人，要从知耻开始。要使学校形成一个好的学习环境、好的校风，也非抓"知耻"教育不可。①

"耻"与"荣"是对立的孪生物。敢峰在该文中仅仅论述了一些可

---

① 舒风编：《敢峰教育文选》，人民教育出版社2008年版，第622页。

耻的行为，没有论及可耻的对立面——有道德的光荣行为。比如：扶弱爱幼是光荣的，爱护公物是光荣的，珍惜粮食是光荣的，文明礼貌是光荣的，遵守学校纪律是光荣的，抓紧时间努力学习是光荣的，勤俭节约是光荣的，诚实守信是光荣的，热爱劳动是光荣的，尊师敬老也是光荣的，等等。这些都是被公众遵循的社会公德，也是国家所倡导的。

敢峰说："真正学会做人，要从知耻开始。"知耻，是现代文明社会合格公民的起码素质。我们要提高国民的素质，首先要从青少年一代的"知耻"教育做起，使孩子们自幼知荣辱，明礼义，辨廉耻。敢峰适时提出对学生进行"知耻"教育，是非常有见地的，也是切中时弊之举。

我国改革开放后，广大民众迅速富裕起来，到国外旅游、参观访问的人也逐年多起来。有人在外国的旅游胜地看见用中文书写的提示牌："请勿随地吐痰。"知耻的国人看了，心里很不舒服，心想这是不是对我们中国游客的歧视，于是就注意观察来来往往的各国游客，发现没有一位外国人随地吐痰，只有炎黄子孙对提示牌视而不见，照样"天女散花"似的吐痰。在这种情况下，知耻的国人自觉脸面无光。不是外国人歧视我们国人，是我们一些同胞在国外旅游时不修边幅、不讲卫生、不懂礼仪、不守秩序、不爱护环境和公共设施等不文明行为，给我们礼仪之邦抹了黑。

在强敌压境的情况下，英勇奋战，不惜流血牺牲，可以维护祖国的尊严，是爱国的英雄行为；同样，有良好的行为习惯，知荣辱，知羞耻，也可以维护我们国人的尊严，也是热爱祖国的表现。在这个意义层面上讲，"知耻"教育也是爱国主义教育的一部分。

敢峰说："教师不只要教书，更要育人。要使学生懂得什么是真善美，什么是假恶丑。"对学生进行"知耻"教育，同时也培养了学生的是非观念和正义感。知耻是行为准则，也是品德操守。学生能做到知耻，是自身文明、有道德修养的表现。我们不能简单把"知耻"教育停留在学生自爱和洁身自好的层面上,还要引导学生勇于和善于制止身边的不良行为,并影响不知耻者向知耻方面转化,使"知耻"蔚然成风。所以敢峰说:"要使学校形成一个好的学习环境、好的校风,非抓"知耻"教育不可。"良好社会风气的形成,也要靠"知耻"教育的宣传推广。

四、"根苗工程"的"底肥"

敢峰把培养青少年一代形象地比喻为"根苗工程",即"根要扎好",使根深深扎在中华文化的土壤里,"苗要长好",使人才苗子在德、智、体诸方面都能得到生动活泼的主动发展。而"吃苦、争气、知耻"教育,则是这"根苗工程"的"底肥"。敢峰在《关于"吃苦、争气、知耻"教育——答〈力迈特刊〉记者问》中说:

> 中小学教育是给孩子们的一生打基础的教育。从长远和根本上来说,对学生进行"吃苦、争气、知耻"的教育,对他们一生的健康成长和事业上的发展,是非常重要的,是"底肥",或者说具有奠基的作用。要把孩子引上正确的人生路,将来取得学业上、事业上的成功,在进行正确的世界观、人生观、价值观的教育过程中,必须用"吃苦、争气、知耻"来锻炼他们的素质。①

农民种庄稼,在播种之前都要施足底肥(基肥),底肥施足了,庄

---

① 舒风编:《敢峰教育文选》,人民教育出版社2008年版,第622—623页。

稼幼苗一出土就绿油油的，非常茁壮，比一般弱苗耐旱，禁得住一般风雨灾害，直到长秆、抽穗、结籽，都不用再追肥，只要及时浇水、锄草、中耕，秋后就等着丰收吧。种庄稼如此，培育青少年也是这样。孩子们在幼年时代，在"吃苦、争气、知耻"等思想、品德素质方面打下坚实基础，到了青年时代，就有较强的免疫力，可以抵御外界不良风气的侵袭。"吃苦、争气、知耻"三个方面不是孤立分割的，是联系在一起，同时对学生起作用的。

一个学生在学习上能吃苦，刻苦钻研，不怕困难，加上为祖国、为集体、为父母、为个人争气向上的志向，又有知耻明义的良好品德和操守，就好比装在枪膛里的子弹，一旦击发，在强大的动力推动下，会沿着正确的弹道飞速向前，直奔目标而去。

敢峰为了给这些人才苗子上足"底肥"，他又把20世纪80年代写作的一篇短文《读书和"吐丝"》印在《力迈之窗》上，分发给学生，启发学生自觉学习的积极性。在此，笔者不妨把该文的几段精彩文字摘抄于下：

> 勤奋读书，本是老生常谈。但是，何谓勤奋？勤奋这两个大字的科学含义究竟是什么？我认为：勤，就是同时间作斗争，紧紧抓住一分一秒时间毫不放松；奋，就是同困难作斗争，不畏任何艰难困苦，奋然而前行。用这种精神、这种态度来读书，就是勤奋读书。持之以恒，则学必有成，事业便有成功的希望。
>
> 人从呱呱落地，知识上一无所有，到成为一个创造性的人才，从某种意义上说，要经历一个从原始的人到用现代化知识武装起来的人的过程。在人的一生中尽快地在知识上走过这段人类几十万年所走过的道路，这就是读书和学习的过程，也就是"蚕吃桑叶"的过程。青少年要勤奋读书，正是为了解决好这个艰巨的任务。只有

这样，才能继往开来，站在时代的前列。

勤奋读书，还必须克服困难。读书也是一种长征，是知识道路上的长征。一本一本的书，一章一节的知识，如群山和河流一样横拦在我们面前，其中也有大渡河、娄山关和雪山、草地。以为学习的道路像北京的长安街那样平坦笔直，只要随步漫游就能到达目的地，那只不过是一种幻想。钱三强同志说得好："古往今来，凡成就事业，对人类有作为的，无一不是脚踏实地、艰苦攀登的结果。"华罗庚同志也说得好："勤能补拙是良训，一分辛苦一分才。""在寻找真理的长征中，唯有学习，不断地学习，勤奋学习，有创造性地学习，才能越重山，跨峻岭。"在读书和学习的过程中，遇到各种各样的困难是不足为奇的，要知难而进，切不可见难而退。

从时间上说，青少年是最大的富有者。你们拥有充裕的时间，拥有充沛的精力，拥有青春的活力，拥有朝气蓬勃的精神。但是，你们千万不要在时间上摆阔气，任意开销打发时间。今天你拥有大量的无价之宝——时间，可是不要多久，你将一贫如洗，最后连万分之一秒时间也不再属于你。奥斯特洛夫斯基说："人生最美好的就是在你停止生存时，也还能以你所创造的一切为人民服务。"真正懂得人生价值的人，要善于珍惜每一分钟，发愤读书，化时间为事业，长留人间。去日已矣，来日可追。从现在开始吧，勤奋读书，勤奋读书，再勤奋读书！抓紧每一分钟毫不放松，积数年之努力必大有成绩。①

读过这几段文字，只要不是冥顽不化者，就不会无动于衷，仍然虚度时光，荒废学业。不久，北京力迈学校又编印了一些古今中外有关

---

① 敢峰著：《路，就在你的脚下》，天津人民出版社1982年版，第58—61页。

"吃苦、争气、知耻"方面的名言和典型事例，发给学生作为教材学习。稍后，敢峰又把中国青年出版社重印的《人的一生应当怎样度过》发给学生阅读。同时，该校又用学生自身转变的实例和体会，在学生中开展自我教育活动，举办与这一方面有关的主题班会和征文比赛、演讲比赛，把"吃苦、争气、知耻"教育活动同常规教育结合起来，教与学互相促进。敢峰狠抓"吃苦、争气、知耻"的教育，学生乐意接受，家长积极支持，北京力迈学校逐渐形成了"勤奋好学，自强不息"的校风。

第三章

"三自主""三个懂得"与"三驾马车"

敢峰向来是抓教养与教育、教学并重，他在北京力迈学校提出了许多新的教育观点，采取了许多有力的教育措施。1998年9月，新学年开学之初，敢峰提出在小学高年级以上班级中开展"自主学习、自主活动、自主管理"的立志教育；到了2004年3月，学校在开展人生教育活动中，敢峰又适时提出"人生教育的重点是：懂得珍惜，懂得自强，懂得责任"；之后，敢峰又提出：把"爱学习、会学习，爱思考、会思考，爱活动、会活动"作为引领孩子们最优发展的"三驾马车"。这样，在人生教育导航下的优质教育之路，就越来越明晰和实际化了。

一、培养学生的主人翁感

敢峰在北京力迈学校十周年校庆之际，感慨万千地写了《教育星空中的一支"短笛"》一文。他在文章中写道："我理想中的学校……到了中学，要把学生引上在教师激励和指导下'自主学习、自主活动、自主管理'之路，学习做自己的主人，做学校的主人，进而做社会和国家未来的主人。"①

敢峰几年来，在学校的教育、教养工作中狠抓"三自主"教育，并把这项工作与"勤奋好学，自强不息"的校风形成、第二课堂的拓宽和开发大脑的"枢纽工程"紧紧联结起来。1998年9月15日，敢峰在布置"1998—1999学年任务"（见《向"五年小成"稳步迈进》一文）时说：

> 以初中一年级和其他若干班级为重点，在小学四、五年级以上学生中进行"立志"教育和稳步开展在教师激励和指导下学生"自主学习、自主活动、自主管理"的实验活动和评比竞赛，引导学生做学习的主人、做生活的主人和学习做国家未来的主人。这步棋，是"五年小成"阶段棋局中的"手筋"之着，力迈学校重构基础教育改革实验的成败，"勤奋好学，自强不息"的校风能否形成，培养21世纪人才的素质教育的目标能否达到，皆系于此。结合这项活动，把学生素质发展基因的培养和矫正的实验开展起来。同时，以提高课堂教学质量为中心，利用艺术宫、科技馆、图书馆等设施，拓宽第二课堂和提高第二课堂的质量，加强学生自学、生活和管理能力（包括自我调控能力）的培养，进而使教育的枢纽工程——开发大脑能够全面和有效地启动起来。②

在教师激励和指导下的"自主学习，自主活动，自主管理"的教育思想，是把学生看做"学习的主体"。学生的学习、生活及一切课外活

---

① 舒风编：《敢峰教育文选》，人民教育出版社2008年版，第137页。
② 敢峰著：《新世纪"根苗工程"》，人民日报出版社2002年版，第83页。

动都是"主动"的，不是"被动"的；学生在学校的学习、生活有充分的"自由时空"，可以自由、自主地发展自己的个性和才华，在各个方面得到实际的锻炼。只有这样，"人才苗子"才能得以茁壮成长。获诺贝尔物理奖的华人科学家丁肇中，在2006年中国科协年会上说，他在重庆读中学时，正处在抗日战争时期，自己对学习不感兴趣，考试总是"倒数最后几名，但父母从没责备过我。我的父亲和母亲让我自由发展，这对我很重要"。他话锋一转又说："考试是考人家已经做过的事情，科学的进展是要推翻别人做过的事情，会考试并不能代表以后会有特别的成就。"丁肇中的父母很开明，没有死板地逼着孩子考第一或者前三名，所以丁肇中的才华得到了自由的、充分的发展，为后来的深造打下了基础。我国110米栏奥运会冠军刘翔也有类似的经历。他回忆说：当年在体校学习时有一段时间感到非常压抑，开明的父亲便把他从体校转到宜川中学读书，让他的心理情绪得到"缓解"，最后让刘翔拥有了一个"柳暗花明"的新世界。这些事例都证明，敢峰的"允许学生落后"，和在教师激励、指导下的"三自主"的教育思想是正确的。

敢峰的结论是："在教师指导下的'自主学习、自主活动、自主管理'，学生是学习的主体，要使学生健康成长，在各方面得到生动活泼的主动的发展，得到实际的锻炼，这一条是必不可少的。培养出来的学生是'壮苗'还是'弱苗'，这是一条'分水岭'。"①

北京力迈学校的教育、教养实践也证明了这一点。前几年力迈学校在初中比较集中地开展了学生"三自主"活动的教育，效果很好。在活动的热潮中，许多班级经过讨论提出了"考试不需要老师监考"的申请，由学生自觉遵守考试纪律和互相监督。经过学校研究，考虑到这不是选拔考试，便批准了四个班进行实验，并颁发了"考试无监考班"的

---

① 舒风编：《敢峰教育文选》，人民教育出版社2008年版，第395页。

牌子，挂在教室门口。直到初中毕业，这四个班没有发现一起考试作弊现象。其间，敢峰曾表示怀疑，问了几个学生，希望他们诚实地回答。这些学生说："过去老师监考，哪能都看得到，学生照样可以作弊，现在谁也不敢。我们开了会，'免监考班'的牌子是全班同学申请来的，发现谁作弊，就请他把牌子摘下来送回学校去。"

北京力迈学校有许多柿子树，到了秋季满树诱人的柿子伸手可摘，却没有一个学生动它们一下。采摘节到了，少先队员们排着队，打着队旗统一把柿子摘下来，分到全校让大家共享收获的喜悦。2004年全校开展了学生自建"成长档案"的活动，特别是小学，学生积极性很高，形式新颖，丰富多彩，这对学生关注自己的健康成长，珍惜自己的进步，起到了重要的作用。在教师激励和指导下的学生"自主学习、自主活动、自主管理"，是实施"以学生健康成长为本"的优质教育的一条极为重要的措施。

二、"三个懂得"使学生学会做人

2003年9月5日，敢峰在北京力迈学校新学年开学典礼上作了《觉醒吧！小睡狮们》的人生教育动员报告。敢峰说："少年期是一个希望期，也是一个危险期，面临着人生选择的第一个十字路口——'人生第一个十字路口'。这句话是我在中学部一个教室里看到的，我认为写得不错，所以把这句话引入我的讲话里——人生的路怎么走，目标怎么定，志向怎么定，是需要认真思考和正确选择的。要懂得人生就要懂得珍惜，懂得自强，懂得责任；不懂得珍惜，不懂得自强，不懂得责任，在人生的道路上，他就是一个瞎子，只能浑浑噩噩过日子，永远也长不大。"①

敢峰在这个讲话里第一次提出："要懂得人生就要懂得珍惜，懂得自强，懂得责任。"2004年3月25日，北京力迈学校开学不久，敢峰在《点燃新学期人生教育的火炬》的讲话中，再次强调了"三个懂得"的重要意义。他说：

> 关于人生教育，上学期我们提出了"三个懂得"——懂得珍惜，懂得自强，懂得责任。在这"三个懂得"里，最重要的就是要懂得责任。懂得了责任，就会懂得珍惜，懂得自强。
>
> 责任是与生俱来的，不懂得责任，何谈为人？在我看来，懂得了责任，比拿到名牌大学的学位还要重要！一个拿到名牌大学学位的人，业务可能不错。但如果不懂得对国家、对社会、对方方面面的责任，对社会有什么用？社会需要这样的人吗？人生教育中，责任意识非常重要。懂得了责任，对国家他就会意识到"天下兴亡，匹夫有责"；对社会他能尽职尽责，知道该怎么做，不该怎么做；将来成家立业，对家庭同样能尽到责任。懂得了责任，并把责任意识落实到行动上，这样才会成为一个真正的人，一个大写的人！
>
> 现在大家在校学习，对我们来讲，学习就是我们的责任。现在学习不好，将来如何能担负得起国家和社会赋予我们的责任？我讲的学习是广义的，不光是语文、数学、外语三科，还包括做人等方方面面。
>
> 让我们从现在开始，肩负起自己的责任，书写自己壮丽的人生吧！②

---

① 舒风编：《敢峰教育文选》，人民教育出版社2008年版，第689页。
②《力迈之窗》第47期，2004年3月25日。

后来，敢峰又把"三个懂得"作为力迈学校教育之魂。"三个懂得"不是平列的，有主有次，其中"懂得责任"是人生的核心，是"懂得珍惜，懂得自强"的思想基础。"懂得责任"，对国家来说就是明白"天下兴亡，匹夫有责"；对社会就能做到"忠于职守，尽职尽责"；对家庭，上对父母尽到赡养、慰藉之责，下对儿女尽到抚养、教育之责，夫妻之间互敬、互爱、互相忠诚也是一种社会责任。所以敢峰说："责任是与生俱来的，不懂得责任，何谈为人？"

"懂得责任"的人是人生态度极其严肃的人，他们对待工作是脚踏实地、埋头苦干，他们总会硕果累累，对社会进步、经济繁荣作出贡献。"懂得责任"的人是诚实的人，言而有信，说到做到，他们的社会信誉非常好。"懂得责任"的人，都是善于团结同志，互相协作，带动大家共同奋斗的人。他们能处处起模范带头作用，威信高但又不脱离群众。每个人都"懂得责任"，把自己应担负的责任很好地承担起来，我们这个社会就非常和谐有序，每个家庭就非常美满幸福了。力迈学校开展"人生教育"的目的之一，就是培养学生自幼做个"懂得责任"的人。

青少年学生"懂得责任"，就会明白：热爱学习是自己的责任，热爱劳动是自己的责任，遵守纪律是自己的责任，关心集体是自己的责任，帮助同学是自己的责任，尊敬师长是自己的责任。青年学生有了这份责任心，就会努力学习、热爱劳动，关心集体、遵守纪律，尊敬师长、爱护同学。

责任感也即使命感。懂得了责任，也就懂得珍惜。珍惜我们来之不易的幸福生活，珍惜我们的学习机会和条件，珍惜我们的生活环境和学习环境，珍惜我们的生命和时间，分分秒秒不肯浪费。

青年学生有了责任感和使命感，就会"懂得自强"，就会自觉地去拼搏，以分秒必争的姿态去学习、去生活、去充实自己。

北京力迈学校开展"人生教育"之后，学生们的精神面貌发生了很大的变化。2004年2月23日早晨，六年级的朱莉娅同学在国旗下的讲话中说：

上学期，我校开展了"以振兴中华为己任"的系列教育活动，我们班选取了"关心他人，从小事做起"这一选题，老师着重培养我们善良细心的好品质，学会关心别人。在这次活动中，我们班同学进步很大。

在我们六年级，生病了，会有同学问寒问暖；学习有困难，会有人给我们讲解；笔没有水了，会有人很快递上一支笔；在宿舍，没有洗衣粉，会有同学主动把洗衣粉借给大家；在家里，有亲人生病了，我们主动承担了照顾家人的任务……这样的事情，在班级数也数不清。在关心他人的同时，同学们体会到了帮助的乐趣，友谊加深了，班内更和谐了。

上学期，我们班成功召开了"关心他人，从小事做起"的主题班会，班会上，每个人都谈了自己在这次活动中的做法和收获，还评出六名"关心他人标兵"……在这次班会上，郑瑞说："关心他人，快乐自己。"蔡思雨说："给别人留个位置，自己会觉得充实与满足。"闫安琪说："我们生活在同一地球，互相帮助、互相关心才能使我们过得更快乐。"王文泉说："当你付出了热心，别人也会回报你同样的热忱。"张扬说："关心他人吧，这会使你的生活更加丰富多彩。使你远离孤独，永远得到关心。"这些虽朴素但深刻的话，深深地镌刻在我们心里。班会给了我们很大的震动，我们都觉得心灵受到了净化和洗礼。在"以振兴中华为己任"的系列教育活动中，我们班开了一个良好的头，在这个集体中，我们互相帮助，取长补短，取得了很大的进步。

上学期我们班的郑瑞同学以七科总分 698 分的高分名列前茅。她的家长说：我们从来没有要求过孩子多么刻苦努力。可郑瑞自己说：学习，是我的责任。多好的话啊！学习是我们的责任，我们都应该把这句话牢记在心。

新学期开学已经一周，我们班级的状态很好，同学们都在争分夺秒地学习，晚自习在没有老师的情况下，能做到鸦雀无声，有了良好的开端。本学期，我们班决定以郑瑞为榜样，开展责任教育……我们感到了肩上责任的重大，我们感觉到了压力……①

一滴水可以反映大千世界。朱莉娅同学讲的虽然是六年级一个班的情况，但我们从中可以看出北京力迈学校当时的全貌。

三、"三驾马车"拉动优质教育

2004 年 8 月底，北京力迈学校的领导班子决定开展"少儿最优发展实验"活动。敢峰又适时提出：抓好启蒙阶段的教育和素质基因的培育和矫正，把"爱学习、会学习，爱思考、会思考，爱活动、会活动"作为引领孩子们最优发展的"三驾马车"。

8 月 29 日，北京力迈学校通过《关于开展少年儿童最优发展实验的决定》，该决定的第三条规定：

本实验的着力点要突出抓好使少年儿童走上最优发展之路和在

---

① 《力迈之窗》第 47 期，2004 年 3 月 25 日。

这条道路上驰骋的"三驾马车":(1)爱学习,会学习;(2)爱思考,会思考;(3)爱活动,会活动。这是少年儿童最优发展之路的三个最重要的有机组成部分,是从小培养学生学、思、行统一的最佳教育模式,是古今中外优秀教育思想、教育经验的结晶。引领和驾驭好这"三驾马车",使它们协同配合,才能使学生早日走上最优发展之路,并有利于攻克教学、教育过程中的各种难关,使学生在德、智、体、美、群诸多方面取得各自的最佳发展。①

"三驾马车"是学生学、思、行统一的最佳模式。孔夫子在《论语·为政》中有言:"学而不思则罔,思而不学则殆。"终日只知闷头读书,不去思考问题,不会思考,则思想越发迷惘,疑惑的问题反而更多;相反,只是闭目思考,不去读书、学习,不接受新鲜知识,不接触新鲜事物,思想也会僵化,或者仅仅停留在胡思乱想的状态。所以敢峰教导学生要"爱学习、会学习,爱思考、会思考"。

学生仅仅停留在学习与思考的水平,没有行动,再好的思想、学说也只是没有在现实生活中发挥作用的理论而已。理论不能指导实践,不能见诸行动,就是空洞的理论,毫无意义。所以敢峰又在"学"与"思"之后加了"爱活动、会活动"。为什么没有说"爱实践、会实践"呢?因为这些青少年学生,尤其是小学生,年龄还小,且在学校读书,谈社会实践尚早,所以只是说"爱活动、会活动"。在力迈学校开辟的第二课堂中,教师组织的许多课外活动都带有"社会实践"性质。比如:社会课和自然课利用综合课的方式组织教学,使学生在学习性的实践活动中认识自然,认识社会,增长知识,增长才干,提高学会初步收集资料和研究实际问题的能力。

---

① 《力迈之窗》第 51 期,2004 年 9 月 4 日。

北京力迈学校从三年级开始，就组织学生到生活小区了解社会环境的变化，到市场了解买卖情况，到邮电局了解邮电人员的工作，到银行调查储蓄的种类，到北京图书大厦和社会上的图书馆去查找所需要的资料。五年级在进行"祖国领土不容分割"的综合教育活动期间，五年级一班的赵冰同学独自一人带着纸、笔、照相机到历史博物馆和军事博物馆，整整用了一天的时间收集西方殖民主义者和日本侵略者侵占我国领土台湾的历史资料。在五年级两个班的60名学生中，能在网上查找资料的有37人，占61.7%。他们把找来的资料进行分类、编目，或办展览，或写论文，或起草讨论会的发言稿，或编写展示会上的解说词，并由学生自己布置展板，主持节目，绘声绘色地发表演说。这种综合运用多方面的知识和了解社会的能力，尽管是刚刚起步，但对孩子们一生的发展却极为宝贵。

2000年春天，北京力迈学校组织三年级的学生参观某果汁加工工厂。这个果汁厂每年生产50万吨果汁，产品分10大系列，100多个种类。在培训中心，同学们边听介绍，边做笔记。同学们听完介绍就来到生产车间参观。然而这里的车间没有想象得那么大，工人也没有那么多，一条长长的管道把几个车间连接起来，车间的四周都是玻璃墙壁，每个车间只占有两个窗口的位置；数量不多的工人也没有干着繁重的体力劳动，他们只是在不时地检查仪表及观察机器运转的情况；厂房里没有噪音，柔和婉转的抒情音乐在悠悠地飘着……眼前的一切都让孩子们感到是那样的不可思议，他们的脑海里产生了一系列的问题：在这种像实验室一样的厂房里，是怎么生产出大量的、多种类的产品呢？水果在哪里？哪个车间是榨果汁的？工人怎么这么少？……

参观结束后，同学们明白了：整个工厂的生产是由电脑自动化控制，所以工人很少。生产果汁饮料的直接原料是浓缩果汁，而浓缩果汁是由国内外的果汁生产基地供应的。同学们从中认识到了现代工业生产不仅要在生产线上密切分工合作，同时还需要社会性的分工合作。

在座谈会上，王思茹同学首先向工厂的管理人员们提问："为什么不用国产设备？"问题提得多么尖锐，真是令人刮目相看！当孩子们知道目前国产设备还不能保证产品质量时，他们是怎么想的呢？一位叫董爽的学生在当天的日记中写道："当李阿姨说到这些设备是从外国运进来的时候，她的声音很小，同时我们的心里有一种说不出来的感觉。此前我还以为那些设备是我们国家生产的，我感到很自豪。当我听见那些机器不是自己国家生产的时候，我的脸'刷'地一下红了。我不甘心，我们中国肯定会造出比这更好的机器，因为我们是有志气的中国人！"吴番同学则在日记中写道："回学校时，我坐在车上喝着果汁，这果汁甜在嘴里，可我心里却是苦的。我想，以后我国一定能造出一流的机器。那时，我嘴里是甜的，心里会更甜！"李义正同学也在日记中写道："今后我一定好好学习，将来造出好机器，生产出更好的果汁。"

在第二课堂上，在课外活动的实践中，孩子们的感受和收获之大，是老师们没有料到的。三年级一班的鲍鸣飞同学给老师写了一封信，他说：

> 从三年级开始，我们增加了一门社会课……从此，我就有了无数个第一次。第一次做采访，第一次参观大型企业，第一次坐公共汽车，第一次去银行存钱，第一次自己安排周末的生活，第一次提笔写信……我们是多么喜欢上您的社会课啊！就在这一次又一次的"第一次"中，我们就像刚出蛋壳的小鸡，终于脱离了母亲的怀抱和蛋壳的束缚，看到了一个个崭新的世界、崭新的社会。①

---

① 《力迈之窗》第 50 期，2004 年 6 月 25 日。

在课外活动中教导学生们"爱活动、会活动",在活动中启发学生们"爱思考、会思考",这样才能使学生积极主动地观察客观世界,而不是被动地、盲目地看热闹,以便从活动中受到更多的教益。

学生们在课外活动中学到了许多知识,增长了很多才干,提高了人际间的交往能力。我们也从中看到了"三驾马车"在教改实验中拉动优质教育的力量。

第四章

优质教育论

何谓优质教育？优质教育顾名思义就是优良的、高素质的教育。它与摧残学生身心健康、以追求升学率为终极目的的"应试教育"有本质区别。概括地说，优质教育是以学生健康成长为本的教育，它用科学的发展观统领教育工作，扎扎实实地为学生的一生发展打好多方面基础。优质教育的一切措施均符合学生的生理、心理和认识发展的规律，教育、教养和教学活动都建立在因材施教的基础之上。

北京力迈学校从建校之初，所进行的教育、教学工作，都是按照优质教育的宗旨开展的。敢峰在力迈学校为了贯彻自己的优质教育理念，创造性地提出对学生进行人生理想的教育，让学生懂得珍惜，懂得自强，懂得责任。在学生的文化素质方面，积极培育、优化素质基因，加强智力开发，使学生知识、能力与身心协调发展。在教学原则方面，提出教学互动，"死"活结合，因材施教，使"红杏出墙"与"弱苗促壮"交相辉映。

一、优质教育的特点

敢峰倡导的优质教育与摧残学生身心健康的"应试教育"有四个显著的区别,或称四大特点。敢峰对优质教育的这四个特点曾多次作过详细的解释。

1. 优质教育必须以学生的健康成长为本。任何以牺牲学生健康成长为代价的教育,从根本上背离了教育的主旨,即使升学率再高,也不能称之为"优质教育"。

当前整个社会弥漫着追求升学率的邪风,因此也就滋生了追求上重点幼儿园、重点小学、重点中学之风。以为孩子只要能在重点高中毕业,就等于考上了名牌大学,就一辈子前途无量。为了使孩子能进入重点幼儿园、重点小学,社会上还刮起了各种特长生的"考证风",什么英语特长、钢琴特长、美术特长等,不一而足。家长们也就使尽了浑身解数,不惜拿出巨额的学费,逼着孩子在晚上、在双休日加班加点学习。这样做不仅让孩子失去了欢乐幸福的童年,还严重损害了他们的身心健康。这样办学绝不是优质教育。

敢峰果断地说:高升学率绝对不等于优质教育!"有张有弛,劳逸结合,这是'以学生健康成长为本'的优质教育本身所固有的要求,也是使优质教育可持续发展的必要条件。"[①] 我们的各级各类学校的任务,是培养思想健康、身体健康、心理健康的人才苗子和祖国建设需要的各类人才。如果孩子们在中小学接受了十二年的教育,毕业以后成了弱不

[①] 舒风编:《敢峰教育文选》,人民教育出版社2008年版,第396页。

禁风的"豆芽菜",病魔缠身,这就违背了我们办教育的初衷。北京力迈学校十分注重学生的劳逸结合,安全和保健是学校经常性的第一位的工作。为了保障学生身心健康成长,学校对睡眠时间也作了强制规定:幼儿园、小学部根据学生年龄大小,都保证有9~10个小时的睡眠;中学部的学生睡眠也在8个小时以上。以"学生健康成长为本"是北京力迈学校优质教育最鲜明的特色。

2. 优质教育是用科学的发展观统领教育工作,扎扎实实为孩子们一生的发展打好多方面的基础。

敢峰在《北京力迈学校的施教方略》中所阐述的对学生智能结构工程的要求和对学生采取的"为人、立业、处世"的教育要点,为学生健康成长打下了坚实的思想基础和学业基础。这是一个人安身立命,在社会上站住脚跟、报效祖国的不可缺少的东西。所以敢峰说:对中小学生进行这些方面的教育,培养这些素质,是中小学教育的根本任务。任何忽视基础的急功近利、拔苗助长、追逐时髦、扎花架子的教育,尽管可能炫耀一时,但决不是优质教育。

3. 优质教育必须符合学生的生理、心理和认识发展规律。

北京力迈学校制订的施教方略,完全遵循了科学的教育原则。因此,在力迈学校建校十一年时,取得了骄人的显著成绩,得到社会各界的广泛赞誉。几年前,教育部原副部长李琦在参观考察力迈学校时,就盛赞说:"这是我真正理想的学校。"

敢峰曾经说过:办教育,不能违反教育规律,这是"天条"。违反教育规律,以损害学生的健康成长为代价,片面追求高分数、高升学率,即使取得了一时的、表面的成绩,但不能持久,而且摧残了青少年的身心健康,必然产生不良后果,是不能登上"优质教育"的大雅之堂的,这也是我们党和政府坚决反对的。

4. 优质教育要建立在因材施教的基础上。

北京力迈学校既能教好的学生，又能转变差的学生，使各类情况不同的学生都有可喜的进步。在基础教育阶段，如果对生源不断择优淘汰，在这个基础上取得较高的升学率，就认为这是优质教育，这只能说是一种片面的教育观。这种片面的优质教育观对社会是一种误导，已经造成了严重的不良后果。

2004年，敢峰针对这种情况提出一个惊人的建议："取消重点学校，合理配置优质教育资源，促进中小学的适当均衡发展。"他解释说："在上个世纪80年代，设立重点中小学是必要的，现在情况发生了很大变化，出现了严重的'教育生态'失衡。我国的教育规模越来越大，这是时代的需求，但路却越走越窄，问题究竟出在哪里呢？在城市中，从小学开始，家长就千方百计让孩子往重点学校挤。特别是几千人的小学，暂不说交通拥挤和校内管理等问题，倘若发生失火等重大事故，这么多孩子挤在一起怎么办啊！为什么优质的教育资源不能适当均衡配置，引导学生就近分流，而却人为地挤压在一起呢？"①

由于敢峰站得高，看得远，他的教育理念走在社会发展的前面。两年后，2006年8月，国家新制定的教育法规，就取消了重点学校，下决心合理配置优质教育资源。政府虽然发了文件，但事实形成的重点中小学在招生时，大家仍然趋之若鹜。真正做到合理的配置优质教育资源，不是仅仅在名义上摘下重点学校的牌子，还要把重点学校的领导和优秀教师合理地平均分配。哪里有优秀的校领导和优秀的教师，哪里就有优质教育，哪里的教育教学水平就高。合理配置优质教育资源，是教育事业发展的战略性问题，是值得大家重新认真研究的。

北京市从2008年就开始合理配置优质教育资源，让重点中小学校长、教师到郊区学校或师资较差的学校去挂职、代课一个学期或一

---

① 舒风编：《敢峰教育文选》，人民教育出版社2008年版，第141页。

年。这在一定程度上解决了一些问题,但还是治表不治本。应该把优秀的领导、教师彻底调离重点学校,让他们"人在心在",全身心扑在教学条件较差的学校教育事业上。

二、优质教育的内容

北京力迈学校创建十多年以来,在敢峰校长的领导下,组建了一支高素质的教学队伍,努力贯彻执行邓小平的"三个面向"精神,推行国家倡导的素质教育,按照《北京力迈学校的施教方略》和《北京力迈学校重构基础教育改革实验纲要》踏踏实实地进行重构基础教育实验,在教育、教学等方面逐渐形成了具有鲜明特色的完整体系。

敢峰说:"力迈学校的教育理念,用一句最简单、最朴实的话来说,就是以学生的健康成长为本。这是基础教育中最核心的问题,同时也是一个非常现实的问题。我们经常告诫自己:如果对这个核心把握不牢,在诸多因素特别是片面追求升学率的影响下,很容易产生动摇,从而使力迈学校基础教育的列车偏离学生健康成长的轨道。"①

北京力迈学校的优质教育,落实在学生身上,就是要使"红杏出墙"同"弱苗促壮"交相辉映。只有这样,才算得上是全面的优质教育。敢峰说:"'红杏出墙'和'弱苗促壮'交相辉映之日,就是力迈学校优质教育成功之时。"②

北京力迈学校实施以"学生健康成长为本"的优质教育,到底有哪些鲜明特色呢?

---

①② 舒风编:《敢峰教育文选》,人民教育出版社 2008 年版,第 703 页。

1. "以振兴中华为己任"（当然还包括造福人类）的人生教育导航。这是力迈学校教育之"魂"。

力迈学校建校伊始，敢峰就制定了"勤奋好学，自强不息，振兴中华，矢志不移"的校训和"为人、立业、处世"的教育要点，用聂耳的《毕业歌》作为代校歌，并且从学生的实际出发，通过各种方式陆续开展了"吃苦、争气、知耻"和"三自主"等多方面的教育。

2. 从小抓素质基因的培育和矫正，不断激活并培养学生健康成长的内在因素，高扬人生教育之帆，打好学生健康成长在心理和品质上的深层次的基础。

现代生物工程和人体科学的研究表明，基因是生物体在上下代之间传递遗传信息的基本单位。敢峰大胆借用"基因"一说，提出了"素质发展基因"的概念，并把"教人立志，教人好学，教人奋斗"作为素质教育的"核"。"素质发展基因"是可以通过学校的教育、教学、教养加以培育和矫正的。除力迈学校在教育、教学、教养实践中进行了"素质发展基因"培育和矫正的探索外，海内外还没有第二个学校进行过这种实验。

北京力迈学校的"教育基因工程"，是现代优质教育的一项极为重要的崭新实验，是重构基础教育改革实验中极具价值的一项实验，它将从根本上使教育实现从必然王国向自由王国的飞跃。

3. 使学生从小扎下中华文化的根。

这一点在当今显得特别重要和迫切。今天，世界各国正在步入经济全球化，西方发达资本主义国家特别是美国正在凭借其强大实力，将它的物质产品和精神文化产品推销到世界各国。我们已经明显地看到，西方的文化观、价值观、人生观、审美观、思维方式、生活方式、教育理念等，正在无孔不入地进入我们社会生活的各个方面。我们一定要教育学生从小懂得中国的历史，要立志继往开来，在当今世界再造中华民族的辉煌。我们的后代，无论在何时何地，都要坚持中华民族的优良传统，他们的血液中流淌的都是"中华魂"。

4. 优化课堂教学，加强智能和技能的培养。

优化课堂教学，是课堂教学改革的中心问题。许多学校都在为此努力探索，并取得了许多宝贵经验。北京力迈学校的教师们为"课改"也付出了辛勤的劳动，倾注了心血。2004年12月，力迈学校少儿最优发展实验中心进行了一次"科际统整课程研究尝试课"的实验教学。这是一次大胆的教改新尝试，其目的是实验如何适应课程资源的整合，注重学科之间的内在联系的教学改革。

构建新的教学模式，就是要千方百计地调动学生的学习积极性，使学生成为学习的主人。真正提高课堂教学的效率，使课堂成为提高学生素质的主阵地，以实现减轻负担、提高学生素质的目的。

5. 从幼儿园到高中全面引进剑桥英语系列，探索英语教学在中国中小学的优化之路。

当前，中小学的英语教学越来越引起了家长、学校和社会的重视，要求也越来越高。英语教学，主要是三大问题：一是教材，二是教师，三是英语环境。北京力迈学校建校伊始就从小学一年级起开设英语课，而且很重视口语训练。

6. 成立剑桥国际中心与汉语教学中心。

2005年4月14日，北京力迈学校成立了"剑桥国际中心"。剑桥高中、萨塞克斯大学预科、雅思培训班三个课程项目正式启动。"剑桥国际中心"目前开设剑桥大学高级证书课程（或称AS和A2课程）及其预备课程，简称剑桥高中课程，招收初中毕业生和高中生。修完相应课程后，经考试成绩合格者，由剑桥大学考试委员会颁发剑桥国际高级证书。该高级证书得到世界上160多个国家和地区许多大学和教育机构的认可，持有高级证书的优秀学生，可以进入英国剑桥大学、牛津大学，美国耶鲁大学、哈佛大学，加拿大多伦多大学，德国波恩大学等许多国家的大学深造。

7. 力迈学校精心创造了促进学生健康成长的优良环境和保障体系。

力迈学校建设了宏伟、宽敞的校舍和美丽怡人的校园。学校现代化的教学设施，师生之间、同学之间和同事之间良好的人际关系，井然有序的科学管理，紧张、愉快而又有节奏的生活，这些都对学生的健康成长起着直接或潜移默化的作用。

三、实施优质教育的途径

敢峰说："实施优质教育的主渠道是将爱、严、教育教学得法统一起来。"这是敢峰和力迈学校的教师们纵观古今中外的教育和总结自己的教育实践得出来的，也是融中国和西方教育之所长的结晶，看来简单，其中却包含了丰富而实际的教育思想、教育科学和教育教学艺术。要实施优质教育，没有酷爱教育事业和学生的热心，没有严于律己、严格管理、严格治学的精神和品德，不能因材施教、师生良性互动、教与学"死"活结合，实施优质教育就是一句空话。

1. 实施优质教育要"从严治校"。

工作秩序、工作纪律要严。从严治校，要严得合情、合理、合法，要严得有度，要严在点子上。严格要求与细致的思想要结合起来。只有严格的制度，没有深入细致的思想工作，没有提高思想认识，不可能真正严格起来。

2. "爱"是实施优质教育的基础。

教师要热爱教育事业，具有献身教育事业的精神，就必须先从热爱学生做起。一个不热爱学生的教师、不热爱教育对象的人，大谈热爱教育事业不过是空话而已。

3. 为学生发展潜能和才智开拓广阔天地。

以"学生健康成长为本"的优质教育，不但是"内化"的教育，而且是"生发"的教育——充分发展学生的潜能和才智。敢峰制订的《北京力迈学校重构基础教育改革实验纲要》规定：本着少而精统帅多而广的原则，优化强化教育、教学工作。把课堂教学同课外阅读和活动结合，使学生不断丰富和加深所学的内容，形成各有所长和各有特色的知识结构。

北京力迈学校根据这个纲要精神，除了有经常性教学的主课堂（这是教学的主要形式）外，还开辟了广阔的第二课堂——课外活动，使学生的兴趣爱好有一个自由发展的广阔天地，给学生创造了一个"海阔凭鱼跃，天高任鸟飞"的自由世界，使学生社会交往和创新的幼芽从中日渐成长起来。这是专业人才成长的必不可少的条件。有些学生在课堂学习中表现平庸，而在第二课堂上却往往才华四溢、脱颖而出。

敢峰说："'功夫在诗外'，这是一条普遍规律，教育工作也是这样。智力因素好比是箭，非智力因素则好比是弓。有'利箭'，还必须要有'强弓'。抓非智力因素的培养和以非智力因素促进智力因素的发展，并形成良好的校风——勤奋好学、自强不息，这就是我在力迈学校施教的'秘密武器'。"①

为了充分发挥激励机制在学生成长中的催化作用，力迈学校除了经常开展学习竞赛和各种课外的才艺竞赛活动外，小学部还确定每年5月为艺术节，10月为科技节；每年还在春、秋两季举办全校运动会；假期则鼓励和布置学生进行社会调查。

4. 有张有弛，劳逸结合。

---

① 舒风编：《敢峰教育文选》，人民教育出版社2008年版，第610页。

劳逸结合，保障学生身心健康，这是"以学生健康成长为本"的优质教育本身所固有的要求，也是使优质教育可持续发展的必要条件。过劳不仅不是优质教育，而且损害学生的健康成长。

在社会上疯狂追求高升学率，许多学校加班加点，毕业年级取消了节假日休息的情况下，力迈学校在敢峰的领导下，丝毫没有动摇。学校对学生睡眠时间作了强制性的规定，就是在冬天也要保证学生一个小时的午睡时间，吃过午饭整个校园静悄悄、空荡荡的。

5. 建立一支优质的教师队伍。

实施优质教育，落实到实处，最重要的是要有一支优质的教师队伍作保障。力迈学校最核心的工程是教师的"凝聚、提高工程"。力迈学校选聘教师，不唯学历、资历、职称、年龄，重在实际教育教学效果。实际教育教学效果是一个综合指标，是教师各方面的素质在实际教育教学工作中的集中体现。

全体教师在教学实践中要实现三个转变：从传统教育到现代教育的转变；从"应试教育"到素质教育的转变；从单纯传授知识和烦琐主义教学到在教学过程中注重打好基础、启迪学生智慧、开发学生潜能、发展学生创造力的转变。教师要认识到自己在力迈学校的身份不是"打工仔"，而是光荣的"人民教师"，到力迈学校来不是做教书匠的，而是来努力争取当教育家的。

综上所述：

——优质教育是不放弃每个学生的教育；

——优质教育是爱心教育；

——优质教育是适应所有学生的教育；

——优质教育是学校、家庭、社会教育资源的整合；

——优质教育是教育合力的充分展示和体现；

——优质教育是营造良好学习氛围的教育。

第五章

培养三种"终极能力"

2005年10月间,敢峰在北京力迈学校创建十周年之际写了一篇短文《教育星空中的一支"短笛"》,其中谈到21世纪人才的素质。他说:"面对21世纪,要成为人才,还必须培养和锤炼三种终极能力,第一是适应能力,第二是选择能力,第三是创新能力(三者的先后次序是不能颠倒的)。"[1] 并强调:"这些都需要从中小学开始进行。"[2] 敢峰在前几年也谈过培养这三种能力的重要性:"21世纪是知识激增的信息社会,信息量非常大,一个人在社会上生存不会选择怎么行?人生就要善于选择,主流支流要分清,'决策'就是'选择'。人生在世要学会适应,学会选择,学会创新,要具备这三种能力。"[3]

关于"终极能力"的提法,前人和其他当代人似未有过;将适应能力、选择能力、创新能力从众多能力中抽取出来作为三种"终极能力",

---

[1][2][3] 舒风编:《敢峰教育文选》,人民教育出版社2008年版,第137、137、722页。

更是不见经传；对三者的先后次序不能颠倒，敢峰在此也未作解释。对此，笔者问敢峰，他笑了笑，只说："这样说对不对，请大家研究吧。我认为这是一个很重要的科研题目啊！"笔者又追问："那么，你为什么把它作为自己定论性的东西，在培养人才甚至在基础教育中如此强调呢？根据是什么？"他说："这里就有一个选择和排序的问题了。能力同知识一样，应作为一个'系统'来看待。根据不同情况和需要，可以有各种不同的集合和排序。通常我们讲能力，可以列出一大串，真是'大珠小珠落玉盘'。在各个领域或各个方面，也各自强调这样那样的能力。我之所以选择出这三种能力作为'终极能力'并加以排序，是从人生教育和人才培养的考量上说的，其实对于一个群体也是这样。这是因为：从根本上看，人类要生存和发展，第一要适应，第二要选择，第三要创新。这个认识是从人类生存和发展最根本和最基础的层次上提炼出来的。三者形成一个循环节，并不断向新的更高级的阶段呈螺旋形发展。人类从原始的适应、选择和创新一步步发展到今天，一直都处在这个螺旋形循环之中。在生物界，只有人类才能实现这三者的螺旋形循环，不断适应，不断选择，不断创新，从而使人和人类社会不断向更高阶段发展。而其他生物只在适应和选择的循环中生存和发展。我所说的培养和锤炼这三种'终极能力'，正是基于以上这种认识。特别是面对21世纪的巨大变化和激烈竞争，更加强化了我的这种认识。现在大家都在说，21世纪的竞争，归根结底是教育和人才的竞争。如果再深入探究下去，实质上就是适应能力、选择能力和创新能力的竞争。虽然这三种能力不是单一性的能力，而是相关能力的集合或合成，是一个要随时代变化而调整的动态结构，而且三种'终极能力'的培养，在实际教育活动中也不是截然分开的；但是这三种能力的合成、排序和所形成的螺旋形循环节，在人类发展和社会进步的整个过程中是始终存在的，并起着终极性的决定作用。所以我从社会发展和人生教育的观点出发，把适应能力、选择能力、创新能力作为三种'终极能力'提出来了。"

一、"适应"是生存的第一需要

人要想在社会上生存下来,首先要适应客观世界的自然环境和人类相互间的社会环境。达尔文进化论的一条基本原则就是"适者生存"。世界上现有的物种,都是适应了大自然的变化才得以生存保留下来的,那些不能随着大自然的变化而改变自身的物种,全部被淘汰了。这是一条无情的铁律。

21世纪是高新技术迅猛发展的世纪,知识和技术在社会经济发展中占的比重越来越大。在以往的年代,一身力气就是谋生的手段,可以找到一种工作,端一只饭碗,冻不着,饿不死。今天在知识经济时代,仅靠一身力气不行了。现代化的产业,都是知识、技术密集型的朝阳产业,规模很大,所需人员不多,而且要求都是有知识、有文化的高素质技术能手。不要说没有文化知识和技术的人被淘汰,就是知识没有更新,技术没有随着生产的发展而迅速提高的人也会被淘汰下岗。如果一些企业生产的产品不适销对路,没有市场,又不能及时设计出新的产品,不能更新设备、更新工艺,也会被迫停产倒闭。今天要想就业,找到一个新的工作,首先就要参加培训,掌握一种市场经济所需要的技术。

有许多人下岗后由于一没文化知识,二没掌握现代技术,再加上年龄偏大,长期在家待业,精神苦闷,郁积成疾。有些人虽然有工作,但单位竞争激烈,晋升竞争、岗位聘任竞争、工作竞争,好像事事都要你追我赶,人人争先恐后。因此,多数人都感到精神紧张,压力非常大。由于思想观念和心理情绪不能适应这么大的压力,于是,身体慢慢呈现亚健康状态，继而发展成高血压、心脏病、糖尿病、精神抑郁症等疾病。个别人心理承受能力达到了极限，精神失常，甚至还会做出一些不理智的事情，给家庭、给单位造成不应有的损失。

一个人要想不被时代淘汰，除了文化知识和专业技术要适应社会的需要外，思想观念和心理、精神状态等各方面也都要适应家庭、单位以及社会的发展和巨大变化。所以说，适应能力是21世纪生存的第一需要。

何谓适应能力？就是适应自然条件、社会环境及其变化的能力。适应能力强的人就好像水一样，放在方形的容器中是方的，放在球形的容器内是球形的。这是不是主张人不要有自己的独特个性和性格特点了呢？绝对不是。敢峰在《漫议重构基础教育》和《北京力迈学校的施教方略》等文章中，都强调了培养学生"良好的心理素质"，加强学生"非智力因素的培养"，发现并培养学生广泛的学习兴趣和好奇心等教育内容。敢峰在《北京力迈学校重构基础教育改革实验纲要》中写道："必须开辟第二课堂——课外活动，使学生的兴趣爱好有一个自由发展的广阔天地"，让有才能的学生"展现才华，脱颖而出"。如果把学生管得太死，捆在教室里，是不利于"学生个性、潜能、特殊才能和创造才能的发展"的。① 这是不是让学生不坚持原则，处处"和稀泥""随波逐流"呢？当然不是。因为敢峰在施教方略中还明确规定：学生要"诚以待人，信以立己……不跟风跑"。

适应能力既不是"没有个性"，又不是圆滑的"见风转舵"。那么，敢峰所说的适应能力是什么样的呢？说得通俗一些就是：既要有坚定正确的理想和信念，又有机动、灵活的处事技巧和能力。

我们要想适应社会环境、工作环境，与他人和谐相处，首先要正确

---

① 舒风编：《敢峰教育文选》，人民教育出版社2008年版，第600页。

认识社会环境和自己所处的社会地位、工作条件以及对个人的要求。其次是正确认识自身素质条件和工作能力。然后找出自己所具备的条件与客观环境要求的差距,并分析出差距表现在什么方面及差距的大小和程度如何。之后再找出其缩小差距、满足要求的方法与步骤。缺什么补什么,不懂、不会什么知识和技术,就学习什么知识和技术,这才是明智的人才之举。这种善于调节自己的能力,才是21世纪的新人才应具备的适应能力。

也许有人会说:"我们不是要改造社会,改造世界,改善我所处的生产环境和居住条件嘛。人类总是如此适应自然环境和社会条件,那还谈什么改造世界?"我们是要不断改变自然环境和社会条件,不断创造出新的生产工具,不断改善我们的生存空间。但是,我们的智慧和力量必须融入到社会群体中去,只有这样,个人的智慧和力量才能在改变社会和自然中发挥作用。也只有如此,我们在改造大自然和社会的弊端中,才能体会到快乐和幸福。否则,个人的才华不但不能发挥作用,还会由于个人的思想观念、心理情绪与社会环境格格不入,而被社会所淘汰,成为时代的落伍者。

人类的适应能力有初高级之分。人类处在原始社会,其适应能力是低级的;到了今天,现代科技高度发展,人类的适应能力就发展到高级的水平;将来随着社会的发展和科学技术的进步,人类的适应能力还会不断提高。就人的个体而言,当人处在幼年时代,其适应能力是弱小的,处于低级阶段;人到了成年后,其适应能力就发展为高级的、强有力的。所以说,学会适应环境,学会如何生活,这是一辈子的事,不可能一劳永逸。对我们个人来说,重要的恐怕不是在世界上活了多久,而是活得是否合理和愉快。

敢峰强调,21世纪的人才首先要培养自己的适应能力,然后再培养选择能力,其顺序不可颠倒,这是非常有道理的。因为人类首先有了适应能力，才能在世界上活下来。如果连生存的能力都没有，还谈什么选择与创新呢？

二、"选择"伴随我们一生

英国心理学家萨盖的一个实验证明：戴一块手表的人知道准确的时间，戴两块手表的人便不敢确定时间了。所以说，选择是最难的问题。但是，人一生下来就面临着选择问题：在五颜六色的玩具面前，你是选择红的，还是要绿的、黄的；在一堆水果面前，你是抓大的，还是挑小的……有些选择是父母帮着孩子作出的，如上幼儿园，上小学，孩子没有识别能力，更没有经济开支的决策权，只能由父母安排。人长大成人后，在几十年的人生路途上，处处都有歧路，时时需要作出选择。比如，报考大学，全国有数百所高校、上百种专业，你选择哪所学校、什么专业？这就让你颇费脑筋。还有，毕业后就业，选择哪个地区、哪个城市、哪个单位就业？到了交朋友、成家的年龄，找谁结成百年之好？是南方人还是北方人，是经商的还是从政的？上学、就业、结婚成家，人生道路上这些有关个人命运的几大事件，无不需要慎重选择，一旦选择有误将会带来终生麻烦。即使日常生活中的买房、购车、诊病就医这些无关命运的事情，也需仔细为之，万一选择不当也会惹来无穷烦恼。所以说，选择决定人的命运。

选择做什么就是选择做什么人。当年爱迪生公司想聘请福特做主管，条件是福特必须放弃对内燃机车的研制。但福特很愉快地选择了继续研制汽车，因为年轻的福特决心做汽车工业的先驱，而不是一个不知名的小小主管。如果当年福特选择做公司主管，是否还会有大名鼎鼎的福特公司就很难说了。托马森·沃森在40岁时被收银机公司解聘,但他即使拖家带口,在选择职业上仍然严谨。他先后拒绝了制造潜艇的电船公司和制造武器的雷明顿公司的邀请,即使道奇公司请他做总经理,他也没有动心。试想,如果当年沃森不能拒绝这些诱人的职位,著名的IBM公司也许就不存在了。

有的人之所以一生一事无成,原因就在于今天做这个,明天觉得另一种职业有利可图,于是又改行做别的,创业总是有始无终。生活中机会很多,诱惑人的东西也多,令人难以割舍。所以,难的不是做什么事,而是决定不做什么事。

人生道路上有"十字路口"和无穷尽的大大小小的"问题",需要我们作出正确的选择,因此我们必须认真对待。人的选择能力是人的识别能力、分析判断能力、知己知彼和审时度势能力的集中表现。一个国家或群体的决策,实际上就是重大性的选择,对成败得失起着决定性作用。从个人来说,在我们面对要选择的事物时,首先要正确地分析它,识别它,判断它的性质和未来的发展变化,以及对我们个人命运影响的大小。比如就业,某种职业目前看来不错,日后是否有发展前途,它是夕阳产业还是朝阳产业,需要作出判断;单位很好,工作性质也不错,待遇又十分优厚,但个人的专业和志趣以及能力是否适合做这种工作,都值得慎重考虑。这些事情都要分析、考虑清楚之后,才能决定是否应聘。应聘会有两种结果,也应想好被录用怎么办,不被录用又该如何。

人的选择能力也即"取舍判断力"。选择的对立面是"放弃",学会选择也即学会放弃。一个人,什么东西都舍不得放弃,也就什么都得不到。传说一只狐狸被猎人下的套子拴住了一只前爪,这只狐狸就毫不犹豫地把那只前爪咬断,脱身而逃。狐狸丢失了一只前爪,却保住了自己的性命。所以《墨子·大取》中说,"断指以存腕,利之中取大,害之中取小",这和"狐狸的活命哲学"是一致的。

选择能力是人们取得辉煌业绩、走向成功的法宝之一。我们一生中想干的事、想得到的东西太多了，比如：既想经商赚大钱，又想从政做高官，另外做学问成为学者或名教授也是自己多年的夙愿，等等。且不说自己的才干、魄力及各方面的素质是否适宜从事这些职业，但就时间和精力而言，也不允许同时做这些事情。人生大事如此，小的事情又怎么样呢？我们每天一起床就有许多事等着我们去做：有一宗生意需要洽谈；有一个协作合同需要签字；有多年不见的老同学出国路过此地，情谊难却，需要见一面或吃顿便餐；有公司的员工大会必须出席；有一场学术报告早就想听，不便错过；等等。诸如此类待办、待解决的事一件件排满了，更谈不上送孩子上学，接孩子回家，照顾老人起居，亲友、同事间应酬、往来这些琐事了，恐怕就连同与孩子的老师约谈的时间都挤不出。这时，就需要我们放弃一些不切实际的愿望和不重要、可做可不做的事，可以往后推一推、拖一拖的事，去专心做那些最重要、最急需而且最有成功把握的事情。

人的愿望和想得到的东西非常多，最终实现的不过一二，绝大部分需要放弃。获得什么，放弃什么，这种选择是需要远见卓识的。目光短浅者，往往拣了芝麻丢了西瓜。《淮南子·说林训》有言："逐鹿者不顾兔，决千斤之货者，不争铢两之价。"智者追求的是大的理想，不为身边无数的蝇头小利而动心，更不会为了些许小事而缠身分散精力，所以他们能在事业上获得较大成功。美国有句谚语说得好："当一个人知道自己想要什么时，整个世界将为之让路。"

三、"创新"使我们社会进步

创新是指人在已有知识的基础上，根据已知事物，经过分析、综合，或发现新的事物，或创造出新的东西，或得出新的科学论断或科学证明。人类就是用不断创新，推动了社会的进步和文化、科技、经济、军事的发展。所以说，创新能力是人才诸多能力中最为宝贵的能力。

创新能力既不神秘，也不是生来具有的。创新能力是后天努力学习文化知识，学习先人的经验，在工作实践中一点一滴地钻研、琢磨出来的。如同机会总是降落到有准备者的头上一样，创新能力也喜欢那些爱动脑筋、善于学习的人。这些人不安于现状，总想改进生产技术，提高生产效率，总想琢磨点新问题，研究点新办法，以改善现有的生活环境和工作条件。事情往往是由量变到质变，小的突破创新积累起来就成了大的创造发明。

敢峰有一次对朋友谈起继承与创新的关系时说："新世纪需要培养学生多方面的能力，其中创新能力是最重要的。但是从创新与继承的关系来说，中、小学学生主要的学习任务是继承，然后才谈得上创新……没有继承，还谈什么创新啊？"①

没有对前人文化的继承，就不能有创新，要创新必须继承。新的发明、创造都是在现有旧事物中提炼、改造、逐步演化出来的。生物界的新的品种不是杂交的结果，就是逐步进化的结果。马与驴杂交产生出骡子这一新物种，就是明证。水稻专家袁隆平的创新，是采取杂交的方法培育了许多新品种的水稻，这些新品种水稻产量又高，抗病能力又强，解决了人类吃饭问题。新基因是旧基因变异而成，杂交产生新物种，启发人们在学科的边缘地带，创造出许多新的"边缘学科"和"交叉学科"。我们培养青少年的创新能力，首先着眼于学生的学习，使他们广泛地继承前人的经验和知识。谁学习的基础打得坚实、深厚，谁掌握了丰富的知识，谁就有了创新的基础和可能性。

---

① 舒风著：《人比山高：敢峰的理念和人生》，中国青年出版社 2005 年版，第 353 页。

我们要培养青少年的创新能力,还须注意爱护和培养孩子们的创新意识与幼芽。敢峰在一次学术报告中谈到这个问题时说:"创新是极为重要的,也是时代的号角……对孩子创新意识的幼芽要特别从小注意培育,要引导孩子自学和进行探索性的学习。孩子们本来好奇好问,过去我们教育上的毛病是忽略了这种培育。孩子一提问题,老师就说你问这些问题有什么用,我讲了你也不懂,好好听课,能把我讲的听懂记住,考个好分数就不错了。就这样慢慢磨灭了孩子们的创新意识和探索事物的幼芽。"①

创新是从好奇,从疑问、质疑开始的。不动脑子的人,对周围事物没有不满,没有质疑,没有改变它的强烈愿望,是不可能创新的。许多创新的想法,许多处于萌芽阶段的新事物,往往被人称之为"胡思乱想","根本不可能",结果被许多敢想敢干、多思多想的人变成了"可能"。他们创新的成果也被社会接受,造福于人类社会。"好奇"是非常可贵的品质,培养青少年的创新能力,我们教育工作者应从注意培养、爱护孩子们的好奇心开始。

创新需要大胆地梦想。有许多人认为梦想是不切实际的幻想,怎么能实现呢?这是一种片面的认识,世界上许多发明创造都是从大胆地梦想开始的。自古以来,大车不是用牛牵引就是用马、骡、驴、骆驼等牲畜拉着走。英国有一些工程技术人员忽然想用机器代替牲畜牵引车辆,并制造了一些模型。但许多人认为这是"妄想""梦想""意想天开"。但是,一个叫斯蒂芬逊的工程师不服气,他决心把模型制造成能在铁轨上跑的机器车,终于在1814年制成了世界上第一台用蒸汽机牵引的火车机车,把梦想变成了现实。世界上一切发明创造,在最初都被认为是"梦想",比如电报、电话、电灯、飞机等,不胜枚举。但是,人类如果

---

① 舒风编:《敢峰教育文选》,人民教育出版社2008年版,第93—94页。

没有这些由梦想而创造发明的新成果，社会就不可能进步。

敢峰提出21世纪的人才应具有创新能力，就是希望并鼓励我们广大青少年多思、多想，充分发挥自己的聪明才智，多出新成果，多出新技术，不要碌碌无为，要为社会和人类进步作出自己的贡献。

假如我们每个人只要有一点创新能力，每天在现有工作的基础上突破一点点，哪怕进步0.1％，一千天之后我们就能在原有基础上提高一倍，几乎成了另外一个新人。这是多么可喜的收获，是多么巨大的变化啊。一千天是个什么概念呢？就是两年零九个月，还不足三年。我们人生少说也有20个三年，只要持之以恒，坚持努力创新，到60岁时会取得惊人的成绩。我们不求成为不朽的发明家、科学家，只是为了给人类社会多做一点事，不虚此一生而已。王冕的诗说得好，"不要人夸颜色好，只留清气满乾坤"罢了。

四、三种能力不是截然分开的

敢峰说，这三种能力的"先后次序是不能颠倒的"。他是从人类发展角度，从哲学层面上这么说的。在逻辑推理上，这三种能力也是绝对不能颠倒的，前者是后者的基础，后者是前者的发展，又反过来加强了前者。

人类首先要在地球上生存下来，要生存就必须适应地球的环境。待到适应了地球的环境后，在食物上开始寻找美味好吃的东西。比较植物的浆果，有的甜，有的苦，有的酸，挑来选去，最后选中甜美可口的桃子、西瓜等植物果实。人类初期的这些求生活动，充分体现了选择能力的运用。原始人最初为了躲避猛兽的袭击，先是住在树上，后来为了避风、躲雨、防寒，又移居到洞穴里。这些变化就表现了原始人的选择能力。原始人最初是用手与野兽搏斗，后来学会用石块、木棒追杀野兽，再后来又制造了简单的弓箭。原始人开始制造工具和武器，进行狩猎等劳动，也都是按照适应、选择和创新这个顺序演化和发展的。其后人类的发展，都是在新的基础上和新的条件下不断适应、不断选择和不断创新的过程。

在实际生活中，这三种能力又是不能截然分开的。要更好地适应就要善于选择、勇于创新。在21世纪科学技术迅猛发展和竞争异常激烈的年代，更是这样。在现代教育中，我们也不能机械地划分哪个年龄段培养"适应能力"，哪个年龄段培养"选择能力"和"创新能力"。也不可能培养了第一种能力再培养第二种、第三种能力。实际上，少年有少年的适应能力、选择能力和创新能力；青年有青年的适应能力、选择能力和创新能力；成年人和老年人有成年人和老年人的适应能力、选择能力和创新能力。这三种能力的培养既有排序，又是互相交错、先后交替在起作用的。因此，三种能力可以同时培养，使其逐渐向高级层次发展。

当前一部分青年，尤其缺乏对社会环境的适应力和容纳激烈竞争的心理承受力，因此，一些青年人患上了精神抑郁症，个别人精神失常后竟做出一些违背情理之事，或者出走，或者自杀，或者杀人，不一而足。目前当务之急，就是培养青年人的心理承受力和对环境的适应力。

一个涉世不久的年轻人如何适应社会环境和工作环境，如何培养自己的适应能力呢？第一，不要"神经过敏"。有些年轻人非常敏感，到了新单位，领导对他随便说了一句玩笑的话，他可能揣度半天，从中"琢磨"出许多没有的"意思"，于是影响了自己与领导的关系；几个同事在旁边说说笑笑，他会认为是在议论自己或者嘲笑自己，于是心情极为沮丧、生气，既影响了自己工作的开展，也影响了与同事相处的关系。于是，年轻人觉得这个单位不适宜自己工作。再换一个单位，又是这样。几番折腾之后，情绪越来越坏，再不控制或矫正自己的性格，就非常麻烦了。年轻人应该非常随和，善于认同，到一个新的单位工作，很快被同事们接纳，成为他们的朋友。第二，要克服自己的"怪脾气"。工作能力强、雷厉风行的青年人往往看不惯工作疲塌、办事拖拉的人。自己尽管各方面都优秀，但就是不能容忍同事的弱点，不能与自己看不惯的人相处，这也是阻碍自己进步的一大障碍。青年人应该懂得"百人百种性格"的道理，在一个群体里，不可能每个人都与自己脾气相投，要大家都适应自己不现实，而努力改变自己的性格，积极地适应集体是最现实的，也是完全可以做到的。第三，自己要有满腔的热情，团结同事一块工作。自己不是工作能力强吗？不是雷厉风行、朝气蓬勃吗？如果再加上对同事的态度如同春天般的温暖，在生活上关心体贴他们，在工作上无微不至地帮助照顾他们，让自己像一团火那样，温暖了同事的心，这时，与同事的关系自然水乳相融、亲密无间。总之，和蔼待人、有良好的人际关系的人，比脾气乖戾者更能适应环境。这也是一个人成就事业的最大资本。

一个人只有适应了社会环境，才能了解、认识社会，才能自我调试，与人和谐相处，并真正懂得：客观世界靠一个人的力量是不能改变的，唯一可以改变的是我们自己。人就好像一件未完成的艺术品，随着时代和环境的变迁，人不断改造自己，去适应新的环境、新的生活秩序。在此基础上，才能培养选择能力，进而去选择职业、选择单位。一个人有了安身之所，有了工作，然后才能再去思考创新问题。在这种情况下，三种能力的培养其顺序自然是不可颠倒的。

第六章

做真正的聪明人

　　如何使孩子聪明些，更聪明些，这是教育研究和实验中的一个重要问题。中国人民历来就以勤劳、勇敢、聪明著称于世。面对 21 世纪全球新的发展趋势和多种复杂的矛盾，更需要中国人民和全世界人民以聪明才智去应对。敢峰不仅把开发大脑作为现代教育的"枢纽工程"，还对聪明问题进行了专门研究。

　　研究聪明，是"聪明学"的研究内容，同时也是人才学、成功学、学习学、科学学、教育学的一部分。因为一个人，由不太聪明到很聪明，是一个漫长的进步和提高的过程，它既是一个人的成才过程，也是一个人接受教育、积累知识、掌握技能和发展才干的过程。所以，把研究聪明的学问放在上述哪个学科也可以。由于敢峰谙熟教育学，又研究了一段人才学，所以他对"成才之路"就特别注意。1988 年夏天，上海一家专门研究聪明，"专门评论聪明与愚蠢的杂志"——《方法》（双月刊）杂志的编辑，向敢峰约稿，希望他能写点有关"如何聪明"的文章。敢峰考虑了许久，便动笔写就一组文章，围绕"聪明"谈了六个问题。这是研究敢峰教育思想的制高点之一,也是他的大教育观尤其是新型学生论的重要组成部分。

一、聪明人为何办蠢事

世界上有许多绝顶聪明的人仍然会办愚蠢的事,何以如此呢?不实事求是,不能按客观规律办事,是其主要原因。敢峰在《聪明的"制高点"和"战略后方"》这篇文章中说:"实事求是,说来容易,要真正做到而且坚持下去,却是世界上最难的事。它不仅有认识上的问题,还牵扯到思想意识、思想方法和工作方法,以及思想修养等方面。"[①]

首先,敢峰认为,一个人处处考虑个人私利,再加上思想方法片面、情绪偏激、性情急躁、工作方法简单,难免会见利忘义,为各种"浮云"遮眼,就很难做到实事求是,很难不办蠢事。这种人貌似聪明,但并不是真正的聪明。

人若见利忘义,办蠢事时还以为是办聪明事。天下人谁不知道贪污受贿是违法行为,用纳税人的钱,用人民的血汗钱去"吃喝嫖赌"是犯罪行为。但这些人认为"不吃白不吃","不拿白不拿",自己干的一切神不知鬼不觉;再者,他们多认为自己有坚实的靠山,有"大树"遮盖着,万无一失。这些自认为是天字第一号的"聪明人",他们的所作所为都是自欺欺人、掩耳盗铃。他们忘记了祖训:"若想人不知,除非己莫为","没有不透风的墙","鸟飞过去都有一个影儿"……他们的累累罪行早已家喻户晓、路人皆知,最后不是被押赴刑场就是被关进监狱,

---

[①] 敢峰:《聪明的"制高点"和"战略后方"》,载《方法》1988年第2期。

聪明反被聪明误,"机关算尽太聪明,反算了卿卿性命"。苏轼有首《洗儿戏作》诗说:"人皆养子望聪明,我被聪明误一生。惟愿孩儿愚且鲁,无灾无难到公卿。"辩证法就是这样"捉弄"人,"愚且鲁"的人,世人都觉得傻,却能无灾无难,平平安安官至公卿。

其次,聪明人在头脑不清醒的情况下也会办蠢事。真正的聪明人,是头脑始终清醒的人。敢峰说:"清醒是聪明的制高点。聪明,就要站得高些,看得远些,大至审时度势,小至个人的健康成长,都是如此。""保持清醒的头脑不容易。在胜利和成功面前容易冲昏头脑,在挫折和失败面前容易吓昏头脑,在个人名利面前容易诱昏头脑,在令人不愉快的事情面前容易气昏头脑,在错综复杂的现象面前容易搅昏头脑。头脑一昏,聪明全消,各种蠢事都干得出来。聪明人并非不干蠢事,只是在头脑清醒时才不干蠢事。聪明人也不是时时事事聪明,只是在头脑清醒时做事才聪明。"① 敢峰分析得是何等透彻、何等深刻啊!让我们回顾一下历史,古今中外的许多聪明人,甚是伟大人物,在其头脑发昏、极不清醒时,他们干的蠢事比蠢人干的蠢事还要蠢千万倍!这些伟大的"聪明人",由于昏了头脑,干了蠢事,或犯错误跌了跟头,或由胜利走向失败,不只个人事业遭到挫折,甚至还会给国家民族带来灾难。

最后,聪明人遇事不谨慎也会办蠢事。敢峰说:"谨慎是聪明的战略后方。聪明,就要懂得人无万全之虑,事无万全之策,在复杂的事物发展面前,特别是在风云变幻难测的时候,非谨慎难以获得成功。"② "一生唯谨慎"的诸葛亮尚有街亭之失,一般人怎能自恃聪明过人而疏忽大意呢?敢峰同时又指出:谨慎不等于保守、畏缩不前,不敢积极进取的中庸之道不是谨慎。他说:"谨慎是和成功联系在一起的,是高度责任感和大智的表现。开拓精神要与谨慎结合才有成功的希望,否则难

---

①② 敢峰:《聪明的"制高点"和"战略后方"》,载《方法》1988年第2期。

免不以失败告终。当然，无开拓精神的谨慎，无所作为，更是不足取的。"①

绝顶聪明的人犯错误还有其他方面的原因，比如，由于知识和技术条件的限制，对客观世界认识不清，判断错误，做了错误的事，也是常有的。爱因斯坦在1932年时曾断言："没有任何迹象表明人类可以获得核能量，因为这意味着原子将被随意切割。"但是到了20世纪40年代初，爱因斯坦知道德国在研究核武器时，他马上认识到自己过去的认识是错误的，立即改变了看法，建议美国总统罗斯福组织科学家研究"切割原子"的技术，很快研制出原子弹。当然，我们不能苛求敢峰同志在一篇短文中论述得面面俱到，这是不切实际的。

爱因斯坦能做到知错就改，而且把新的认识付诸行动，所以他才是真正的聪明人。敢峰在《愚为智之师》一文中说："从别人所干的蠢事中，从过去所干的蠢事中，最大限度地吸取教益，使自己在当前和今后少干蠢事，不干大的蠢事，干了蠢事能很快发觉和纠正，那就是极大的聪明。"②"吃一堑，长一智"的是聪明人；如果在某处跌倒过一次，下次再经过此地仍然跌倒，则是蠢人一个。

敢峰的文笔非常优美和生动，他在文章中把人在不同情势面前头脑之"昏"，用了"冲""吓""诱""气""搅"等五个不同的动词加以区别，传神之笔令人叹服！敢峰在文章最后说："聪明的人，懂得以谨慎补自己聪明之不足，这才是清醒的聪明，才是大聪明。"③大聪明如此，小聪明就不言而喻了，足见敢峰文字之简练、语言之直白。

---

①③ 敢峰：《聪明的"制高点"和"战略后方"》，载《方法》1988年第2期。
② 敢峰著：《教育与人才新说》，北京燕山出版社1989年版，第69页。

二、聪明是个不断变化的思维状态

聪明体现在一个人身上不是固定不变的：有的今天聪明，可能过些时间就变得不聪明了；有的人此时不聪明，以后却聪明了；有的人在这件事上很蠢，但在另一类事上却很聪明。多数人的聪明是随着年龄的递进而变化的。敢峰在《聪明的幼芽、成熟和衰老》这篇文章中说："聪明，有个从幼芽到逐渐成熟的过程。有些人小时确实很聪明，记忆力好，思想敏捷，模仿能力强，但这只是萌芽阶段。好的萌芽能否茁壮成长，开花结果，还很难说，在这过程中有许多客观因素的影响（其中主要的大敌是虚荣和骄傲）。"①

古人说"小时了了，大未必佳"，其原因是多方面的。不管有多少原因，归根结底是智力没有得到继续发展。众多原因又可归结为两条：一是没有学习知识（书本知识和实践知识），二是没有参加丰富的社会活动。有些人主观想学习，但受家庭条件限制不可能读书，也不能向有经验的人求教，自然就错过了学习知识的好时机。还有一些人，有优越的学习条件，只是自己没有求知、上进的愿望，虚度年华，也没有学到知识。这两种人知识没有学到一点儿，更遑论参加社会实践了，其聪明才智自然得不到发展提高，仅能停留在儿时的水平。有一种人，他既有读书学习、求教别人的便利条件，又有参加社会实践的大好机会，但为什么没学到知识呢？其原因就是敢峰说的"虚荣和骄傲"。有虚荣心的人，拒绝向书本学习，也拒绝向一切人学习。明明无知，却佯装知道，

---

① 敢峰：《聪明的幼芽、成熟和衰老》，载《方法》1988 年第 5 期。

自己封锁住自己，自己堵住了求教学习的道路。还有一种人，骄傲自满，他们认为自己比任何人都懂得多，谁都看不起，目空一切，自以为天下无可学之事，无可求教之人，同样是作茧自缚，自我封死了学习的道路。上述几种人，发展的结果必然是"小时了了，大未必佳"。

一个人的聪明在不同年龄段、不同的阶段，其程度是不一样的。一般来说，一个人的聪明是在不断提高，不断发展，不断成熟的。所谓成熟，和幼稚是相对而言的。没有过去的幼稚，就没有以后的成熟。一个人的聪明是不断成熟、不断提高的。一个人今天低度的不成熟的聪明，和后来高度的成熟的聪明相比较，可能是幼稚的。所以敢峰说："聪明的表现形态在发展的各个阶段各有特点，而且聪明的类型也不一样。这些都要分阶段、按类型进行深入细致的研究，切忌简单化、表面化和用某一模式去套。"①

敢峰在这篇文章中还提出：聪明不是"终身制"。这一观点，在前人的文章中还没有论述。他在文末说："由于衰老和其他某些原因，即使是'聪明成熟度'很高的人也会转化为糊涂。"②人到了老年，其"聪明"度也到了"衰老"期。那些"懂得老到一定的程度时会糊涂，在糊涂之前勇退，那才是熟透了的聪明啊"③，那才是"大聪明""真聪明"。敢峰这段话非常有见地，他的过人之处也就在这里。读过这篇文章，笔者认识到：一个真正勇敢的人，除了年富力强时相信自己的胆识和智慧，勇于判断、敢于负责外，到了老年还要勇于承认自己变成了一个"糊涂涂"。

提到"大聪明"，笔者又想起敢峰另一篇《说"大聪明"》的文章。他说："'大聪明'，这是一门综合性的学问，综合性的修养，非综合不能成其'大'……何谓'大聪明'？简单来说就是顾大局，识大体，有

---

①②③ 敢峰：《聪明的幼芽、成熟和衰老》，载《方法》1988年第5期。

战略眼光和远见卓识，能审时度势，懂得事物发展的辩证法，按照事物发展的客观规律办事。"① 大聪明者都是大事清楚，小事糊涂。所谓"大事"，就是国家事、民族事、集体的事；所谓"小事"，即家庭事、个人私事。当国家利益、民族利益、集体利益和个人利益发生冲突时，能做到牺牲个人利益，服从国家利益、民族利益、集体利益。比如，在国难当头、民族危亡时，那些英勇杀敌、冲锋陷阵、舍生取义的民族英雄们都是"大聪明"。小聪明者，与大聪明相反，他们大事糊涂，小事清楚，一事当前先从个人利益考虑，在国家危难时刻，贪生怕死、畏缩不前。他们不懂得只有维护了国家的、民族的利益，才能保住个人利益的道理。他们的小算盘拨拉得非常清楚，对己利大则大干，对己利小则小干，对己无利则不干。

"大聪明"与"小聪明"由于思维方法不同，处事的原则迥然不同，其命运和前途也大相径庭。有一个演员，在北京半夜醉酒驾车，撞到路边停着的一辆卡车上而车毁人亡。家属不反省其错误，反而将卡车司机告上法庭，最后不但没有拿到赔偿，还要承担诉讼费，以败诉告终，闹了个丢人现眼。无独有偶，有母女二人，从北京去石家庄探亲，半途碰到一辆顺路车，想免费搭车。司机出于好心，让母女二人上了车。谁知天有不测风云，路上为了躲避车辆，汽车侧翻，母女受了重伤。她们出院后把司机告上法庭，索赔巨额医疗费、伤残费，最后法院驳回了上诉。公众舆论同情该司机，而谴责母女二人毫不讲理。同样遇到伤亡的祸事，聪明人就不会这样处理。山东省有位叫李目辉的少年，他一个人救了四个翻船落水的孩子，自己却由于体力不支不幸身亡。四个贫穷孩子的家长凑了一万元，送给李目辉的父母作为酬谢。并不富裕的李目辉父母婉言谢绝了，仅答应四个孩子做自己的干儿子，从此待这四个孩子

---

① 敢峰著：《教育与人才新说》，北京燕山出版社1989年版，第71页。

像儿子一样。李目辉的父母想到村里的孩子都是从家里搬着大小不一的桌子、凳子去上学,儿子生前想有一张课桌、一个木凳的梦想都没实现,便决定为村小学订做一批课桌和板凳,无偿捐献给村小学。当第一批课桌、条凳送到学校,孩子们欢欢喜喜地用上新课桌、新板凳听课时,李目辉的父母由衷感到高兴。如今,山东省人民政府已批准李目辉为烈士,省团委授予李目辉见义勇为"齐鲁好少年"的光荣称号,号召全省少年儿童向他学习,当地政府还授予李目辉父母"孔孟之乡好父母"称号。这是何等光荣啊!两种"聪明",两种思维方法,造成了两种结果,成就了两种人的不同命运。

我们要想具备大聪明的头脑,就必须在认识世界和改造世界的过程中,一方面努力研究如何提高我们的认识能力,即大脑的聪明度,另一方面还要研究有哪些主观因素妨碍我们认识能力的提高。只有这样,才能避免"浮云遮眼",避免在糊里糊涂地认识世界、改造世界的过程中堕入愚蠢的深渊。

三、聪明有"三戒"

敢峰写文章从不端架子,他就像与老朋友聊天一样,随便道来。他在《聪明三戒》中说:"聪明究竟有多少戒,我没有作过系统研究,说不清。要说,凑个十条八条也不难。不过,戒律多了总不好。周身让绳子捆着,动辄得咎,聪明还有什么活路啊!想了想,只讲三条。"[①] 别看这样随便聊,大白话中也有深意,那就是:顾虑重重、条条框框太

---

① 敢峰:《聪明三戒》,载《方法》1988年第6期。

多,会把智慧和创作力扼杀在"娘肚里"的。我国的小孩子生下来个个活泼爱动,但家长和老师不大喜欢这样的孩子,从小就要求他们"非礼勿说""非礼勿动""非礼勿看",等等。如果仅仅是要求、说说也就罢了,有时孩子没按师长的要求去做,还要加以苛刻的体罚。这样一来,我国许多孩子在幼儿园和小学阶段,就被"格式化"为循规蹈矩的"好孩子""好学生",而失去了"胡思乱想""敢冲敢闯"的良好素质。

戒律太多固然不好,但没有一点条律的约束恐怕也不成,俗话说"没有规矩不成方圆"嘛。那么,针对"聪明"问题,敢峰讲了哪"三戒"呢?

一戒"恃"。俗话说"有恃无恐",人不管恃什么,都是愚蠢无知的表现。一有所恃,就会忘乎所以。那些"恃才""恃聪明"者,并非真聪明,乃糊涂聪明,傻聪明。敢峰说:"'聪明反被聪明误',不能责怪聪明不好,只能责怪人恃聪明而自误。至于出歪点子的'坏聪明',固当别论,但说到底也是自己误自己。"① 敢峰在文章中举了"龟兔赛跑"的寓言故事。他说:"'聪明'的兔子就因恃跑得快而自误了","人是不能以聪明自恃的,恃必自误。对于人才的成长和事业的成功来说,聪明乃是一种有利的条件,而条件是不能倚为所恃的,所恃者只能是自己的主观努力"。②

真正的聪明仅是一种智慧,可以在谋事、判断方面发挥作用。一件事,谋划、判断正确,就容易获得成功,但还不等于这件事就办成了,因为还没有实践。所以敢峰说,"所恃者只能是自己的主观努力"。不能按照正确的计划埋头苦干,不管你有多么聪明机灵,也将一事无成。仅仅纸上谈兵,是毫无用处的。

敢峰在文章中还出人意料地给"笨鸟先飞"予以新解:"千万不要以为先飞的都是笨鸟,里面可有的是聪明的鸟儿。"③ 如今的杰出人才不

---

①②③ 敢峰:《聪明三戒》,载《方法》1988年第6期。

都是"抢先一步""快半拍"吗？为什么说"抢先一步"的人是聪明人呢？因为他们看清了事物的发展方向，把握了事物的运动规律，预见了未来局势，所以敢"先走一步"。这样的聪明人，经商可以先开发出产品占领市场；指挥作战，部队可以用最快的速度进入阵地，占据有利地势，此时一个师的部队可以抵一个军的力量；做学问，会不断创新，始终处在科学的前沿地带。

二戒"骄"。《尚书·大禹谟》有言："满招损，谦受益。"这是古人从社会生活中总结的宝贵经验。无数事例证明，骄傲自满者无不损身、损德、损事业。敢峰在这一节中循循善诱地勉励青年人注意戒"骄"，他采用拟人的方法写道："聪明有两个朋友，这两个朋友在品德和性格上很不相同。一个朋友叫谦虚，对朋友真心实意，希望他能获得成功，只是有时爱对聪明泼点冷水，说的话使聪明不爱听。另一个朋友叫骄傲，存心要使聪明走向挫折和失败，对聪明阿谀奉承，特别是当聪明在学习和事业上取得成绩时总爱出来敬酒，使聪明忘乎所以。奇怪的是，聪明却不善于择友，往往在择友上表现出极大的愚蠢。谦虚遭到冷落，骄傲被视为知心。如何使聪明不交上骄傲这个损友，至少不要被骄傲牵着鼻子走，是历史上多少年来一直难解决的一个问题。"①难解决，不等于没法解决。敢峰开出的药方是："加强思想修养和保持清醒头脑。"②宋代欧阳修在《易或问》中说："贪满者多损，谦卑者多福。"我们应该牢牢记住。

三戒"贪"。敢峰对"贪"字说得既形象、幽默，又分析得入木三分："贪，形多而实少，形快而实慢，这是学习和事业上的大忌，是愚蠢的一种表现形态。"③笔者曾听过一则故事，非常耐人寻味。有一个小瓶里装满了糖果，一位老人对两个小孩说："你们可以把手伸进瓶子里任意抓糖果，在30秒之内，抓多少给多少。"第一个小孩把手伸进瓶子里，只

---

①②③ 敢峰：《聪明三戒》，载《方法》1988年第6期。

抓了一块糖，小手迅速抽出来，然后又迅捷地伸进去，抓出第二块糖，紧接着又抓出第三块糖，30秒内共抓了三块糖。第二个小孩想多抓一点，他把小手伸进瓶子里狠狠抓了一大把，但因为瓶口太小，抓着糖果的手怎么也抽不出来，放下几块糖还抽不出来，最后只留下一块糖，还没来得及抽出手，老人就说："时间到了。"第二个小孩没有得到一块糖。俗话说："贪多嚼不烂"，"囫囵吞枣，消化不了"。这些格言都是说贪多、求快地读书和学习知识，其实是"欲速则不达"。读了许多书，一无所获，等于没读一样，反而白白浪费了许多时间。倒不如认真咀嚼每一页书的内容，读一点，理解一点，消化吸收一点，貌似慢，实则快，初看起来好似愚钝，实则是真聪明。当然，有意地快读、粗读、略读一些书是另外一回事。

敢峰说：成人若"进入贪之域，聪明就会转化为愚蠢"。"有人以为鱼很蠢，因贪饵而上钩。其实鱼还是很聪明、很谨慎的"。"社会上有些自恃聪明而贪不义之财的人，比鱼要容易上钩得多"。① 诸君请看那些身居要职者，一些人在金钱、美女的诱饵面前纷纷堕马，无不印证了这一点。

为了防止聪明向愚蠢转化，真正的聪明人会时时警惕，在戒恃、戒骄、戒贪上面下工夫。

四、聪明也须循序渐进

获得知识、把握事物的规律必须要循序渐进，由不聪明到聪明的发展、成熟过程也是循序渐进的。敢峰在《入门·上路·登堂·攀顶》②

---

① 敢峰：《聪明三戒》，载《方法》1988年第6期。
② 载《方法》1989年第1期。

这篇文章中把"聪明"分为四个层次。入门，即启蒙教育阶段，这是"最低层次的聪明"。学习知识，首先要找到知识宝库的大门，然后再找到打开宝库大门的钥匙。"门"在哪里，这就需要师傅的指点和教导，并由师傅领进科学殿堂之门。所以说"入门"是智慧的"启蒙阶段"。家长和教师应该学会对孩子们进行启蒙教育，善于引导孩子们进入知识宝库的大门，成为聪明的父母或老师。

在知识宝库的大门之前，站着许多人，不只是儿童和少年，还有许多成年人。每个人开始钻研一门新学科，或进入一个新的研究领域，或学习一种新的技术时，都有一个入门问题，也就是通常说的"拜师求艺"的问题。一个人在求学的道路上，能否入门早、入门快，取决于有无师傅指点。所以说，虚心求教对任何人来说，都是十分重要的。

入门后，会上路，即掌握科学的学习方法和会科学合理地支配时间，并有顽强的毅力。敢峰说："学习方法是一个十分重要的问题，聪明和不聪明，在这个阶段主要表现在是否善于学习上，也就是说，学习是否上路和上路后进展的快慢如何。"① 这种聪明，"属于中层次聪明的范畴"。俗话说："师傅领进门，修行在个人。"话是如此说，但有些弟子被领进门后不会走路，或者走起来慢腾腾，或者走到小路、歪路上，怎么办？所以说，领进门的学生仍需教师的正确引导。敢峰说："要勤奋，要掌握科学的学习方法，要持之以恒和合理地安排时间"，使学生们"不断地主动地拓展知识的领域，锻炼在知识原野上驰骋的本领，稳步地建立起优化的智能结构"，这些都是这个阶段需要在教师的指导下完成的主要学习任务。②

科学合理地安排时间，学问大了。同样的一天 24 小时，有的人干了许多事，有的人却一事无成；同样学习了 12 年，有的人掌握了许多

---

①② 敢峰：《入门·上路·登堂·攀顶》，载《方法》1989 年第 1 期。

知识和技能，有的人则进步不大。这里除了学习方法正确与否外，合理安排时间也是一个关键问题。比如：善于利用时间的"边角料"，利用零碎时间办大事；善于利用有限的宝贵时间，去办最重要、最有价值的事，去学习最重要的知识，不为鸡毛蒜皮的琐事分心或浪费时间；等等。

这个阶段的聪明的程度还表现在科学的学习方法上。方法好，学习知识就快；方法不对头，学习知识就慢。所以敢峰写道："在教学工作中片面强调向学子传授知识，很少注意向学子指点学习方法，培养学子的学习能力，对于人才的培养是很不利的。"①

登堂就是把学得的知识用来工作、生产和实践。"从学习转化为应用，是登堂的根本标志。""知识只有转化为能力或者同能力结合（知识能力）才能成为力量。在思维和实践中，是否善于运用所学的知识以及所取得成效的大小，是聪明程度在高层次中的表现。"②学习知识的目的是为了应用，就如同蚕吃桑叶要吐丝一样。蚕丝吐的多少、快慢，人运用知识是否灵活、有效，取得成就的多寡，都是聪明程度的标志。

攀顶，"是在人类已取得的知识的基础上进行的创新活动，也是学习向人类未知领域的延长。在攀顶和创新上的聪明，是最高层次的聪明，这种聪明主要在于后天的培养"③。这种高层次的聪明是十分可贵的，人类的聪明达不到创新的高度，人类知识就不会更新，生产和科技就不能发展，社会就不能进步。

敢峰指出："对学子的创新意识和创新能力的培养，并非在学成之后，而是在较早时就开始了，只不过在当时处于一种潜在的、预备的、萌动的状态。攀顶是教育工作和培养人才的最高要求，并非在受教育阶段所能完成，也不可能以此要求所有的学子。"④尽管如此，教师在教学

---

①②③④ 敢峰：《入门·上路·登堂·攀顶》，载《方法》1989年第1期。

活动中也必须善于发现学生的创新苗头，注意培养学生的创新能力。

敢峰在北京力迈学校的教育、教学实践中就贯彻了这种教育思想，他在力迈学校1999年新年献词中说："开发大脑是教育工作的枢纽工程，我们的一切教育教学活动，在讲授知识和进行训练的过程中，一定要着眼于如何使孩子们聪明些，更聪明些，对所学的知识能够融会贯通、举一反三，从中培养孩子们的求新和创造意识。"[①] 力迈学校的教师们，根据敢峰的这些教育观点，在教学活动中采取了多种方法开发学生们的潜能和智慧，如：数学课上的"一题多解""一题多变"，高年级提倡"研究性学习"，等等。

敢峰主张："在高等教育阶段，应把科学研究和创新的实践活动作为一种学习方式纳入学习计划，有意识地对学子进行培育。"[②] 他认为："使更多有才能的学子能在继续学习知识的同时早日进入科学研究领域，把学习和研究结合起来。这种学习和研究的早期结合（包括治学态度和治学方法的培养），对学子以后的攀顶将起很好的作用。"[③]敢峰的这些教育主张和认识，在20世纪80年代末就提出来，是非常具有前瞻性和预见性的。

五、如何开发大脑智慧

人的大脑是一架高度灵敏、极其复杂、运转非常迅速的信息处理器。它可以迅速地吸纳大量信息，经过分析、综合、加工成新的知识，并迅速传输出去。人的大脑细胞运转快慢不同，造成了人的聪明、才智

---

① 敢峰著：《新世纪"根苗工程"》，人民日报出版社2002年版，第96页。
②③ 敢峰：《入门·上路·登堂·攀顶》，载《方法》1989第1期。

的不同差别。所以敢峰在《智慧——聪明之中枢》一文中说:"以大脑为中枢,架起高灵敏度、高功能、高效率的知与行的运行网络,我认为这就是聪明学。在这个运行网络中,如果不发生障碍的话,聪明度的高低取决于大脑的智慧水平。从这个意义上说,聪明学就是智慧学。"①因此,我们又可以说,聪明学是一门研究如何用好大脑的学问。

敢峰说:"开发大脑的智慧,实为聪明学研究中最核心的问题。"②何谓开发人的智慧?敢峰认为:"开发智慧(或者说开发大脑),实质是研究用脑的科学和艺术,增强用脑的修养,提高用脑的社会效益。"③

提到"开发人的智慧",谁都感兴趣,谁都想成为一个聪明的人,也希望自己的孩子成为聪明的人,希望把自己和孩子的潜在智慧充分开发出来,使大脑得到充分利用。怎样做才能开发人的智慧和潜能呢?这个问题既神秘又不神秘:不知道如何开发自己的潜在智慧时,觉得异常神秘;一旦弄明白,就不神秘了。敢峰认为,开发人的智慧主要有两个措施:一是培育智慧,二是锤炼智慧。

"培育智慧"就是学习知识。一个人不是生而知之,而是学而知之。学习知识,概言之就是向书本学习,向社会实践学习。一个人生下来就闭目塞听,不接受外界的任何信息,他的大脑生得再完美也成不了一个聪明人。敢峰说:"开发智慧必先投入知识,知识的投入越多,而且知识的结构越合理,人的智慧才有可能发展得越好。"④

敢峰在这里提出了一个"合理的知识结构"问题。过去一般人都认为知识越多越好,现代教育学和人才学的研究证明,仅仅知识丰富还不等于聪明。这些知识就好比一些建筑材料堆放在那里,没有盖成房子,不能使用,不能住人。高明的工程师可以用这些材料盖成美观实用、具有多项功能的建筑;蠢笨的建筑工人却只能用它砌成简陋的房屋,因为

---

①②③④ 敢峰:《智慧——聪明之中枢》,载《方法》1989年第2期。

结构不合理，既不牢固又不防风避雨。有些人知识虽然丰富，但他的头脑仅是一个活动的大书库，这些知识杂乱无章地堆放在那里，没有任何头绪，不能用来分析问题、解决问题。我们不只需要知识，还要把知识按照自己的需要构成功能不同的系统。不同的知识结构可以成就不同的专业人才：有的知识结构成就化学家，有的知识结构成就数学家，等等。

敢峰同时还指出："还要将智慧的培育同实践中的谋略和方法结合起来，使他们善于规划，善于经营开发，善于运筹，善于审时度势，善于知己知彼，善于科研攻关……总之，在人才的培育上要注意克服知识之叶茂而智慧之果小的偏生现象。"①为什么会出现"知识之叶茂而智慧之果小"的现象呢？其原因就是只知积累知识，不懂得组织知识、使用知识，知识再多也无用，仍然是个"笨人"，所谓的"书呆子"就是指此类人说的。

"锤炼智慧"就是把学得的智慧在工作实践中运用。敢峰说："锤炼智慧要靠实践，困难、挫折和失败也都是锤炼智慧的铁砧。"②没有经过锤炼的智慧，没有经过实践检验的智慧，仅仅是纸上的智慧，只能在口头上夸夸其谈，哗众取宠而已。一到实战中运用，便破绽百出，败下阵来。所以敢峰说："智者的本质表现是深沉、机智，成竹在胸而不矜夸，箭在弦上而不乱发，妄、躁、轻浮之气尽除，犹炉火纯青而不见浮光浓焰。大智若愚，小智弄巧，深海藏鲸，浅水游虾，要锤炼智慧必须游向实践的大海，急于在浅水处显露才华是成不了大器的。"③

培育智慧和锤炼智慧是相辅相成、交叉互补的。大脑越用越灵活、越聪明，不用则呆滞。只是凭仗已有知识工作，不停地使用大脑，不知补充新鲜知识，则大脑会逐渐枯竭；只是不断地学习知识，不知在实践

---

①②③ 敢峰：《智慧——聪明之中枢》，载《方法》1989年第2期。

工作中运用知识,智慧也得不到锤炼,同样大脑也不会灵活。

上述两点既通俗易懂,又是尽人皆知,但真正践行起来可就困难了。敢峰在《怎样使孩子聪明些》这篇文章中列了五条措施:一要培养孩子爱学习的兴趣;二要培养孩子动手的兴趣和能力;三要珍视孩子的好奇心,鼓励他们提出各种问题,培养他们动脑子的习惯;四要让孩子展开想象的翅膀,海阔天空地翱翔;五要给孩子讲各种刻苦学习和创造发明的故事,让他们读科学家、文学家、政治家的传记。① 这五条意见虽然是针对少年儿童讲的,但对中、青年也适用。因为兴趣、好奇心是迈入知识大门的动力和向导;想象、联想是扩大知识面,进行创造的不可缺少的大脑思维活动;动手即实践,俗话说"心灵手巧",反过来手巧也可以促使人的大脑发育,使人聪明。总之,多读书,多观察,勤动手,兴趣广泛,好奇心强,善于想象和联想,这都是开发智慧的基本措施。

这些常理并不神秘,但真正坚持下去,持之以恒,却非易事。有些人一拿起书本就心浮气躁读不下去;向周围有经验的人学习,他又目空一切,认为天下无英雄,"蜀中无大将";从事实际工作吧,一遇到困难他就打退堂鼓,更不要说遭受挫折了。这样的人永远不会开窍,大脑得不到充分开发利用,很难获得智慧和才干。

六、聪明的输出——方法

人具备了聪明才智,还需要应用,表现出来,也即输送出去;否

---

① 参见舒风编:《敢峰教育文选》,人民教育出版社2008年版,第312—313页。

则，聪明就毫无意义。所以，敢峰在这一组文章的最后一篇《方法——聪明的输出》中专门谈了这个问题。敢峰在文章中说："关于方法，可以有各种不同的理解和解释。从聪明学来说，我以为方法就是聪明的输出。""在认识世界和改造世界的过程中，方法是一个极为重要的问题。人的主观能动作用要靠方法才能施展和体现出来，可以说，方法是主观同客观相联系的桥梁。"① 的确如此，人类只有通过各种方法才能认识世界，改造世界。种庄稼有种庄稼的方法，开矿山有开矿山的方法，飞往月球有飞往月球的方法，等等。人类在认识世界、改造世界的过程中，方法正确则成功，方法错误则失败。方法既然如此重要，我们开展任何一项工作，为了达到预期目的就应好好研究采取什么方法。关于方法的研究和运用，敢峰在文章中讲了四点意见。

敢峰认为："讲方法一定要注意主观能动性与客观事物制约性两者的统一。"②人类在改造客观世界的实践中，一定要发挥主观能动性，积极进取。但主观能动性的发挥是受客观条件制约的，不顾客观条件是否允许，盲目地蛮干、硬拼，没有不碰钉子，没有不失败的。这样蛮干，不只白白浪费了人力、物力、财力，还挫折了斗志，贻误了时间。但一味地强调客观环境，不积极创造条件，不主动进取，制订的计划非常保守，落后于客观形势，这样的人只能平平庸庸，不会取得骄人的成就。聪明人都能科学地分析客观条件，并利用它、驾驭它，同时又充分地发挥自己的主观能动性。

明白了前者，就知道方法的"输出不应是任意性、随意性的，更不是随心所欲，为所欲为"③的。任何方法的输出都是受客观条件限制的。我们要办成任何一件事，都不能违反客观规律。不顾客观规律地蛮干，无不惨遭失败。所以说，聪明人都是顺应时代潮流而动，推动时代潮流

---

①②③ 敢峰：《方法——聪明的输出》，载《方法》1989年第3期。

而动。历史上有一些有远见的人物,他们对问题看得很准,对时局分析得很清楚,但社会条件不允许那么做,他们硬要做,同样碰得头破血流,给后人留下了沉痛的教训。聪明人在战场上,既要"发扬火力,消灭敌人",又要"隐蔽身体,保存自己"。只顾发扬火力,消灭敌人,不注意隐蔽身体,被敌人一枪打死,根本就谈不上消灭敌人了。但是只知隐蔽身体,成了怕死鬼,那也无从发扬火力,消灭敌人,达不到作战的目的。聪明人是把两者结合得非常好的人。

敢峰说:"要使方法的聪明度更高和取得更好的实践效果,就要加强谋略的研究。""谋,就是行动方法的酝酿和设计。"①"谋"就是通常说的谋划、计谋、策略。作战,计高一筹的人即使兵员不足、武器装备差一些,最终也会获胜。中国历史上大大小小的战争(战争的正义性和非正义性因素暂且不论),都证明了这一点。计高一筹就是比常人聪明。在指挥作战上,计高一筹可以获胜,在教学、科研攻关、经商、种田上,也无一例外。多思出智慧,多思才聪明,只有多谋才能善断。我们要想成为聪明人,除了要站在时代潮流的前面外,大脑还要不能懒惰。

什么是学术?敢峰说:"学,是理论;术,是方法。"他说:"学术就是理论和方法的统一。""重视理论的研究,又重视方法的研究,两个轮子同时转动,学术这辆车才能更好更快地在社会实践的大路上奔驰向前。"②敢峰对学术的通俗而别开生面的解释,对读者很有启发。我国目前不管是自然科学领域还是社会科学领域,在"学"和"术"两个方面,由于浮躁心态作怪,钻研得不深、不透,所以没有出现大师级的学者。除了浮躁心态作怪之外,还有一种"嫉贤妒能"的心理很不好。生活中总有那么少数一些人,他们面对比自己成就大的、进步快的人,不是检讨自己的不足,发愤赶上去,而是嫉妒,或无中生有、造谣中伤,

---

①② 敢峰:《方法——聪明的输出》,载《方法》1989年第3期。

或在他人前进道路上设置障碍。总之，只有把先进者打压下去他们才甘心。这种心理是成为聪明人的极大的绊脚石。

不管何人，要想取得成就，首先要解决好"术"，"术"不解决，"学"也不可能研究得深透。"学"好比目的地，"术"则是抵达目的地的交通工具，乘飞机抵达与乘马车、汽车去目的地，其时效是大不一样的。

总之，敢峰这六篇研究"聪明"的文章，篇篇有新意。比如：关于"学术"的解释，关于"先飞"的鸟不一定是"笨鸟"的论述等，均令读者深受启发。这些文章虽然讲的是聪明学问题，实质上也是教育学问题，因为教育的目的也是让所有的孩子大脑开窍，学好各种知识，变得更加聪明。

第三编　现代教学论

　　我们说敢峰的现代教学论独树一帜，是因为他把教学活动中的两个实体——教师和学生紧密联系起来研究。他的现代教学论既不同于中国古代以教师的教学活动为中心的理论，也不同于近现代西方以学生学习为主，"倡导学生自由发展"的理论。敢峰是把"教"和"学"两个对立面，辩证地、互为依存地联系在一起来研究，提出了"教学互动"理论。"教"和"学"两方面互为条件、相互作用，两者时时推动教学活动不停地发展变化。

第一章

三个独特的教学原则

敢峰创办北京力迈学校,就是要总结出中国的"教育教学经验",总结出"新的教育思想"。前几年他与朋友交谈时曾说:"中国没有形成自己的现代教育学。解放前的教育理论许多是照抄、照搬西方国家的理论。解放后的教育学或教育理论,甚至连教学法大多是照抄、照搬苏联的。至于眼下新出版的教育著作,许多都是互相抄袭,动不动多少个'化',多少个'性',好像那就是科学的教育理论,很少有真知灼见。"①

2002年8月,敢峰在首届"中国科学家、教育家、企业家论坛"上作了《直面21世纪的教育战略》的发言,他说:"在教育教学方式方法上,我是主张下面三个原则,不要搞得非常多……一个叫教学互动,一个叫'死'活结合,一个叫因材施教。如果让我来做教员,我就是这三个原则。"②

---

① 敢峰著:《新世纪"根苗工程"》,人民日报出版社2002年版,第159页。
② 舒风编:《敢峰教育文选》,人民教育出版社2008年版,第94页。

一、"教"与"学"良性互动

"教"与"学"是一对矛盾,"教"与"学"合在一起是对立的统一体。有时"教"是矛盾的主要方面,有时"学"又是矛盾的主要方面,两者互相制约、补充,缺一不成其为"教学"。整个教学活动应该是良性互动,而不应该是不良互动或者恶性互动。敢峰关于"教学互动"原则有一段生动形象的论述:

> 教育教学的过程,就是老师的教和学生的学的一个教学相长的互动过程。过去教学是以老师为中心,有许多弊病。后来提出以学生为主体,这个当然有非常积极的一面,但弄不好也有它另外消极的东西啊,实际上往往形成了以学生为中心,现在反映已经很突出了。在教育教学实践中,在教师主导下,师与生、教与学之间应当形成良性互动,教育教学质量才能得到真正提高。但是我们过去往往是单向动,或非良性互动,甚至变成恶性互动。这种例子多得很,不去列举了。良性互动,教学相长,教师是教的主体,学生是学的主体,不是以老师为圆心,也不是以学生为圆心,应该统一起来是椭圆的两个心,然后以教师这个心为主导(包括关爱、调动学生的积极性、启发、传授、因势利导、严格要求、激励……)形成一个互动——良性互动。整个教育教学艺术和教师的修养都在这里。①

---

① 敢峰主编:《教育世纪》文丛第5期,大象出版社2002年版,第23页。

敢峰强调，在教育教学活动中，单纯以教师为中心，或者是以学生为中心，都是不妥的。"教"与"学"应该是椭圆形的两个圆心，互为依存。敢峰提出的"师生双向良性互动"，是他多年来从事教育工作总结出来的教育教学经验，也是一条重要的教育教学规律。教师掌握了这条教育教学规律，在教育学生时，在教学活动中，就会取得很好的效果。因此可以说，"教学互动"理论是敢峰对教育理论的又一贡献。

1999年12月，敢峰在北京力迈学校小学语文教学改革研讨会上发言说："教学方法是一个方法群，应根据教学任务、要求以及孩子的认知特点采取相应的方法，不能定于一尊。我们最看重教师的主导性和学生的主体性的共同发挥，在方式方法上讲究教与学的双向良性互动。一切好的教学方法，究其运作轨迹和教学状态，概莫都是教与学双向良性互动的。单向的不行，教师讲得再好，像梅兰芳唱戏那么精彩，学生都成了看客，而不是在剧团里跟着一板一眼、一招一式地学会唱、学会演，到头来还是失败的。"①

关于"双向良性互动"原则，又经过两年多的实践后，到了2002年6月，敢峰在回答中国教育电视台记者的提问时，对这个原则解释得就更为详细了：

> 教育和教学过程本身就是一个师与生、教与学的双向互动的过程。能否形成师与生、教与学双向良性互动，这是能否实现教育目标的关键。因为学生是活生生的人，不是死的被动接受加工的物品。举凡一切好的教育教学的方式方法都是良性互动的，不好的教育教学的方式方法都是单向或非良性互动的，有的甚至会演变为恶性互动。这些方面的事例太多了。当然，在这个过程中，教师起主

---

① 舒风编：《敢峰教育文选》，人民教育出版社2008年版，第453页。

导作用，它是教师的教育思想、教学艺术、教师修养在教育教学过程中的实际而生动的体现……如果要说教育理论，我的教育理论就是"教学互动"论。①

爱因斯坦把科学定义为"探求意义的经历"，其意思是说获取知识的过程非常重要。"经历"两个字强调了科学是一种实践过程，是一种创造过程。过去"填鸭式"地讲授自然课，学生在课堂上是被动地接受知识，其求知欲望和好奇心完全被压抑、扼杀了。学生的探索精神得不到培养，个性得不到发展。北京力迈学校的洪冬青老师学习了敢峰的"教学互动"理论后，认识到引导学生自己去发现、自己去探索自然科学规律，是非常重要的认知过程。教师和学生在课堂上共同活动，使学生主动、积极地再次发现某些自然规律，掌握科学知识。这样的教学过程生动地体现了"师生双向良性互动"的原则。

洪冬青老师在讲《电磁铁》这一课时，给每组学生准备了长短不同的导线，让学生把导线缠绕在铁棒上。因为导线长短不同，绕在铁棒上的导线圈数就不一样。通电后，学生们发现自己制造的电磁铁吸引的大头针数量不一般多，就开始找原因了：为什么同样的材料有不一样的结果？学生们在教师的启发下，发现电磁铁磁力的大小与导线缠绕的圈数成正比。在课堂上，学生通过自己动手做实验，自己总结得到的知识，不只理解得深，也记得牢。学生们对这样的授课方式也十分感兴趣。北京力迈学校不管是高年级还是低年级，各科教师在运用"双向互动"教学原则方面，不只获得了显著成果，而且总结了许多经验。

----

① 敢峰主编：《教育世纪》文丛第4期，大象出版社2002年版，第34页。

二、"死"与"活"灵活结合

关于"死"与"活"灵活结合的教学原则，敢峰早在1998年就写入《北京力迈学校重构基础教育改革实验纲要》中。当时说得比较简单，概括为："对教学的要求，区别不同情况，该'死'的'死'，该活的活。先'死'后活，'死'中有活。"① 后来，敢峰又在多种场合反复阐述过这个原则。2002年8月，敢峰在首届"中国科学家、教育家、企业家论坛"的发言，讲得就比较详细系统：

> 简要说来，第一，该"死"的"死"，该活的活。这听起来好像是废话，但是我们教学上的问题多少年来就出在这个毛病上，该抓"死"的没抓"死"，该活的没活起来，存在着烦琐哲学和形式主义。第二，先"死"后活，"死"中有活。"死"的东西你没掌握，你活什么活？应该先"死"后活，但是有一条，"死"中要有活，"死"中没有活，可能就活不起来了，就学死了。第三，"死"活有度，两者结合。这两个方面是有度的，片面强调"死"或片面强调活都不行，要结合好。②

"死"与"活"相结合的内涵是很丰富的，涉及教学活动的诸多层面，包括知识结构、教学要求、教学艺术和方式方法，等等。比如乘法口诀，你不要求学生"死"背、"死"记行吗？有一句不会，你的计算

---

①② 舒风编：《敢峰教育文选》，人民教育出版社2008年版，第600、95页。

就出问题了。英语单词你不记行吗？语文课有些好的文章就是要背诵，学生在幼年时代背诵一些好诗文，将来会长远起作用的。数理等课程中的一些重要概念、公式、定理或公理等基本知识都需要牢记。当然，教学活动中也有很多"活"的方面，比如学生的个性发展，知识的理解和运用，能力的培养，创造性的发挥，等等。教师的教学效果好，就是"死"与"活"结合得好；教学不好的，就是偏执一方，或者这两个方面没有结合好。

敢峰的"死活结合"的教学原则是总结古来教育经验教训和吸收了东西方两种教育模式的优点，结合自己的教育教学经验提炼出来的。我国的中小学教育统得比较死、学得比较死；西方欧美发达国家的中小学教育，行政机关统得少，校长、教师和学生自主选择的余地很大，学生学得比较活。究竟哪个模式好呢？其实，东西方的教育各有千秋。敢峰认为，我国中小学现代教育的教学模式，既不应该是学得比较死的教学模式，也不应该是西方学得比较活的自由发展的教学模式，应该取两者之长，弃两者之短，形成中国特色的现代教学模式。对此，教育界的认识是比较一致的。但是，在如何实现这个目标的战略思路上，想法就不完全一致了。

一部分人认为，我国中小学教育在基础知识的传授和基本技能的训练方面已经做得不错了。因此，当前教学改革的重点应放在学习西方"尊重个性，发展才智"上。敢峰对此却有不同的看法。他认为我国中小学生在"双基"教育上虽然高于西方国家中小学生的水平，但这是靠占用学生发展个性和才智的大量时间和精力为代价换来的。不改革这种耗时多、效率低的"双基"教学，我们的学生就不可能有比较充裕的时间和精力来发展个性和才智。

我们怎样做才能既提高"双基"教学的效率，又能有一定的课时用于发展学生的个性和才智呢？几年来，北京力迈学校的教师们特别是语文教师们，在敢峰的带领下，进行了辛勤的探索。他们选择那些对后续学习起奠基作用的少而精的知识和技能，进行扎实的刻苦训练。有了刚性要求的少而精部分，就可以用它们去统帅柔性要求的多而广部分。究竟哪些内容作为刚性要求，哪些作为柔性要求，如何变枯燥无味的苦练为高高兴兴的练习，这些都是北京力迈学校在教改实验中探索的问题。

对于发展学生个性和才智的教学内容和要求，就不能作为全班统一的"死"要求，必须实行无严格规定的"活"要求，开展宽松的、有弹性的、区别对待的、无标准答案的、允许学生选择的教学活动。

在教学活动中根据高、中、低不同的学习年龄段，根据不同学科的特殊性和不同学生的理解能力，辩证地处理好"死"与"活"的关系，这也是新世纪我国教学改革的基本取向之一。

三、各因其才，施教有方

宋代的理学家朱熹在《四书章句集注》中说："孔子教人，各因其才。"这是孔夫子"有教无类"思想的延伸。敢峰在北京力迈学校提出"力迈无'差生'"，和孔夫子的"有教无类"的思想是一脉相通的。为使"红杏出墙"，要因材施教；要想攻克"差生"难关，实现"无'差生'"的目标，也必须因材施教。所以敢峰说：

> 因材施教，不拘一格。孩子情况不一样，好的怎么帮他更拔尖一些，差的要鼓励他帮助他赶上来。要允许学生落后。现在我们教学的一个很大弊端是不允许学生落后。允许学生落后不是让他安于落后，而是鼓励他关心他帮他赶上来。赛跑头几圈落后的运动员，就一定是差的运动员吗？不是。后来可以赶上去的啊。学生的压力过大，没有信心，这不行啊。要允许他落后，帮他树立赶上去的信

心。因材施教,这在我们中小学班级教学里是很难解决的问题。班级教学有它的好处,规模效益,但是存在很大一个缺陷,就是各人情况不一样,难于因材施教。分层教学说来容易,做好也难。但不管怎样,一定要想办法,贯彻因材施教这个原则。因材施教是有效的教学,不是简单的形式问题。①

敢峰这段话内容十分丰富。第一,学生是有差异的。差异就是矛盾,要解决矛盾只能具体矛盾采取具体的方法解决,俗称"一把钥匙开一把锁"。从学生的实际进行教学活动,这是因材施教的基本点,也是全部教学的基点。敢峰在另一篇文章中说:"要使学生从不知到知,从知之甚少到知之较多,就必须通过教师的教学在已知和未知之间架上一座桥梁。如果教学不从学生的实际出发,那就犹如架桥时把桥的一端架在江心,天堑怎么能够变通途呢?"② 在北京力迈学校,为了很好地贯彻因材施教的教学原则,敢峰曾一度提出了"盯人"战术,即老师对每个特殊的学生要盯紧:一要做好学生的思想工作,二要不怕花时间,三要采取特殊的方法施教,学生走到哪里盯到哪里,教到哪里。有的学生借故不交作业,老师就跟到学生宿舍,盯着学生做作业。当时发现问题,立即补课,针对性强,效果很好。敢峰鼓励教师们说:"一次盯不了五个(指落后生——引者注),盯三个;盯不了三个,先盯一个也可以。帮上去一个,对周围一片人就会产生影响。"③

第二,因材施教就是承认学生这些不同差异,发挥学生某些方面的优势。学生的差异是由于学生的悟性不同,心理性格、学习习惯各异,家庭环境也不相同等诸多因素造成的。既然学生存在这些差异,那么在

---

① 敢峰主编:《教育世纪》文丛第5期,大象出版社2002年版,第24页。
② 敢峰著:《教育与人才新说》,北京燕山出版社1989年版,第224页。
③ 舒风编:《敢峰教育文选》,人民教育出版社2008年版,第628页。

教学要求、教法、讲课进度以及对学生的要求等诸多方面，就应该有所不同。在教学上让学生"扬长带短"，这才是因材施教的精髓。敢峰在《因材施教与发展学生在学习上的优势》一文中说：

> 宇宙间，任何事物的发展都是不平衡的，学生在学习上也是这样。发展优势的理论是在实践中运用辩证唯物主义，促使事物顺利地向前发展的理论。因此，要使学生学习得好，必须遵循这种宇宙万物发展不平衡的规律，充分发展学生在学习上的优势，而不能采取使学生平均使用力量、齐头并进的办法。对于一个学生来说，他对哪门功课最有兴趣，学得最好，或者有某方面的才能，就要发展他的这种优势，进而带动其他方面。即使对学习差的学生，也要从他的实际出发，发展他本身的优势，进而逐步改变他的整个学习面貌。[1]

但是，班级教学要做到"扬长带短"，进而充分发挥学生某些特长优势是非常困难的。所以敢峰说：班级教学的好处是"规模效益"，但它有一个很大的缺陷就是"难于因材施教"。但是，难于因材施教不等于不能因材施教，相反的更要在这方面多动脑子，多想办法，将班级教学同因材施教结合起来。另外，笔者还联想到：2006年，上海诞生了很有特色的"私塾式"教学的"孟母堂"，很受市民的欢迎，可惜后来被有关教育部门叫停了。既然允许民办学校，民办"私塾"在新的历史条件下试一试，为什么就不允许呢？

第三，既然学生存在差异，就应该允许学生落后。敢峰说："我们教学的一个很大弊端是不允许学生落后。"但"落后"是客观存在，你不承认行吗？承认学生落后，允许学生暂时落后，不是让他安于落后，

---

[1] 舒风编：《敢峰教育文选》，人民教育出版社2008年版，第525页。

就此止步不前,永远落后下去。而是为了改变落后,使后进学生树立信心,迎头赶上先进同学。许多重点班级、重点学校经常淘汰一些学生,许多"人才苗子"在中小学阶段被毁,就是不允许一时落后的恶果。我们有一些学生,在国内是让教师头疼的"差生",但出国后却变成了天才的优秀学生。这样的事例屡见不鲜。2006年9月26日《羊城晚报》报道:8年前,王楠子是上海某中学的"差生",上课爱搭话茬。家长实在无奈,把他送到美国读书。他在课堂上仍然爱搭话茬,有一次上课他就公然纠正了老师的一个错误。老师不但没生气,反而说:"你真了不起,是个天才。"王楠子很受鼓舞,摆脱了原来在学习上的自卑心理,在动画方面充分发挥自己的特长。8年过去,王楠子在SAYTEK全美动画比赛中获得个人组冠军。他的家长王恩重说:"我们教育存在问题,把许多本应成才的孩子,弄成了水泥脑袋。"

我们有些学校,有些教师,不注意在教学中贯彻因材施教的原则,使一部分学生在学习上一步赶不上,就步步赶不上,上课如听"天书",堕入云山雾海,在课堂上受罪,最终被淘汰。敢峰颇有体会地说:"如果发现学生有不懂的问题,当时讲清楚,当时把课补上。学生懂了、会了,就有兴趣了,信心也就来了。一门功课上去了,其他功课落后,自己也不甘心,定会自觉地努力赶上去。"

敢峰还曾在《探索中华人文特色的优质教育之路》一文中说:"因材施教。这是实施优质教育的主渠道。主渠道不通畅,优质教育的内容和种种良好愿望就会在教育教学的运作过程中堵塞或流失。这一条,是我们纵观古今中外的教育和总结自己的教育实践得出来的,也是融中国和西方教育之所长的结晶,看来简单,其中却包含了丰富实际的教育思想、教育科学和教育教学艺术,如果要展开讲,可以演绎出一部有中华人文特色的教学论。"[1]

---

[1] 敢峰主编:《教育世纪》文丛第13期,大象出版社2004年版,第51页。

第二章

别开生面的教学论

1963年春天，北京景山学校的教改成效已初见端倪。实验班学生的数学、外语、语文水平明显高于其他兄弟学校。这时，景山学校的教改实验引起了社会的广泛关注，于是就有了种种看法和议论：什么"古文太多"，"复古了"，"课本太深"，"负担太重"，等等。在这时，敢峰想就一些教学领域的理论问题从哲学角度写些文章，以回应社会上的议论和批评。但他又苦于没有时间，于是便想到什么写什么，篇幅都不长，散见于《红旗》《人民日报》《人民教育》《光明日报》等报刊。后来，《红旗》杂志还为敢峰开辟了"教学小品"专栏。由于这些短文在社会上很有影响，上海教育出版社就将它们收集起来，以《教学小品》为书名出了一本集子。《教学小品》共收集文章四十多篇，主要是论述教学方法和教学艺术的，可以说是敢峰的教学论思想在当时的总汇，绝大多数篇章不乏真知灼见。现总括全书，简述如下几种教育观点和教学方法。

一、落第秀才可以培养出状元

许多人都认为"名师出高徒"。事实也如此，许多名校名师培养的尖子学生，长大成人后才华出众，做出了杰出业绩。但也不要忘记，中国有句古话："有状元徒弟没有状元师傅。"我国历代状元都是"落第秀才"教出来的。高斯的老师不是数学家，爱因斯坦的老师也不是物理学家。韩愈说："弟子不必不如师，师不必贤于弟子，闻道有先后，术业有专攻，如是而已"；"道之所存，师之所存也"。① 刘翔的教练孙海平跑110米栏绝对跑不过刘翔，否则他早参加奥运会拿金牌去了。但他能识别善于跨栏、善于短跑的人才苗子，在众多的少年中一眼就相中了刘翔。他懂得如何跑才能跑得快，怎么训练才能训练出优秀运动员，所以刘翔在他的指导下进步很快。各科教师，就好比各个运动项目的教练，他们可能比不过自己的学生，但他们能训练出成绩优秀的学生。

北京景山学校教学改革实验之初，有人认为："语文课本太深，连教师自己都不懂，怎么去讲？"社会上也有这种议论。敢峰在《从"小猫叫，小狗跳"之类说起》这篇文章中写道："'逼上梁山'未始不是提高教师的一个好方法……在教学上，教师是起主导作用的，但也不要将这个问题绝对化起来。君不见，过去的状元往往也是落第秀才教出来的。"② 中小学教师不一定有多么高深的学问，只要具有高超的教学方法，能把不懂事的顽童教得懂事、有礼貌、有文化，就是优秀教师。

敢峰说"逼上梁山"是提高、培训教师的好方法。《礼记·学记》

---

① 韩愈：《师说》。
② 舒风编：《敢峰教育文选》，人民教育出版社2008年版，第522页。

中有言:"教,然后知困……知困,然后能自强也。故曰:教学相长。"教师在教学中学习知识,提高自己的业务水平,锻炼切实有效的教学技巧,逐步掌握教学方法,教什么学什么,学什么用什么,学用结合,这是培训教师的最好途径。

有一些学生家长,总是迷信名校名师,千方百计、不惜花巨额的学费把自己的孩子送到重点中小学读书。这种办法能否培养出优秀人才,还值得研究。第一,许多优秀学生、尖子学生集中到一个班上学习,在学习上很快又两极分化,可能原来的优秀生就演变成了落后生。这个道理不难理解。比如运动员,你在县里是冠军,到了省运动会可能拿不上名次,参加全国运动会就可能连报名的资格也未必有。学生的成绩还是原来的水平,但与更优秀的比较,相对落后了许多。一个孩子由"优秀"而转变为"落后",这对他的精神刺激是非常大的,有些孩子由此患上抑郁症而一蹶不振。孩子不但没有顺利成才,反而毁了前途。许多孩子厌学、弃学、离家出走,都是这样造成的。第二,重点尖子班的学生都比较聪明、机灵,悟性极高,教学进度比较快。教师讲课时尽管要照顾全班,但也不可能每个人都顾到。有的问题,教师在讲课中一带而过,悟性好的学生明白了,悟性稍差的仍然不懂,由于爱面子又不好意思问老师,久而久之,由某个问题不懂变成了部分课听不懂,最后坐在教室如腾云驾雾一般,什么课都听不懂了,沦落为真正的落后生。许多孩子为什么迷恋于网吧而不能自拔,就是由于听不懂课,对学习毫无兴趣造成的。

语文教材确实深,怎么办?敢峰有一次在教师大会上讲:"我们不能一味迁就教师,而降低课本程度。教师即使一时讲不透也没关系,将来学生会明白的。学习语文,有点像牛的反刍,不要怕学生一时不懂而不教,多读就成。"他还感慨颇深地强调:"读书,读书,语文的重要特点之一就是要多读。"为此,敢峰先后写了《"反刍"篇》和《"死"而后活,"死"中有活》等短文。

敢峰在《"反刍"篇》的开头是这样写的:

> 牛吃草,总是先把草大量地吃下去,装在胃里,然后再回到嘴里细细咀嚼消化,这就是"反刍"。几千年来,我们祖先读书就是采用这种方法,从六七岁起就开始大量熟读经史,背得滚瓜烂熟,当时并不懂得书中讲的是什么意思。到后来年龄大了,生活经验和知识领域慢慢扩大了,这些装在头脑里的知识也就慢慢地活了,变为自己知识上的血肉。不要以为学的知识一时没有消化或消化得不好,就认为无用;也不要以为是"死"的知识就不去学它。巨大的死的知识的"冰山",到了春天就会解冻,化为浩荡的知识的河流。①

敢峰在文章中说:"要提高学生语文程度,课文就得适当深一点。就好像要提高游泳技术,就要到水稍深一点的地方去一样。老怕淹死人而长期在浅水处扑扑水,那是不可能真正学会游泳的。"②教学艺术是辩证的,敢峰说的是"适当深一点",不是无限制的"深"。如同学习游泳,把一个不会水的孩子扔到大海的波峰浪谷里,淹不死才怪哩。

二、教师要善于"开锁"

教学过程,好比教师领着学生走入知识的宝库。如果宝库的门是锁

---

①② 舒风编:《敢峰教育文选》,人民教育出版社 2008 年版,第 489、522 页。

着的,学生就无法进去。教师的责任就是打开知识宝库的"锁",把学生领进宝库的"门"。学生要学习,自己又不懂、不会,这就是矛盾。善于"开锁"就是善于"解决学生认识过程中的矛盾"。教师要根据学生的理解能力和学习状况,"有的放矢地进行教学工作。反映客观真理的书本知识,是前人改造自然、改造社会的经验总结,是人类知识的宝库。其中的一章一节都是一扇一扇的知识大门,这些门对于未学过的学生来说,自然是锁着的。教师的责任就是要通过教学帮助学生把锁打开,引导学生走进去"①。

敢峰认为,会"开锁"的教师事半功倍,很容易把知识宝库的大门打开;不善于"开锁"的教师则事倍功半,费了很大的力气,"锁"也没有打开,学生仍然被关在知识宝库的大门外边。要"开锁",首先要知道教材的"锁"在哪里。教材的"锁"有两个:一个是"重点",一个是"难点"。重点是这一堂课的重心是什么,通过学习让学生懂得什么,掌握什么。难点是如何让学生明白这些知识,掌握这些知识的关键点在哪里;换言之,就是这堂课的主要矛盾在哪儿。主要矛盾解决了,其他矛盾则迎刃而解。优秀的教师既会找重点,又会找难点,并解开难点。重点是全班统一的,难点则各有异同。对张三来说是难点的地方,对李四来说则不是难点,这就是学生的差异性导致了教学的复杂性。高明的教师既照顾了全班进度,又不让一个学生落伍;既打开了全班的共同之"锁",又帮助个别学生打开了不同的"小锁"。

学生接受知识过程中的"小锁"在哪里,又是什么呢?学生的"锁"就是学生的理解能力和接受能力。聪明的学生"锁"少一些,悟性差一点儿的学生"锁"就多一些。教师找到学生悟性的差异之后,再根据学生的悟性,采取不同的办法去解决。这就是如何"开锁"的

---

① 舒风编:《敢峰教育文选》,人民教育出版社2008年版,第458页。

问题。

俗话说:"一把钥匙开一把锁。"全班几十个学生,每个学生又不只有一把"锁"需要打开,教师不备有一把万能"金钥匙",就必须备有许多把"钥匙",才能把学生教好。

教材中的"锁"和学生本身存在的"锁"一旦打开,学生的头脑就会豁然开朗,轻松自如地进入知识宝库。

教师的万能"金钥匙"是什么?就是灵活的教学技巧与方法。好的教学方法都是符合唯物辩证法的。辩证法的一个重要原则是具体问题具体分析,具体矛盾具体解决。教师对班上几十个学生既有统一的要求,也有针对不同学生的不同指标。比如数学课,完成课堂作业时,对聪明的、理解力好的学生要求他做两道较难的应用题;对智力稍差的学生,则布置四道简单的算式题。根据每个学生的智力水平,量力布置作业。他们在一定的时间内都能轻松愉快地完成,成绩都是满分。如果全班布置的作业题,都是一样难度的应用题,势必有一部分学生不能完成作业,这样在学习成绩上就会出现少数人一百分,另一部分人不及格或者得零分的现象。这对智力稍差学生的心理和自尊心的打击是极大的。久而久之,学生就厌弃了这门课。教师应该对全班学生的智力水平摸得很准,统一的标准考试,有的学生得 100 分是"优秀",有的学生得 80 分、70 分,甚至 60 分已经是最好的成绩了,也算"优秀"。这是因为他们的原有基础不同,理解力、智力水平不同。所以,对达到不同要求的学生都给予鼓励和表扬,这样,全班学生无论成绩好坏,都会受到鼓舞,都会下决心争取有更好的成绩,就不会出现成绩优秀者趾高气扬,成绩落后者情绪低落、丧失学习信心的局面。

聪明的教师都善于把学生的兴趣引导到自己所教的科目上来。学生不是个个对数学感兴趣,但学生总有感兴趣的学科或事情,教师要善于从他们感兴趣的问题入手,将他们的兴趣一点一点引到学习数学上来。

比如，一个学生对旅游观光十分有兴趣，数学老师就问他："杭州的六和塔多高？"学生回答说："不知道。"老师又问："怎么你不测量一下？"学生说："那么高的塔怎么爬上去量？！"老师说："不用爬到塔尖，你用相似三角形对应边成比例的定理，在你面前插一根竹竿，就可计算出来。"于是老师画了图，设定了竹竿的高度和人与竹竿、人与塔根的距离，帮助这个学生测出了塔高。这个学生非常机灵，他举一反三问老师："用这样的方法是否可以测出运方池塘的直径？"老师肯定了他的判断。从此，这个学生对数学课产生了浓厚的兴趣，成绩也迅速提高了。

教师的万能"金钥匙"，概括地说包括以下几方面：第一，要用不同的方法区分对待不同的学生，学生的接受能力不一样，教育的方法和要求也应有区别；第二，讲课要引起学生的兴趣，新鲜的知识对学生是有吸引力的，关键是教师要用生动的语言讲述给学生，不要让学生感到枯燥乏味；第三，要善于从学生已有的旧知识导入新课；第四，要符合学生的认知规律，善于由表及里、由浅入深、由近及远，循序渐进地传授知识。总之，学生的性格、兴趣爱好、接受能力是因人而异且不断变化的，教师的教学方法也要千变万化才成。呆板的一成不变的教学方法，千篇一律地对待学生，是不可能有良好的教学效果的。

三、模仿中出新奇

从模仿到创造，是学生在教学活动中不断提高和发展的过程。小孩子最初学说话、学走路，都是模仿成人的样子。即使后来上了学，无论写字还是跳舞、做操、唱歌、打球等活动，也无一不是从模仿开始的。

模仿是学生学习的主要手段。敢峰认为,教师在教学活动中,要注意引导学生模仿,继而发展到创造。他在《从模仿到创造》一文中写道:"各种基本技能的训练,初期主要是通过模仿,在这个基础上进一步做到'熟能生巧''得心应手'。可以说,离开了模仿和在模仿上的严格要求,基本技能的学习和掌握,是不可能的。"① 古今中外,那些伟大的画家、书法家、文学艺术家,在少年时代有哪一位不是下苦功从模仿开始的呢?

"模仿"是学习的初始阶段,"会"是第二阶段,"巧"是第三阶段。任何事物模仿得多了就会了。比如打乒乓球,见别人怎么拿拍子,怎么击球,应该遵守什么规则,不用半天就学会了,但达到熟、巧的程度,像王楠、张怡宁、王励勤、王皓那样,却不是一时半会儿所能奏效的。孩子学绘画,也是先模仿,老师画什么他画什么,甚至到了青少年时代还临摹名家的画,直到画得与摹本不相上下,才开始按照自己虚拟的景物构图作画,直到形成自己的独特风格,这时才叫"创作"。写作也是如此。古人说"读书破万卷,下笔如有神",读万卷诗书的过程就是揣摩先人写作的思路、文笔的奥妙,吸取其精华,到自己写作之时,才能左右逢源、挥洒自如,遣词造句之精当如神来之笔。这时写出来的作品才有新意和创见,称得上"创造"。

学生模仿的作品称为"习作"。习作者乃练习时的作业也。习作都是幼稚的,但不能因为其幼稚就扼杀学生的模仿练习。正如同健康的成年人都可以奔跑如飞,可以攀岩登山,但他们在婴幼儿时代学步时也是从爬和跌跟头开始的一样。再愚蠢的妈妈也不会因为儿女学爬太难看、跌跟头怕摔而禁止孩子学迈步,反而鼓励孩子大胆地站起来往前走。

但是,在现实生活中,许多青少年"对模仿注意不够,瞧不起模

---

① 舒风编:《敢峰教育文选》,人民教育出版社2008年版,第498页。

仿，以模仿为没有出息"①，有些教师也不严格要求学生进行模仿练习。敢峰说：我们"如果拒绝模仿，那只好连话也不说，字也不写，闭着眼睛，一切另起炉灶，自己做仓颉去创造文字"②。这样，我们的人类也就无法进步，社会也无从发展了。

　　学生的模仿活动必须在教师的指导下经过反复练习，不断纠正错误，才能获得进步。教师要对学生的点滴进步给予鼓励、表扬。教师要善于发现学生习作中的创造性，任何一点创新的幼芽，都应肯定。每个人都希望得到别人的赞扬、肯定，学生尤其重视老师对他们的表扬，哪怕是一句平常的称赞，一个鼓励的眼神，对学生的鼓舞作用都是巨大的。许多家长都有这样的经历：当他们把孩子从幼儿园接回家时，孩子总是激动地告诉妈妈说，"今天老师摸了摸我的头"，"老师夸我会叠被子了"，"老师说我是个听话的孩子"。老师也许是无心的举动，也许是随便说的一句话，但在孩子幼小的心灵里却激起兴奋的波澜。

　　教师表扬学生优秀习作的方式是多种多样的，可以把优秀习作贴在教室的墙上让学生观摩，也可以放在校园橱窗里展览。学校每学期也可以对各科优秀作业进行评奖并颁奖状、奖品，有条件的学校还可以把学生的优秀作文、书法作品、绘画印刷成册，发给学生，或与外校交流等。敢峰主持下的北京力迈学校在鼓励学生方面做得就非常有创意：对成绩优秀的学生和习作，不只评出特等奖、一等奖和二、三等奖，还评"进步奖""鼓励奖"。每个学生被表扬后，都有一种成就感和自豪感，都对学习有了信心。即使没有获奖、没有被表扬的学生，也看到了希望，决心努力学习，争取在新的学期也能获奖。力迈学校的各种表彰活动，形成了人人争上游的校风。

　　由模仿到创造是一个由量变到质变的过程，教师和学生都不能急于

---

①②　舒风编：《敢峰教育文选》，人民教育出版社2008年版，第499页。

求成。模仿是长期的刻苦练习,在练习中有了感悟,或者说有了灵感才能产生创造的火花。灵感往往在轻松愉快的环境下,在悠闲自得、漫无边际的遐想中才能产生。学生在焦虑中,在完成老师追逼的作业当中,绝对不会有创新的冲动,更不会产生创造的灵感。所以,聪明的有经验的教师不会把学生的时间安排得过紧、过死,他们总是给学生以极大的空间和时间的自由,让学生可以自由活动、自由阅读、自由思考。这是培育学生智慧,开发大脑不可缺少的条件。力迈学校不只是给学生自由活动的时间多、空间大,还有意识地把学生引向"三自主"的道路:自主学习、自主活动、自主管理。这也是敢峰的一个创举,是他在力迈学校的神来之笔。

模仿是重要的,但学生不能总是停留在模仿的水平上。敢峰说:"在人的整个一生的学习道路上",还须在模仿的基础上"进一步学会独创。如果没有独创,人类的文化就会停滞不前"。[①] 敢峰在这里谈的既是学校的教学活动,也是人类认识客观世界、不断前进的规律。总之,人类的一切新奇的发明创造,都是从原有的旧事物中逐渐演化创造出来的。

四、要顺势攀缘而上

登山的道路没有直线的,不是沿着山坡曲折前进,就是顺着山梁高低而上。教师讲课,形象地打个比方,就是引导学生从知识的宝山之下,登上知识的山顶。但是,登上知识高山的道路并非平直,其原因就在于学生的家庭背景不同,性格特点各异,智力水平不一,理解能力也

---

① 舒风编:《敢峰教育文选》,人民教育出版社 2008 年版,第 499 页。

有区别，这些就形成了教学的难度。教师讲课要符合学生的年龄特点、心理特点，要符合人的认识规律。敢峰在《顺"山势"起伏找路》中说，学生"在不同的年龄和不同的学习阶段，对知识的理解和掌握，总是有不同的年龄特征和认识特点的，因此，需要从他们的实际情况出发，从各个方面加以引导和讲解，顺着知识山峰的起伏，引导他们前进"①。

人对客观世界的认识规律有哪些呢？敢峰在文章中说："一般说来，要善于由浅入深，由易到难，由简单到复杂，由低级到高级，由具体到抽象，由懂、会到熟、巧。"②有经验的教师在授课时都是遵循这些客观规律的。比如，化学课讲氧气一节，教师通过电解水而获得纯氧，并把氧气收到广口瓶里，让学生仔细观察，并用鼻子嗅，再把燃烧的纸屑投到瓶内，火焰立即燃烧得旺起来，教师最后引导学生总结出氧气的特点：无色、无味、透明、助燃。整个教学过程是由现象到本质，由表及里，由感性认识上升到理性认识。这样的实验课，学生获得的知识是自己实地观察、总结得到的，不是靠死记硬背获得的，所以记得很牢，终生难忘。教师如果不是通过实地观察，只是空洞地、抽象地讲氧气的特点，学生当时也许能记住，但不久就忘记了。

任何事物都有其内在规律、因果关系。有一所学校，开学不久后的9月中旬，小学低年级的自然课讲到季节的变化，教师把学生带到校园里，先让学生观察花草树木、各种昆虫等自然现象有何变化。学生们争先恐后地说出"树叶变黄了"，"草枯萎了"，"花谢了，结出了果荚"，"许多小虫子不见了"等自然现象。教师又问："为什么会这样？"学生们很自然地说出："天气凉了，秋天到了。"教师告诉学生们，是因为天气转凉了，树木花草才凋零，而不是树木花草凋零天气才变凉。教师又问："树叶开始变黄并掉落下来，说明什么呢？"这时聪明的学生回答

---

①② 舒风编：《敢峰教育文选》，人民教育出版社2008年版，第469、470页。

说:"说明天气转凉,秋天要来了。"教师又告诉学生:"树叶落下来是秋天来到的信号,'一叶知秋'这个成语就是这个意思。"然后,教师又让学生们靠已有的知识,总结出一年四季中冬季、春季、夏季的变化。

教师既可以从原因找出各种现象与结果,也可以从现象与结果入手,分析出原因。按照这两种思路进行教学都是可取的。

依靠已有的知识去学习新的知识,把旧知识当做学习新知识的工具,这也是学习规律之一。有经验的教师总是引导学生充分利用旧知识去学习新知识,旧知识运用的次数越多,记得越牢固,学生对学习的兴趣就越浓厚。

要想把学生顺利地领上知识山峰,还须吃透两点:一是知识山峰的高峰、险坡在哪儿,二是学生的体力(对知识的理解力)如何。教师对这两点吃不透,只凭热情和良好愿望去引导学生,很难如愿以偿。我们通常说的教师备课,往往都是指"备教材",即研究"教材的重点、难点",也即"知识山峰的高峰、险坡在哪儿",而忽略了"备学生",即研究学生的"接受知识的能力"。所以敢峰说:"好的科学家不一定是好的教师,因为这里面有个教学的问题,有个适应学生认识过程的问题。"陈景润研究哥德巴赫猜想,是个杰出的数学家,但如果让他当数学教师,则有可能是蹩脚的。

优秀的教师引导学生攀登知识山峰,总是"顺着知识山峰的起伏和学生的认识特点来找路",顺势攀缘而上。但学生的"体能"有限,攀登到半山中间,没有力气,没了兴致,坐在山坡上不动了怎么办?引路的向导如果指着前方不远处的一只野兔子说:"你们看那是什么?咱们追上去,看谁能捉住它!"这时学生们会立即振作起来,个个奋勇上前去追赶兔子。

据说,兴奋、惊奇、震惊等情绪能激活菱顿的大脑细胞。有经验的教师总是在学生精神疲倦、注意力不集中时,用新鲜的知识或有趣的故事把学生的情绪调动起来。有一次,林语堂先生到台湾大学出席一个毕业典礼,他被安排在最末一位讲演。前边四位教授讲得都很长,轮到林语堂讲演时,已将近十一点半了,与会的学生和教师既神情疲乏,肚子又告知到了午饭时间。在这种情况下,林语堂不慌不忙地说:"学术报告都是越长越好,发言应该像漂亮女人的裙子越短越好,越短越精彩。"这两句戏谑的话,把大家逗得哄堂大笑,吸引了众人的注意力。然后,他立即言归正题,仅用了半个小时,作了一个简短而精彩的报告。

新鲜闪光的知识就像在山坡上出现的野兔子,同样能极大地调动学生的积极性和激活学生的思维智力。优秀的教师在引导学生攀登知识高峰时,总会及时地指出一只闪亮的"野兔",或一只发光的"松鼠",一步步轻松愉快地把学生引上知识的高峰。

五、讲课要"余音绕梁"

《列子·汤问》记载:"昔韩娥东之齐,匮粮。过雍门,鬻歌假食,既去余而音绕梁欐,三日不绝。"敢峰在《讲课要使学生有想头》一文中,借此典故比喻教师讲课对学生影响的深远,他写道:"一首好的曲子,不是演奏完了就完了,而是听后留有余响。"① 优秀教师的一堂课如同一篇优美的抒情散文,读后回味无穷;如同一幅意境深邃的画作,从中可以看出许多画面没有的意味。教师讲课,应该做到"举一隅",而学生能"以三隅返"。正如敢峰所说:"好的教师,讲课要引起学生的积极思维,而不是去代替学生思维。"②

---

①② 舒风编:《敢峰教育文选》,人民教育出版社2008年版,第473、474页。

教师如何做到"举一隅"而学生能"以三隅反"呢？一要把"一隅"讲得透彻。这个"透彻"是相对的，低年级有低年级的"透彻"，高年级有高年级的"透彻"。其他"三隅"不要涉及，或者点到为止，给学生留有思考余地。这样才能启发学生的积极思维，充分调动起学生的学习热情和钻研精神。二要看学生是否真正领会了教师所讲的内容并通过自己的刻苦钻研融会贯通。小至人世间，大至宇宙间的事物是讲不尽的，学生对客观世界的认识是逐步扩大的，也是任何教师不能代替的。敢峰说："教师的重要作用就是要善于'举一隅'而使学生'以三隅反'，把学生引入知识的大门，至于知识的千山万嶂，将来还是要靠学生自己去攀登的。"①

在教育界流传着一种说法："要给学生一支猎枪，教给他如何打猎，而不是给他一只猎物；要给学生一张渔网，教给他如何捕鱼，而不是给他一条大鱼。"其意思是说，教师应该教给学生创造性工作的技能、技巧和为现代化经济建设服务的真本事，而不是只教给学生一些无用的、支离破碎的、呆板的死知识，因为这些知识在生活中不能发挥作用，不能为社会创造新的物质财富。

有些教师像"慈母"一样，把书本知识"掰碎"了，"揉烂"了，再送到学生嘴里"喂"学生。他们像"慈母"那样，两手扶着孩子学走路，只要摔过一次跤，就不再撒手让孩子学步了。结果孩子长大了不会思考，四肢虽然健康却成了连路也"走不稳"的"病"孩子。为什么学校中有"差生"呢？就是因为教师没有教会学生如何独立地学习知识，如何进行思考，如何观察客观事物，如何分析、推理、判断，等等。不是学生不努力学习，是学生不会学习；不是学生顽劣不化，是教师没教他懂得如何为人、处世，或者教了但学生并不真懂，以后就不再管了，

---

① 舒风编：《敢峰教育文选》，人民教育出版社 2008 年版，第 474 页。

或者又管了几次,学生仍不改正,就放弃了。所以,敢峰在文章中总是反复说:"教师要循循善诱","教会学生自学方法","培养学生自学能力","要教育学生树立科学的世界观和正确的人生观、价值观"。

教师要想做到自己"举一隅"而学生"以三隅反",就要在课堂上讲得少,而把大部分时间留给学生自学,自己思考,这样的课才能越琢磨越有味道,才能真正有想头。如果教师像个絮絮叨叨的老太婆,生怕学生听不懂,把教材反过来讲,又正过来讲,教师满以为这样做学生会非常高兴,其实适得其反,学生不但不愿听,还非常厌烦。

俗话说:"吃别人嚼过的馍不香。"婴儿没有牙齿咀嚼,母亲可以把馍嚼烂了喂。但等孩子长大了,母亲再这样做,孩子不只吃着没味道,而且消化系统也得不到锻炼。

敢峰在《讲课要使学生有想头》这篇文章末尾谈到:"教师要使学生在学习期间,就养成开动脑筋、独立思考、善于联想的习惯,这对他们一生中做学问和处理工作,都大有好处。"① 敢峰总是想得很多,看得很远。他虽然议论的是课堂教学法则,却着眼了学生的未来,由小及大。

六、"红杏出墙"与"满园春色"

敢峰在《满园春色中的"红杏"》一文中说:"学好课堂教授的各种知识,是对全班学生的一个基本要求。而对一些程度较高、在某一方面有才能的学生来说,仅仅课堂教学还不能满足他们在学习上的进一步要求。"② 所以说,"教师除了努力提高全班学生的学习程度外,还应当注

———————
①② 舒风编:《敢峰教育文选》,人民教育出版社 2008 年版,第 474、519 页。

意发现在本门课程中有才智、才能和才华萌芽的学生，精心加以培养"①。使全班学生学习成绩普遍提高，这是教学的主要要求和应解决的主要矛盾，也是带有共性的普遍矛盾，只有达此目的才能形成"满园春色"。在全班学生学习成绩普遍提高的基础上，有针对性地培养几个某一科成绩比较突出的尖子生，解决教学中的特殊矛盾，使之进步更快，成为百花园中几枝出墙的"红杏"。

敢峰后来又把这种普遍提高、重点突出的教学论思想比喻成"山"字形教育。即一个班允许有几个突出的好学生，一个学生允许有几门功课学得突出。敢峰主张学生"在学习的道路上能跑多快就跑多快，能跑多远就跑多远，既不要放任自流，也不要加以限制"②。当时北京景山学校在这种教育思想的指导下，呈现出生动活泼的教学局面，数学课涌现了"五虎将"，一些低年级学生跳到高年级学习。有个小学四年级的学生，因为数学成绩优异跳到了五年级，不久又从五年级跳到了七年级（相当于初中阶段）学习。

敢峰在文章中谈到采取这种教育、教学措施时，提出还应注意三点。一是不要"抛开多数学生的学习来培养少数几个人"，使"满园荒芜"，只有几枝"红杏"，而是要"在全班学生学习质量普遍提高的基础上，使几枝'红杏出墙'，从而使满园的春色更加鲜艳美丽"。二是不要管得过"死"。"门门功课都要一百分，把学生的时间和精力都安排得死死的，没有多少自由支配的余地，这是不符合科学的教育原理的。"三是注意帮助这些学生打好基础，否则根基浅薄，他们的才华往往会"昙花一现"，结不出丰硕成果。③

学校把孩子培养成"门门都是一百分的学生"，实际上是把孩子的棱角完全磨平了，把孩子都培养成一个模式，没有自己的个性和爱好，没

---

①②③ 舒风编：《敢峰教育文选》，人民教育出版社 2008 年版，第 519、519、518—519 页。

有特长和作为，长大成人后步入社会也是默默无闻的平庸之辈。每一个学生都有自己独一无二的个性和爱好。敢峰提倡的优质教育就是发现学生的个性爱好和特长，并加以培养，使孩子的才能得到最大限度的发展，成为有理想、有道德、有文化、有纪律的人才。在学校里，如果把学习成绩的好坏当成评价学生优劣的唯一标准，学生必然把考试分数看成自己的"命根子"。这样的教育会使学生只知道追求分数，而不知道做一个现代"四有"人才所应具备的素质；学生学习只是为了将来考大学，而不知道学习的最终目的是使自己成为高素质的现代文明人才。在所有的孩子中间，恰恰有一些孩子不善于死记硬背，不会应付频繁的考试，于是逐渐成了家长和老师眼中的"坏学生""差学生"，甚至连他自己也这样认为，因而从此一蹶不振，在学校抬不起头来。这是教育的最大失败。

　　学校如果把学生限制得过死，实际是剥夺了学生自由发展的空间和时间，把学生当成了驯服的"羔羊"来培养。大多数的学生在小学入学时，其智力水平相差无几，为什么在同一个学校，甚至在同一个班级学习十一二年之后，两个人的才智、为人、处世的能力却相去很远呢？学生们在课堂上接受的教育是一样的，但他们的思维方法不同，课后的时间利用也不同：课后有的人还在死记硬背教师刚讲过的内容，有的人在完成未写完的作业，有的人在图书馆读自己最感兴趣的书，有的人在操场打篮球、跑步、跳高。每个学生都按照自己的爱好和性格塑造自己，所以说，一个人有什么样的性格就有什么样的命运。学生毕业后，走上社会，几年后再见面时差异更大，是什么决定了他们的不同命运呢？就是他们各自对待工作、对待时间的不同态度。有一个倒闭了的公司的总经理，到一家效益极佳的公司取经，当他听完经验介绍后不解地说："这些做法没有什么新鲜东西，我早就知道，怎么我们就垮了呢？"效益好的公司经理说："因为你的脑子里只是装着这些办法，而没有实际行动。我们则是埋头苦干，每天都有新成就，每天都有新创意，其效益自然不一样。"这一番话多么发人深省。

限制优秀学生的超前学习和快速进步，迁就学习落后的学生，强求全班有整齐划一的进度；不允许学生单科成绩优秀，逼着学生各科成绩齐头并进，起码门门都是"优""良"。这些做法都是脱离生活实际和教学实际的，是违背辩证法和教学原则的，也是扼杀学生创造性的。我们现在的教育制度还没有解放前的教育制度灵活和自由。当年钱钟书、吴晗考大学时，数学成绩分别是15分和0分，清华大学却录取了他们。按照今天的考试制度，这两位大学者就应该被拒于大学门外，也许他们的才能就此被扼杀，也许要另辟蹊径"曲曲折折"地自学成才。上海的韩寒就是这样。高中阶段他只有语文成绩突出，其他各科不及格，多次高考"理所当然"地落第，如今却写出多部长篇小说。著名作家二月河回忆，他小时候调皮顽劣，小学时留了一级，上初中时又留级。读高中时，他的数、理、化学得一塌糊涂，老师骂他是"饭桶""废物"。如今，当年的"废物"却成了著名文学家。敢峰认为，衡量一个学生，不能只看他某一科或者几科的学习成绩，而应该看学生的综合素质、个性和创造思维能力。教师要善于发现学生某一方面的长处，为他们的成长创造一个良好的空间，积极引导他们按照各自的兴趣、爱好发展成才。

北京景山学校和北京力迈学校的教育、教学实践证明：敢峰的想法和做法是多快好省地培养人才的教育、教学方法；敢峰的主张是早出人才、快出人才、多出人才的行之有效的教育思想。

七、教学不能搞平均主义

自然世界、人类社会都不是平均的。你看：山不是一般高，河流也不是一样长。"横看成岭侧成峰，远近高低各不同"才是奇景，才引人入胜。只有"大弦嘈嘈如急雨，小弦切切如私语。嘈嘈切切错杂弹，大珠小珠落玉盘"，才能形成美妙、和谐动听的乐曲。平均主义是违背辩证唯物主义和自然法则的。敢峰在《"走马看花"与"下马看花"》一文中说："教师要根据教学的实际需要，在关键性的地方，学生不容易懂的地方，多讲"，要"下马看花"；"在次要的地方，学生容易懂的地方"，要少讲，甚至一点而过，即"走马看花"。① 这才符合辩证法。宇宙间，万事万物的发展，在速度上都不是均衡的，有时是渐进的量变，有时是飞跃的突变。

教材中每一章、每一节、每一篇课文都有重点和非重点，也有难点和非难点。教师在授课时，关键和非关键的地方，不能平均使用力量。关键的重点、难点，要详细讲，要"下马看花"；非关键的、非难点的则略讲，"走马看花"就可以了。敢峰在《攀高峰，俯瞰群山》一文中还说："关键的地方讲清楚了，全篇也就一目了然。讲课要学会抓要领，不抓要领就必然会陷入零碎、烦琐。"如何抓要领呢？唐代王勃在《八卦大演论》中说："登泰山而览群岳，则冈峦之本末可知也。"② 教师对教材要有一个整体的了解和认识，理清教材的内在逻辑、脉络，这时教材的重点和难点自然了如指掌。敢峰说，讲课"好比登山，有群山有主峰，会登山的要攀上主峰俯瞰群山，则群山环绕脚下，一眼收尽……对整个山的全貌就比较清楚……有经验的教师，就像一个熟练的游山向导，讲课时话语不多，却能抓住要领把书中的重要内容讲得明明白白，其他地方再加以适当指点，学生也就比较容易懂了"③。

教师在讲课时，对教材的重点和非重点应以不同的方法和精力分析、讲解。同理，讲课时对悟性好、理解能力强的学生和对成绩差、悟性低的学生是不能采取同样方法的，要区分对待，分出轻重。俗话说：

---

①②③ 舒风编：《敢峰教育文选》，人民教育出版社 2008 年版，第 465、467、467—468 页。

"响鼓不用重锤，良马不必扬鞭。"智力好的学生自己会主动学习，甚至会走在全班同学的前边。因此，对悟性好的学生可以指点几句后让他自学，不必多费精力；对悟性差、成绩不大好的学生则要重点辅导，反复讲解。只有这样，主次分明，区分对待，全班学生的学习成绩才不致于两极分化得太悬殊。

绘画时色彩浓淡搭配适宜才分出层次，作曲时有强有弱才形成节奏，教师讲课时不平均使用力量，轻重详略得当才称得上教学艺术。一个班几十个学生，悟性好的学生也有差异，悟性差的学生也有程度上的区别。因此，在指点、辅导的方法上也要有所不同，不能采取固定的、呆板的模式，更不能平均使用力量。教师要开动脑筋，千方百计调动学生的学习积极性，激活他们的思维系统，在班上形成一个群芳争艳、百马飞腾的学习局面。这才是教师的真本事。

在教学上，教师经常遇到一些难点，怎么讲学生也不易听懂。在这种情况下，就不要反复纠缠，浪费时间和精力，而应绕开这个"难点"去讲后边新的知识。敢峰在《突破难点与绕过难点》一文中说："难点有各种各样的，有的是教师的教学水平和学生的认识水平问题，有的是在学术上还有争论的问题，有的是作者故弄玄虚，到底是讲的什么意思可能连他本人也说不清楚。人的认识在一定的时期总是有一定的局限性的，只能认识到一定的程度，要求学生初学的时候都能彻底地了解，是有困难的，有些甚至是不可能的。"① 敢峰主张："遇到这种情况，学生不懂时不必死扭在一点上，可以将一些不懂的地方先挂起来，存疑，绕过难点继续教下去。"②

绕过难点是最聪明的办法。在战场上，假如敌人的一个战略据点火力极强，牺牲了几个连队的兵力还是攻不下，可以先放一下，攻其左右

---

①② 舒风编：《敢峰教育文选》，人民教育出版社2008年版，第471—472、471页。

两个侧翼，待把其防线突破后，绕到该据点后面，前后夹击，就会非常容易地攻下来。有时甚至不用攻击，敌人见到大势已去，也会主动投降。暂时的放弃是为了最后的夺取，退却是为再次进攻做好准备。不管是学习还是工作，不管是经营商业还是科研攻关，那种只进不退，只走直路不走弯路的做法，是不符合辩证法的，遭受挫折和失败也就不足为怪了。

教师对教材的"讲透"，学生对教材的"理解"，都是相对的。白居易的《卖炭翁》，小学高年级学生的理解程度与高中生的理解程度就大不一样。所以，教师针对所教学生的情况，能讲到什么程度就讲到什么程度，学生对教材理解到什么程度算什么程度。人对客观事物的理解和认识是随着知识的增加、生活经验的丰富而不断加深的。当学生成人后，再回过头来看学生时代学过的知识，会有更新的理解和深层次的认识。所以，不管是教师的"教"，还是学生的"学"，没有必要抓住一点，在"透"和"懂"上死钻牛角尖。教学中的辩证法学问很大，愿教师们多下些工夫，及早参透。

八、教师要循循善诱

敢峰说："学贵刻苦，教贵善诱。"① 他在《善诱》一文中说："厨师要善于调味，裁缝要巧于剪裁，画师要善于渲染，教师要善于诱导。"② "教学需要诱导"，"诱导是教学的最本质的特征之一。许多教师在教学上成功或失败的经验教训，往往就在是否善于诱导上"。③ 怎样才能做到"善诱"呢？纵观敢峰一些论述教学方法的文章，可以归纳成以下四点。

---

①②③ 舒峰编：《敢峰教育文选》，人民教育出版社 2008 年版，第 475 页。

一要把课讲活。什么叫做"把课讲活"呢？敢峰主张课堂教学应该力求做到"既生动具体，又能上升到理性认识；既有思想性，又有丰富的知识的血肉"。理性知识和思想性不是生硬地灌输给学生，而是在大量感性知识的基础上归纳总结出来的。归纳、总结的过程，就是教师引导学生学会分析问题，学习推理判断的思维过程。学生在听课时只能一步一步跟着教师的分析环节思考，注意力高度集中，思想稍一松懈，丢掉一个环节，下一步就听不懂。教师为防止学生思想"开小差"，可以在每一个关节点提醒学生。教师上课的严密逻辑，本身就是循循善诱。

为吸引学生按照教材本身的内部逻辑去思考问题，教师还要善于激发学生的求知欲望。教师可由旧知识导入新教材，在学生面前展现出一个瑰丽、诱人的知识殿堂，引起学生的好奇心和钻研精神。比如：一位物理教师讲了"杠杆原理"，学生就明白了"四两拨千斤"的道理；然后再引导学生思考滑轮为什么能吊起重物，进一步讲解"起重机的工作原理和构造"；学生们在课堂上个个聚精会神地听讲，并积极思考教师的提问。只有培养了学生的强烈求知欲望，他们才会主动、刻苦地去学习，才会自觉地在知识的山峰上一步步攀登。

二是废止"填鸭式"，注重"启发式"。"填鸭式"教学，顾名思义就是把知识硬往学生头脑里塞，学生理解不了也塞；已经讲过的知识，学生还没消化吸收，又要把新的知识硬塞给学生；不顾学生累得精疲力尽，头昏脑涨，还要把知识强硬地灌输给学生……这些都会使学生在心理上或生理上自然地拒绝接受知识，进而导致学生厌学，这是教学上的最大失败。

有些教师认为，"启发式"教学难度很大，其实不然。2006年9月，温家宝总理在北京西城区黄城根小学五年级听了一节语文课，课后与观摩的中小学校长、教师座谈时说："我觉得这堂语文课讲得很好，孩子们自己找资料、找答案，这就是启发式教学。但也有值得改进的地方。比如，表达、用词、口语、习作的训练还可以加强一点。要告诉学生，一个事物，为什么这么表达，用你自己的话该怎么表达。还有些词语的应用，可以讲得更宽一些。"让学生自己查资料、找答案是"启发式"教学；让学生用自己的语言表达，并与课文中的词语表达相比较，也是"启发式"教学。只要肯动脑子，"启发式"教学的形式是无穷尽的。优秀的教师会针对不同年龄、不同性格的学生，按照教育学上的"量力性原则"，采取不同的方法，打开他们心灵的窗户，使之自觉地承受知识阳光的照射，接受新鲜知识，变"厌学"为"乐学"，把乏味的学习变成有趣的活动。

三是因材施教。对学生要区分对待，这才符合生活实际。教师要使成绩优秀的学生牢记，"山外有山，人外有人"，不要"坐井观天"。敢峰有一次和朋友们聊天时说到世界上有三种青蛙：一是"井底之蛙"，二是"井上之蛙"，三是"山头之蛙"。优秀的教师要善于把"坐井观天"的"井底之蛙"引到地面上来，使他们看到广阔的大地；然后再把他们引导到山巅，使之看到更广大的世界。稍有进步就沾沾自喜的学生，他们之所以满足于已有成绩不思进取，就是因为他们没有跳出"水井"，看到广阔的世界。教师应该引导、启发他们，使之明白自己所学到的不过是知识海洋中的一滴水罢了，知识无涯，学无止境。在学习的道路上，不进则退。对学习吃力、成绩稍差的后进生，教师应该采取鼓励的态度，让他们看到自己学习成绩的进步，增强他们的学习自信心。只有如此，全班学生在教师的引导下，才能日日改观，月月进步，形成朝气蓬勃的集体，没有一个掉队的。

四是善于吊起学生学习的胃口。敢峰在《教学与"钓鱼"》一文中写道："善教者一定要懂得在教学上的'垂钓'艺术。"① "善教的老师

---

① 舒风编：《敢峰教育文选》，人民教育出版社2008年版，第479页。

不但在教学中善于'钓'学生的学习兴趣,而且善于'钓'学生的胃口。"① 学生的学习不能仅从兴趣出发,因为兴趣有时不能持久,有些知识学习起来比较枯燥,还需要靠顽强的意志和毅力去持久地学习,埋头钻研。教师为防止学生的学习积极性受挫,在学生感到"山穷水尽疑无路"的时候,在知识的关键地方,可以为学生指点迷津,点破"机关",引导他们达到"柳暗花明又一村"的境界。

说评书的讲"卖关子",教师讲课不能"卖关子",但在学生学习到关键的地方时,或者在学习上爬陡坡时,或者在学生遇到困难时,教师就要像战场上的指挥员鼓动战士冲锋那样,把学生的劲头鼓起来,使他们有旺盛的学习热情和求战情绪,个个摩拳擦掌,跃跃欲试,誓攀知识的高峰。这就是吊学生的胃口,这也是一种很好的循循善诱的方法。

九、学习负担稍微重一点儿

俗话说:"人无压力轻飘飘。"敢峰对此深有体会,他说过:"既然要学习,就会有一定的学习负担。学习负担适当地重一点是必要的。"② 敢峰在《比如挑担子》一文中说:"我国几千年来一直提倡苦学,流传下来许多苦学的故事,我认为这是学习上的一个良好传统。有人主张乐学,学习的确是人生一大乐事,特别是钻进去以后其乐无穷,但是,乐学寓于苦学之中,如果不刻苦学习,那什么也谈不到。"③ 对于不刻苦的人来说,只要有作业就重,作业不懂、不会就是难。事实证明,只有适当地压重担,才能出人才。"梁山好汉"是被"逼"上去的。据说,有

---

①②③ 舒风编:《敢峰教育文选》,人民教育出版社2008年版,第480、491、491页。

一个国家的游泳运动员在训练时,运动员们刚刚跳入游泳池,忽然发现一条鳄鱼朝自己身后游来,所有运动员都拼命朝对岸游去,其速度之快是前所未有的,个个打破了自己过去的记录。后来才知道,这条鳄鱼已经被拔掉了牙齿,是教练偷偷放在游泳池里的。

在教学活动中,如果只讲压力不讲传授知识的艺术,再大的压力也无济于事。我们在日常生活中常听到教师埋怨学生脑瓜子太笨,什么都学不会,听不明白。这和我们往瓶子里注水一样,必须对准瓶口往里倒。如果对不准瓶口,再多的水也会倒在外边。学生学习知识,也有一个"瓶口"问题。敢峰在《智慧的"瓶口"》一文中说,教师教不会学生,不是学生笨,而是教师"不善于对准学生智慧的'瓶口'倒'水',甚至有的教师连'瓶口'也还没摸到,或者教师本身'水'就很少,倒不出什么。似此情况,不反求诸己,而责怪学生,实在有点不公平。不公平那还事小,长此下去,教学要求一再降低,教学质量又将如何提高"[1]?

人类的认识规律告诉我们,人对客观事物的认知,都是从直接经验或者从已经掌握的间接经验开始的,新知识必须与这两种经验联系起来才能被理解和吸收。人类对客观世界的认识,就是如此往复,由此及彼,逐步扩大了认知范围。敢峰说:"一般来说,直接经验多与知识领域广的学生则'瓶口'大……是否善于将讲授的新知识与学生的直接经验和已经掌握的知识相联系,使学生便于接受,这是教学中的一项重大艺术。"[2]教师对准了学生智慧的"瓶口",难一点、多一点的知识就会比较顺利地灌输给"笨"学生。这时,"压力"也许会变成"动力"。

教师不管是给学生一点"压力"也好,还是对准智慧的"瓶口"也罢,但还没能使学生最终摆脱被动学习的局面。有人说:"给人一只兔

---

[1][2] 舒风编:《敢峰教育文选》,人民教育出版社2008年版,第516页。

子不如给他一支猎枪,教会他打猎的技术。这样,他不只是猎获许多兔子,还会猎获许多别的动物。"教学也与此类似。教师如果教会学生获得知识的方法和技能,那么学生的学习就由被动变为主动了。教师不仅要善于"开锁",把知识宝库的门打开,还应该把开锁的"金钥匙"交给学生,让学生自己会"开锁",自己能够走进知识的殿堂。

知识大门的"金钥匙"是什么呢?即学生的自学能力。它包括阅读能力、写作能力、计算能力、独立思考能力、动手能力,等等。敢峰在《培养学生的自学能力》一文中写道:"培养学生的自学能力,这是教学中一项十分重要的工作,对于学生一生做学问有着极其重要的意义。学生有了自学的能力,就能在学习的道路上获取用之不尽、取之不竭的知识财富。过去不少有学问的人,不少著名的科学家、文学家、艺术家,没有受过系统的完备的教育,没有上过大学,甚至也没有上过中学,他们的学识主要是靠自修得来的。"①

那么,如何培养学生的自学能力呢?

首先,自学能力不是光凭讲解自学的方法所能获得的,必须在学习的实践中逐步培养。敢峰指出:"指导学生在学习基本知识和进行基本训练的过程中,培养良好的自学习惯,学会正确的自学方法,锻炼刻苦钻研的精神,使他们在学习的道路上逐步做到离开教师也能够走路",这是基本的、最有效的方法。②

其次,在学习的实践中打好自学基础。包括三个方面的内容。一是打好思想基础。培养学生具有科学正确的世界观、人生观和价值观,还要有正确的学习方法。敢峰说,"这是学生自学能力的灵魂",有了正确的"灵魂",才能保证正确地理解知识和正确地运用技能。二是打好使用文字(汉语、外语)和其他学习工具(字典、电脑及其他实验仪器

---

①② 舒风编:《敢峰教育文选》,人民教育出版社 2008 年版,第 502、503 页。

等）的基础。只有会使用各种学习工具，才能独自驾着小舟在知识的大海中自由航行。三是打好文化知识和技能的基础。因为已有知识是新知识的桥梁和衔接点，是吸收新知识的"智慧瓶口"，所以文化知识越多，"智慧瓶口"和衔接点越多，学生理解知识、解决问题的自学能力也就越强。

最后，教给学生自学的学习方法。学生自学能力的强弱，与其是否掌握良好的学习方法关系密切。敢峰在《兴趣、信心与学习方法》一文中说："从学生的长远发展来看，指导学生掌握科学的学习方法尤为重要。学生知识的获取和能力的培养都与学习方法密不可分。"[①] 敢峰又着重指出："应当把研究学生的学习规律，教给学生学习方法，作为教学工作的一项重要任务，使教师的教真正建立在学生学习的基础上。迄今的教育学，往往偏重于教师的教，而忽视了研究学生的学，这是一个重大缺陷。我们应当把这个缺陷补起来。"[②] 正是受敢峰教育思想的影响，20世纪80年代，有一些年轻人曾一度兴起了研究"自学学"的热潮，并撰写了一些学术论文。

十、教学要得法

教育界的人士都主张教学要得法。教学如何得法？得什么"法"？教学之"法"就是符合学生的学习规律和认识客观事物的规律。教师的教学活动符合了这些规律，就是"得法"，否则事与愿违，就很不"得法"。敢峰在自己写作的多篇"教学小品"中都提到"教学要得法"。那

[①②] 舒风编：《敢峰教育文选》，人民教育出版社2008年版，第573页。

么，如何做到"得法"呢？

一要努力提高教学质量。敢峰在《教学要得法》一文中写道："中小学教学的基本任务，是对学生进行基础知识的教学和加强基本训练。按照教育的规律，我认为抓好基础知识和基本训练主要有四个环节：一懂，二会，三熟，四巧（指灵活运用）……这个任务一定要在课堂上基本解决。课堂教学质量的高低，很重要的一条是看这个任务解决得如何，不要去追求什么'花架子'。不然，学生回到家里，一翻书本和作业，面对着一筐'生柿子'，学习负担怎么能不重呢？"①

作为教师，没有不愿意提高教学质量、把学生教育好的。许多教师都是"两眼一睁，忙到熄灯"，成天除了上课就是埋头批改作业、备课、和学生谈话，有的人甚至累倒在讲台上。教师们既然这样尽心尽力，为什么仍然有一部分人教学不那么尽如人意呢？原因是教师没有丰富的学识。常言说：教给学生一杯水，教师要有一桶水。经验丰富的教师更进一步说："要有十桶水，甚至上百桶水。"有一位历史教师在全区做观摩教学，听课老师无不为之感动。一位年轻教师问她："您备这一节课用了多少时间？"老教师深情地笑笑说："我用了三十年，可以说从当教师那一天起就开始备这一课。"这是夸张吗？不是。有经验的教师上新课时都是生动、形象地用旧课（学生的旧知识）作铺垫导入新课，由此及彼，由近及远，由浅入深，极自然地就把客观事物的内在联系、因果关系讲清楚了。这样才符合辩证法，符合学生认识客观事物的规律，所以学生对新知识也最容易消化理解，课堂气氛也最活跃。

说相声讲究"现挂"（演员当场即兴发挥），只有具备了丰富的知识和生活阅历才能"挂"得自然、贴切，深化主题。马季回忆年轻时参观寺庙，看到老和尚念经，侯宝林师傅告诉他："好好学学，说不定什么

---

① 舒风编：《敢峰教育文选》，人民教育出版社2008年版，第506页。

时候会用上了。"后来，马季演一个讽刺国民党不治理城市交通，马路上常出车祸的相声，果然用上了念经这一段，效果极佳。提高艺术创作水平和提高教学质量的道理是相通的。如果教师的知识仅仅是课本的那一点点儿，是绝对讲不好课的。因此，敢峰历来主张教师要多读书，多留心生活，多观察学生的发展变化，读懂学生这本"无字书"，要不断地丰富自己的头脑。只有如此，教师在上课时才能左右逢源，把课讲得生动活泼，才称得上"得法"。

有的教师也许会说："成天备课、批改作业都忙不过来，哪有时间读书？"敢峰说："只要挤，时间总是有的。"敢峰工作那么忙，在北京景山学校工作时还能抽出时间给实验班讲数学，批改学生的作业，在操场上带着学生跑步。在敢峰的影响下，北京景山学校的年轻教师们夜以继日地工作、学习，成长得非常快。20 世纪 80 年代全国批准的第一批三位特级教师，就全部出在北京景山学校。退休后在北京力迈学校奋斗的敢峰，白天忙于学校的领导工作，晚上还学习到深夜，他以自己的言行影响着北京力迈学校的师生。在力迈学校任教的教职工，从周一到周五都食宿在学校，他们日日夜夜全心扑在教学工作上。在剑桥国际中心主持工作的王桂岚副校长和李放大博士，每天都工作到凌晨一两点钟。力迈学校的教师们都这样孜孜不倦地学习、工作，即使是教育工作的门外汉，也会在很短的时间内变为内行，更何况大家都是从全国各地招聘来的有经验的教师呢！

二要使学生成为学习的主人。敢峰在《要使学生成为学习的主人》一文中说：教学要得法，根本问题就是"使学生生动活泼地主动地学习，在教师正确的引导下一步一步攀向科学文化的高峰……教师讲课要能像磁石一样始终牢牢地吸引住学生的注意力，使学生的思维活动和情绪同教师的讲课交融在一起……教师讲课要有兴味，要懂得学生的心理，要因材施教，讲得深入浅出，富有启发性，使知识在学生眼前放射出耀眼的诱人的光芒，使学生把获取知识看成是乐事而不是苦事"①。

教师讲课要有兴味，要激发起学生学习的兴趣。教师的语言必须生动形象，干巴巴、呆板的语言，毫无表情地陈述知识，是不会收到良好效果的。但讲台毕竟不是舞台，教师毕竟不是演员，讲课不能搞得花里胡哨的，学生听课像看演出，记不住教师讲的任何知识，只记得热闹的场面，教学同样是失败的。

教师在日常教学活动中，要注意培养学生良好的学习风气、学习方法和学习习惯，使学生在学习时专心致志地攻读，最大限度地提高学习效率。学校在作息时间的安排上要合理，有劳有逸，休息和娱乐时一定要学生好好地休息、娱乐，特别要提倡体育锻炼，让学生都具有强健的体魄。

为保障学生做到劳逸结合，教师布置作业时要依据学生的实际水平，其分量和难易程度一定要适当，要留有余地。还可以因材施教，布置不同的作业。作业可以分为必做和选做两类，使学习差的学生有时间补习，使学习好的学生有余力自由钻研。总之，要让每一个学生在学习上感到自己天天在进步，心怀成就感。

敢峰回忆当年写作这些"教学小品"文章的想法时说："那时我是有意识地写些短文章，不写系统的理论文章。铺路是需要小石子的，我的文章就是铺路的小石子。每篇寓有一定哲理，也可以说谈的都是教学哲学问题。"《教学小品》中那些长长短短的有关教育方面的文章，绝不是空穴来风、无的放矢，而是来自敢峰亲历的教学实践和经验总结。由于写得深入浅出、通俗易懂，深受广大中小学教师的欢迎。

---

① 舒风编：《敢峰教育文选》，人民教育出版社 2008 年版，第 508—509 页。

第三章

启蒙教育论

从整个人的一生来说,启蒙是教育的开端。重不重视启蒙,启蒙搞得好不好,是教育研究和教育实践中一个至关重要的问题。

启蒙教育不是敢峰的发明,古已有之。但敢峰对启蒙在教育、教学中的作用,如何对学生进行启蒙教育,如何开发儿童和成人的智力等问题,却有自己的一套独特见解。敢峰关于启蒙教育的论述,散见于他的许多文章,其中有4篇文章是集中谈启蒙教育的:《注重启蒙教育》《从儿童启蒙到人才崛起》《第二次启蒙》《教育首先重在启蒙》。

一、何谓启蒙教育

什么叫启蒙?"启"是开启、打开;"蒙"是蒙昧无知、不懂事理。"启蒙"就是使蒙昧无知的人懂得事理的过程。不过,敢峰对启蒙有自己更为科学的说法和形象的比喻。敢峰在1996年3月1日写的《教育首先重在启蒙》一文中写道："大脑是学习知识的载体,智慧是知识在大脑中的升华——知识向智能的转化。要使大脑通过学习的桥梁与知识之域相通,首先要在孩子的大脑和学习入口处相连接的地方徐徐开启一扇扇大门。这就是启蒙,也就是通常说的要使孩子的脑子'开窍'……启蒙,就是要一个一个问题'开窍','窍'开得越多,就会变得越聪明。"[①]

启蒙教育为什么在教育中是最重要的一环呢?敢峰认为,"教育自启蒙始"。他在《教育首先重在启蒙》中又说道:"聪明与笨固然有某些先天的因素,但这并不是主要的,更重要的是后天的教育。其中,首要的一环就是看启蒙教育进行得好不好。重视启蒙和善于启蒙者,事半功倍;不重视启蒙或者不善启蒙者,事倍功半,甚至劳而无功,误了孩子的一生。"[②]现实生活中有许多事例都可以印证敢峰这段话。我们每个人不妨回忆一下自己的童年,当年和自己一块玩耍的小朋友,有些在做游戏时表现得十分机灵、乖巧,后来却由于种种原因没有升入小学或中学,长大成人后不只知识面非常狭窄,就是智力、才能也十分平庸。

宋代王安石在《伤仲永》中讲了这样一个典型:江西金溪县有一个神童方仲永,父母未教其识字,5岁时能"指物作诗立就,其文理皆有可观者",但他父亲成天带着方仲永"环谒于邑人,不使学"。待到方仲永成年后,便"泯然众人矣"。王安石对此感慨不已,他说:"仲永之通悟,受之天也。其受之天也,贤于材人远矣。卒之为众人,则其受于人者不至也。"天赋十分"通悟"的孩子,后天没有受到良好的启蒙教育,成年后尚且泯于众人,那些没有天赋的儿童,后来又得不到良好的启蒙教育,成年后其智力和才能岂不更糟糕嘛!

启蒙是一项育人的高超艺术,是开发儿童智慧之门,并把他们引向

[①][②] 舒风编:《敢峰教育文选》,人民教育出版社2008年版,第317—318、317页。

广阔知识天地的神奇之手。敢峰说:"小学教育贵在启蒙。小学教育之难也难在启蒙。小学教育作为整个教育的基础之基础,其精髓盖在于此……启蒙乃人间一门大学问。如果视启蒙为浅薄,只能说明他自己浅薄而已。"① 世人如果不信此论断的正确性,可请他亲自当小学教师试一试,当他和顽皮的孩子混上三天,就知道启蒙教育的甘苦了。启蒙教育者的担子重,困难多,把"教育大师"的桂冠戴在他们头上是当之无愧的!

聪明的孩子启蒙早,成熟快,所用时间很短,但是,不管多么聪明的孩子,也不能跨越启蒙阶段,省略启蒙阶段。这就如同盖高楼不打地基、不盖底层而想直接盖二层楼房一样不切实际。每个人必须经过启蒙教育,一步步开窍才能成长起来。开的"窍"越多,人越聪明。

怎样才能使小孩子开窍早、开窍快呢?敢峰在《北京力迈学校重构基础教育改革实验纲要》之"开发大脑——现代教育的枢纽工程"部分提出一条:"用自己的手开发自己的大脑","手、脑并用"。他还说:"动手牵动动脑,动脑优化动手。用自己的手开发自己的大脑,是古老的,也是现代的,是开发大脑最基础的方法。"② 让三四岁的孩子学习拼图、垒积木、画图画,都是在开发大脑。现代科学研究证明:人的双手经过训练,在大脑的支配下可以做出几十亿个不同的动作。在人的大脑里有一些特殊的、富于创造性的区域,通过神经系统把思维传递到双手,并与手的灵巧动作结合起来。手的动作越复杂、越频繁,相应的大脑区域被刺激得就越活跃。大脑支配双手劳作时,通过两条相向并行的神经互相传递信息——由手传到大脑,由大脑传到手。人在动手的过程中,大脑相关的创造性区域就不断受到刺激。一个人如果从童年、少年起,很少动手劳作,尤其是很少做精细的手工劳动,则大脑的相关区域就得不到足够的刺激,就会永远处于沉睡或半沉睡状态;成年后,其智

---

①② 舒风编:《敢峰教育文选》,人民教育出版社 2008 年版,第 305、596 页。

力和反应也会相对迟钝。

二、如何进行启蒙教育

启蒙教育既然如此重要，我们应该怎样进行启蒙教育呢？敢峰在《教育首先重在启蒙》一文中列举了五条措施。

第一，"要让孩子见识广些，耳聪目明，使启蒙教育有广阔的舞台。闭目塞听终难聪明"①。人类对于客观世界的认识来源于实践活动，对儿童来说，他们对外部世界的认识就是靠耳听目看，通过味觉、嗅觉、触觉了解世界是第二位的方法。小孩子咿呀学语，首先是听了父母和身边人们说的话，才逐渐学会了说话，小孩失去了听觉和周围的语言环境就变成了哑巴。俗话说"见多识广"，经历得多，见识得多，知识才能丰富，知识面才能宽广。

第二，"要在教育上找到对孩子进行教育的启蒙点"②。这就如同开矿要找准矿床，采油要找准油层一样。在没有油气和矿藏的地方，开掘再深也是白白地浪费力气。对孩子的启蒙教育也是如此，要找准"智慧的启蒙点"，找准了就像点火一样，"一触即发"，燃烧起熊熊烈火。那么，"智慧的启蒙点"在哪里呢？因人而异。可以顺着孩子的兴趣这条线索去摸索，孩子兴趣的焦点，往往就是孩子智慧的凝聚点。所以说，启蒙教育别忽视孩子的兴趣。

第三，"启蒙的方法重在循循善诱，通过故事引发、游戏、讲解、举例以及恰到好处的提问等方式引起孩子的联想、想象和思考，突破蒙

---

①② 舒风编：《敢峰教育文选》，人民教育出版社 2008 年版，第 318 页。

在启蒙点上的'膜'和'壳',收到'开窍'的效果"①。"循循善诱"这四个字有丰富的内涵,孔夫子在《论语·子罕》中说"循循然善诱人",即是说:有步骤、有计划,一步步诱导,使人轻松愉快、兴致勃勃地接受了教育或学到新的知识。能做到这一点的教师,可以说深谙教育理论并掌握了高超的教学艺术,堪称优秀的教育家。蒙在"启蒙点"上的"膜"与"壳"是非常薄的,就如同人们常说的"一层窗户纸,一捅就破",但要找对地方。如果找不准"启蒙点",不要说用手指头捅,就是使用凿子也凿不开。庄子在《养生主》中讲到技艺精湛的庖丁解牛时说:他目之所及,"未尝见全牛",整头牛在庖丁眼里不过是一堆肉与筋骨的联结物,所以他能"以神遇而不以目视,官知止而神欲行",下刀后,"彼节者有间,而刀刃者无厚。以无厚入有间,恢恢乎其于游刃必有余地矣,是以十九年而刀刃若新发于硎"。掌握了儿童认识规律和学习规律的教师,对学生进行启蒙教育也是如此,循循善诱,轻松地就把孩子们的心灵之窗逐个打开了,使他们在兴趣盎然中就获得了知识。

第四,"要逐步进行由此及彼、由表及里以及利用已知求未知的引导和训练,使孩子初步形成良好的思维习惯"②。启蒙教育讲循序渐进,序,就是序列,教师按照认知的规律引导学生,一步步由此及彼,由浅入深,由表及里,由已知求未知。任何人学习知识的过程都是由已知的知识经过联想、思考,一步步理解、掌握新知识的过程。所谓"跳跃式学习",也是在量变(知识的点滴积累)的基础上的质变(认识客观世界时的升华和飞跃)。没有深厚的旧知识作基础,在学习新知识的过程中不可能有飞跃的进步。所以荀子在《劝学篇》中说:"假舆马者,非利足也,而致千里;假舟楫者,非能水也,而绝江河。君子非生异也,善假于物也。"由此及彼的"此",由表及里的"表",就是行路的"舆

---

①② 舒风编:《敢峰教育文选》,人民教育出版社2008年版,第318页。

马"和渡河的"舟楫"。善于进行启蒙者,都是"善假于物"者。教师不只要自己"善假于物",而且还要教会学生"善假于物"。

第五,"要用引起兴趣和鼓励、奖励等方法不断激发、激活孩子们学习、思考、探索的欲望,培养他们良好的心理素质,排除他们求知过程中的各种心理障碍,使他们永远感到'火光在前'"①。这条措施包括三层意思:一要激活学生的"学习、思考、探索"的欲望;二要培养学生"良好的心理素质",排除学习过程中出现的"各种心理障碍";三是让学生永远感到"火光在前"。

学习是要有动力的。动力就是正确的学习目的和理想,有了正确的学习目的才能有炽热的求知欲望。只要有了强烈的求知欲望,学生对教师讲的每一个道理、谈的每一件事情才有浓厚的兴趣,才能沿着教师的引导,精神专注地钻研下去。学习知识的道路既不是平坦的,也不是笔直的,会碰到各式各样的"拦路虎"。所以,教师还必须注意从小就培养学生们养成良好的心理素质,如坚强的意志、虚心求教的学习精神、善于同他人团结协作的品质、实事求是的品德等非智力因素。有了良好的心理素质,才能战胜学习征途中出现的各种心理障碍。在学习生活中,学生们必须认识到:任何困难都无法战胜自己,只有自己心理的缺陷、脆弱的意志可以摧毁自己。

教师让学生永远感到"火光在前",就是使学生永远不迷失前进的方向,看到自己学习的前途和希望。人,越是在困难的时刻,越要看到光明,看到前途,鼓足自己前进的勇气和力量。人,一旦丧失生活的理想,看不到自己的前途,就没有活下去的勇气。学生的学习生活也是如此,所以说教师是学生学习征途上手持火把的引路人。

敢峰在文章中说:"启蒙无常法,要因人、因事、因地和因所学知

---

① 舒风编:《敢峰教育文选》,人民教育出版社 2008 年版,第 318—319 页。

识而异,活得很。"① 敢峰所列上述五条,仅是一般的概括,在实际的教学活动中,启蒙的方法可以有万千种,比如:组织学生参观历史博物馆陈列的"党的历史丰碑",是对学生政治思想的启蒙教育;参观动物园、游览长城可作为作文教学的启蒙;等等。总之,在教育、教学的广阔天地里,教师可以施展多种启蒙手段,任意驰骋。

三、启蒙教育的内容

敢峰在《注重启蒙教育》一文中说:"人的一生发展如何,同启蒙教育有很大关系。"②他认为:"我国教育的优良传统之一,就是注重启蒙教育。这一条,是符合教育规律的。根正而后苗壮,苗壮而后树干挺拔,枝叶繁茂,果实累累。向人生道路上迈出的第一步,其本身虽然是幼稚的、平凡的,并无任何惊人之处,但它却孕育和预示着人的未来。"③他还在《第二次启蒙》这篇文章开头深情地写道:"启蒙是教育的开端,犹如种子之萌发,山泉之始流,对于人一生的发展有着十分重要的意义。孩子初入小学学习,有个启蒙教育时期,这是大家都知道的。小学教师是人生最早的启蒙之师,从这个意义上说,他们比一切大科学家、政治家、文学家、诗人更应受到人们的崇敬。比起浩荡的江流来,源头之水似乎微不足道,但无源便无流,当你站在岸边慨叹长江的雄伟时,怎能忘怀发源于唐古拉山麓的涓涓细流呢?"④我们从这段话中既看到敢峰对小学教师的热爱与崇敬之意,又体会到启蒙教育的重要意义。

---

①②③④ 舒风编:《敢峰教育文选》,人民教育出版社2008年版,第318、303、303、314页。

孩子虽小，但对他们的启蒙教育却不能疏忽和延迟。种地不得误农时，教育也不得误学时。启蒙教育的内容非常广泛，对儿童来说，学习任何知识都需要进行启蒙教育。敢峰把对儿童最重要的启蒙教育的内容高度概括为三项：为人、立志、好学。

敢峰说："为人，就是要使孩子懂得应当做一个对祖国、对人民有益的人，具有勤劳、勇敢、诚实、正直、乐于助人等基本品德。在他们所能理解的范围内通过学知识、讲故事（包括寓言）、做游戏等方式，教育他们从小具有分辨真与假、善与恶、美与丑的观念，具有鲜明的爱憎感情。也就是说，要教育他们怎样为人。这一条实在太重要了，是立人之本，人的一生发展如何，其根苗就在这里……如果不懂得怎样为人，不懂得做人的起码道德，那么进行这样那样的教育都会落空，正如把一棵没有根的树种在土中，任你整天浇灌也没有用。"①

也许有人会疑惑："刚入小学的几岁孩子，懂什么为人的大道理？"其实，"为人"的大道理虽深，但要看你如何讲给孩子。正如同鱼虾这类高蛋白食品一样，成人吃了可以消化吸收，小孩子吃了也可以消化吸收，这要看厨师如何烹饪了。有位小学教师给笔者讲了这样一件事：一天，她带着十几个一年级小学生春游，中午在商店买饮料，当他们刚要走出商店的门时，只见一位少年迎面走来。这位少年的头两侧剃得光光的，头顶中间留着一缕直立的蓝色头发，一侧的耳朵上戴着一个耳环，耳环拴着一条细的黄色金属链子，链子的下端绕过脸庞拴在鼻环上。他一只手拿着滑板，一只手抱着篮球站在门外。女教师礼貌地拉开店门，示意先让他进来。这位少年走进商店，彬彬有礼地朝女教师点头说："谢谢您！"走出商店后，孩子们不解地问老师："老师告诉我们要厌恶假、恶、丑。这样一个丑八怪，老师怎么为他开门？"女教师回答说：

---

① 舒风编：《敢峰教育文选》，人民教育出版社2008年版，第303—304页。

"他的打扮是他个人的喜好,这和我们无关,不要加以干涉。但他两手拿着东西,无法开门进来,需要别人的帮助,这是我们应该做的。你们说对吗?"孩子们眨巴了几下眼睛说:"我们应该帮助有困难的人和需要被帮助的人。"自此,这个班的学生们在教师的引导下,遇到送煤工、道路清扫工、拣破烂的,不再掩鼻而过,不再嫌弃他们,学会了同情社会上的弱势群体。

启蒙教育的第二项内容是"立志"。那么,何谓立志,立什么志呢?敢峰说:"立志,就是要鼓励孩子为实现四化、振兴中华作出贡献。人无志不立。能否从小立志,对于一个人的成长和发展来说,具有极其重要的意义。综观古今对人类社会作出重大贡献的人,大多是从小就有远大志向的。志,是时代要求的反映,从小向孩子头脑中输进时代的信息,以英雄模范人物为榜样,使他们同时代的潮流一道前进,并在少年儿童时代做好准备,这是决定他们一生前进方向的大事。一代英雄从小看。从小立下了远大志向,有理想、有抱负,他的思想境界就会崇高起来,就会冲破种种庸俗的世俗之见,不随波逐流,像茁壮的幼苗,破土而出,生机勃勃,走向未来。"①

"志,是时代要求的反映",不同时代的杰出人物都有反映那个时代要求的远大志向。毛泽东在青年时代就以天下、国家为己任。1919 年 8 月,他在给《湘江评论》写的《民众的大联合(三)》中说:"天下者,我们的天下;国家者,我们的国家;社会者,我们的社会。我们不说,谁说?我们不干,谁干?"周恩来于 1920 年 11 月赴欧洲求学,在次年 1 月给表兄的信中谈到赴欧的志向时写道:"唯在求实学以谋自立,虔心考察以求了解彼邦社会真相暨解决诸道,而思所以应用之于吾民族间者。"老一辈无产阶级革命家,无一不是在青年时代就立下了推翻反动

---

① 舒风编:《敢峰教育文选》,人民教育出版社 2008 年版,第 304 页。

的统治者、拯救中华民族于水火之中的大志,并领导中国共产党和各族人民,经过几十年浴血奋战,终于打败了内外反动派,建立了新中国。

人有了远大志向,才能有非凡的毅力,能够吃大苦、耐大劳。美国人富兰克林·罗斯福在青年时代得了小儿麻痹症,双腿不能动弹,只能依赖轮椅行走。他不愿别人把他从楼上抬上抬下,便在晚上苦苦练习自己行走。他先是用手臂支撑着,把身体慢慢挪到台阶上,然后再把双腿拖上去。他就这样一级一级地爬上楼,再一级一级地爬下来。有一天,这件事被母亲发现了,就心疼地对他说:"你这样在地上拖来拖去,被别人看见了多难看。"罗斯福却说:"我必须面对'难看'和'耻辱',靠自己的力量'站'起来。"罗斯福就是靠着这种毅力,不只"站"起来了,而且"站"到了美国总统的职位上。

启蒙教育的第三项内容是"好学"。敢峰说:"好学,就是要诱导孩子们打破日常生活中的狭小天地,把他们引入无比广阔、无比瑰丽的知识世界。知识上的启蒙教育同思想品德上的启蒙教育是相伴而行的,使他们从小掌握好文字工具,具有强烈的求知欲望,勤学多思,养成良好的学习习惯,给孩子扎扎实实地打好一个学习的基础,这对他们一生的发展十分重要。世界上没有不好学而能攀登科学文化高峰的人,也没有不好学而能靠教师和家长抬进或拖进知识大门的人。"①

"玉不琢,不成器;人不学,不知义。"人,只有学而后知,没有未学先知。中外的文化发展史、科学发展史、艺术文学史无不证明敢峰的论断:"世界上没有不好学而能攀登科学文化高峰的人。"我们国家自古就有许多刻苦、好学的优良传统和事例,比如:西汉经学家匡衡幼年家贫,便"凿壁借灯光"苦读;晋代饱学之士车胤曾"囊萤读书";学者孙康在寒冬之夜"映雪读书";宋代陆佃"月下攻读",终成大器;等

---

① 舒风编:《敢峰教育文选》,人民教育出版社2008年版,第304页。

等。至于苏秦"头悬梁，锥刺股"的故事，更是家喻户晓。当然，今天我们的生活、学习的条件与古人相比不可同日而语，提倡好学、苦读更不是照着古人的样子"囊萤""映雪"，而是学其精神，顽强奋斗。

现在，教育界有一种意见认为学生读书太多了，学生"只会读书，生活自理能力、社会适应能力、工作能力很差"。这种意见有一定道理，但不全面。因为现在的大、中、小学生终日陷于题海之中，所读所背之书，完全是为了考试，考试过去，所背所记之知识大部分忘掉。有人说："小学生的知识在计算器里，中学生的知识在课本和教学辅导材料里，大学生的知识在网络里。"因为，有些小学生不会"乘法口诀"，离开计算器连简单的乘、除法都不会；中学生不知道杭州在哪个省，不知道山西的省会在哪儿，他们认为这些知识用不着死记，用时查一下课本或地图就行了；大学生连一般文史词语都不懂，他们认为查阅《辞海》《辞源》就可以解决这些问题，本科生和研究生一时一刻也离不开电脑和网络，基础知识都靠在网上搜索。

我们不主张大、中、小学生像"书袋子"，个个成了"活字典"或"资料大全"，但生活、工作中必需的基础知识必须牢记在脑子里，到时才能得心应手地运用。目前，学生之所以沉不下心踏踏实实地读书，除了"应试教育"的作用之外，还和市场经济造成的浮躁社会风气有关。

敢峰提倡的"好学""勤学多思"，就是古人所说的"读书得间"的意思。就是不做书本的奴隶，从书中读出自己的"空间"，读出一个新的"天地"和"意境"。说得通俗些，就是从书的字里行间读出弦外之音、象外之物，揣摩出语言表达不尽的意思。这也就是敢峰提倡的"举一反三"，读其"一"，而得其"三"。读书不"勤学"，不"多思"，是达不到这种境界的。

四、人的一生可以多次接受启蒙教育

上文所谈是横向的启蒙教育的内容，随着儿童年龄的增长，由孩童到少年、青年，还有纵向的、不同阶段的启蒙教育和不同的启蒙教育内容。

世人都认为启蒙教育只是在幼年时代，每个人只经历一次。但敢峰在启蒙教育上有独特创见，就是他发现并提出人的一生成长道路上应有多次"启蒙"。

敢峰在《第二次启蒙》中说："在人生的道路上启蒙教育并不止一次，除了孩童时的一次外，以后还有。小的不讲，重大的至少还有一次，可称之为第二次启蒙。"① 何谓"第二次启蒙"呢？敢峰说："第二次启蒙，一言以蔽之，就是进行治学态度和治学方法上的启蒙，锻炼学生在知识群山中独立攀登的本领，使他们准备从'已知的王国'向'未知的王国'进军。"② 这"第二次启蒙是高级启蒙，是学习上'攀登高峰'的启蒙"③。

第二次启蒙在何时进行，其具体内容又是什么呢？敢峰在《从儿童启蒙到人才崛起》这篇文章中，把一个人由启蒙到成长为人才的发展过程分为三个阶段、三次飞跃。

第一次飞跃，是"突破识字关，跨进书本知识的大门，走向无比瑰丽和广阔的知识世界"④。敢峰称这是"种子破土而出和萌发幼苗的阶段"⑤，即启蒙的初级阶段，也即学习知识的打基础阶段，大约在小学一年级到四年级。

---

①②③④⑤ 舒风编：《敢峰教育文选》，人民教育出版社2008年版，第314、315、315、306、306页。

敢峰在文章中说:"和种子萌芽时具有破土的特殊本领一样,儿童在智力发展上也具有他的一些特点和相应的素质,诸如学习语言能力强(例如一个北京的小孩子到福建去,只消几个月就是一口福建话,而成年人则不行),记忆力强,模仿力强,想象力强(有一个儿童世界),好奇、好问、好强、好胜,'初生之犊不畏虎'。我们应当加强儿童智力和心理的实际研究,一开始就把教育工作建立在科学的基础上,用精湛的教育艺术把他们引上学习之路。"①

"学习的第一个难关是识字。"敢峰在文章中举例说,辽宁黑山学校和北京景山学校等学校集中识字的经验证明,六七岁入学的儿童经过两年集中识字教育,可以认识两千多个汉字。这是一项突破性的、具有重大意义的科学实验成果。敢峰认为,在很短的时间内突破识字关,可以"使儿童的整个学习进程大大提前",对儿童"开阔视野,发展智力,进行思想品德教育,具有重大影响"。②

儿童认识了两千多个字,就要读书读报,自由地闯进书本知识的王国。这时儿童就要写东西,模仿着成人把自己的所见、所闻、所想用文字表达出来。在这个阶段,应抓紧儿童最基本的学习训练,从小培养儿童良好的学习习惯。这是"初级启蒙阶段"的教育内容。

敢峰说:这时的儿童"求知欲和表现欲很强,好奇心和好胜心炽烈,学习兴趣盎然,宇宙间的一切对他们都是新的,具有极大的魅力。如果引导得好,因势利导,生动活泼地进行思想品德教育,不失时机地不断扩大他们的知识领域,发展他们主动观察事物的兴趣和能力,采用各种方式把古今中外一切适合于他们的最好的东西经过精选教给他们,这对他们一生的发展是至为重要的"③。这个阶段,中华文化的根扎得越深,未来的"人才苗子"就长得越好;基础打得越牢固,楼房就盖得

---

①②③ 舒风编:《敢峰教育文选》,人民教育出版社 2008 年版,第 306—307、307、307 页。

越高大宏伟。

　　第二个飞跃，是"一面学习知识，一面在学习过程中不断把知识转化为才能"①的阶段，即启蒙教育的中级阶段。敢峰称这是"人才成长过程中长躯干和抽枝舒叶的阶段"②。

　　敢峰认为这个飞跃经历的时间较长，从小学时期即已开始，但主要是在中学时期和大学的前两年。在这个时期，一个人的世界观初步形成，基本知识结构大体建立，才智、才能、才华开始孕育外露。衡量这时的教学效果，不只看学生掌握了多少系统的知识，还要看知识转化为才能的情况。学生大致可分为三等：知识、才能均佳者为上等，很有成才之望；知识虽多而才能差者为中等，在创新方面很难有远大发展前途；知识和才能均差者为下等，离成才的要求相差甚远。敢峰认为，这也不是绝对的，将来在工作中由于外界环境的变化和个人的主观努力的差异，还会有发展和改变。

　　敢峰在这里把学生分为上、中、下三等，他是以"知识和才能"的搭配情况为标准，而不是以掌握知识的多少、是否牢固为标准。换句话说，敢峰不是以平时考试成绩的优良为标准。因为在这时，敢峰对学生、对人才的评估已有了新的认识。1984年12月2日，《光明日报》在第一版刊发了敢峰写作的《注重开发智能》的短文。他在文章中说："过去培根有句名言'知识就是力量'。但是，要使知识转化为力量，必须经过能力这个'中转站'。占有同样的知识，由于能力不同，表现出来的力量也不同，甚至有天壤之别。"③因此，敢峰非常赞成当时《南京日报》提出的"知识＋能力＝力量"的口号。他说："人，要站立在知识上，而不是躺在知识上。对知识的占有固然是重要的，但还很不够，更重要的是在这个基础上培养和锻炼驾驭知识的能力，在实践中开

---

①② 舒风编：《敢峰教育文选》，人民教育出版社2008年版，第307、307页。
③ 1984年12月2日《光明日报》。

拓前进。"① 敢峰还提出，这"驾驭知识的能力"应包括：思维的能力、创新的能力、调动和重新组合自己知识的能力。②

在校学生或刚毕业走上工作岗位的学生，其品学、才华不管居上乘还是下乘，敢峰都没有把他们看成是绝对的、凝固的，而是认为他们随着外界环境的变化和个人努力的差异，还会出现新的变化。

一旦改变了评价学生的标准和方法，就会发现当前中、小学校教学存在的弊病："窄"和"死"。"窄"，就是学生视野狭窄，知识面狭窄；"死"，就是学得死，不会运用。敢峰认为"不重视知识向才能的转化，不注意锤炼驾驭知识解决问题的能力"，只是"把学生的头脑当做贮存知识的仓库，驱赶学生往头脑里搬运知识"，这是"造就人才的大忌"。③ 敢峰在文章中指出："在抓好基础知识、基本训练的基础上，一定要引导学生开阔视野，启迪智慧，培养才能"，"把传授系统的基础知识（包括吸收最新科学成果）同培养学生的才能结合起来"，这是今后教学改革的一个重要课题。④

在注重学生的知识和能力协调发展的思想指导下，为了培养优秀的人才苗子，为了扎扎实实做好中级阶段的启蒙教育，敢峰提出学生的知识结构应该是"宝塔形"，主张"学生的各科学习呈'山'字形向前发展（一门功课优异，其他功课在中上以上），并有时间去读一些好的课外书籍和参加一些有益的课外活动，不赞成学生为追求门门100分而死啃功课。要学钻天杨，莫作垂杨柳。不要驱使学生做分数的奴隶，而要鼓励他们做学习的主人，看破分数，主动学习，奋发向上"⑤。

第三个飞跃，是"选定目标，一方面进行创造性的学习，一方面从

---

①② 1984年12月2日《光明日报》。
③④⑤ 舒风编：《敢峰教育文选》，人民教育出版社2008年版，第308、308、308页。

学习进入真刀真枪的创造领域"①。这是人才含苞待放的阶段,有少数才能突出者可能在这个阶段"开花结果"。一般说来,这个阶段在大学的后两年和研究生时期。

敢峰认为:"必须努力改革大学的教学方法,给学生更多的学习上的主动权",才能使大学生早日进入科学研究领域。敢峰主张:"在这个阶段,要把指导学生的独立思考和独立钻研,放在教学工作的首位,使才能和见识的培养优先于知识的传授。知识是弓,才能是箭,见识则是正确选定目标的能力。要瞄准目标,把箭搭在弦上,引弓待发。如果继续采用中学的教学方法,以知识教育为主,结果是叶茂花稀,不利于早日结出丰硕的人才之果。"②

有的人认为,治学、科学研究是专家的事,大学生就是虚心向老师学习、积累知识。敢峰不同意这种意见,他认为按照这些人的意见,是"培养不出人才,特别是培养不出善于创新的人才"的。敢峰认为:"到了大学高年级以后,学习和治学是不能截然分开的,一方面要用治学的态度来学习,一方面要学习治学。非如此,不能实现人才的起飞。"③

敢峰早在二十多年前就提出高等学校的教学方式方法应该改进,否则会影响人才的培养。时至今日,这个问题不但没有得到很好的解决,甚至在某些方面表现得更加突出。有见识的教育家对目前"大学教育高中化,研究生教育本科化"的现象,以及只重视书本知识的灌输而忽视能力的培养和锻炼提出了尖锐批评。一所著名大学的校长在一次会议上就明确指出:"研究生教育影响着中国的未来发展。但研究生的选拔方法、体系与研究生的培养目标严重错位。以分数作为选拔大学生和研究生的标准,带来的副作用却是大家过分关注分数,而不注重培养、锻炼自己的能力,尤其是科研创新的能力。"

---

①②③ 舒风编:《敢峰教育文选》,人民教育出版社 2008 年版,第 309、309、315 页。

群星灿烂，人才崛起，经济繁荣，国家昌盛，这是时代的要求。敢峰在文章的末尾说："教育工作者肩负着时代的使命，党和人民的重托，应从儿童启蒙开始，促进学生在学校学习过程中的三大飞跃，把培养人才的伟大工程牢固地建立在科学的基础之上。"①

敢峰在《第二次启蒙》这篇文章中，还向世人提出一个发人深思的问题：

> 为什么有些人"小时了了，大未必佳"？为什么历史上出现过许多这样或者那样的"江郎才尽"的现象？现在看来，除了别的原因以外，是否可以说，其中一个重要原因就是缺少第二次启蒙，聪明才华到了一定限度就再也上不去了。②

敢峰在《教育首先重在启蒙》中又说：

> 启蒙教育不只是孩童期，中学生也有，成人也有。任何教育都是从启蒙始，各科教学也都要从启蒙始。③

我们从这两段话里还可以进一步悟出这样一个道理：从另一种意义上说，启蒙就是知识、才能由"量"的积累到"质"的飞跃的过程。我们平时说"某人悟性好"，就是说这个人接受新知识、理解新事物比常人快，他的智慧很快从一个台阶跃上更高一层台阶。他的智慧每跃上一个台阶，就得到一次"启蒙教育"。所谓"江郎才尽"，就是指一些时代落伍者，这些人自我封闭，不再接受并理解新鲜知识，不再培养、锻炼自己的创新能力。

---

①②③ 舒风编：《敢峰教育文选》，人民教育出版社2008年版，第309、316、319页。

敢峰说，"任何教育都是从启蒙始，各科教学也都要从启蒙始"，这就告诉我们，人生不只有三次大的启蒙教育，还有许多小的启蒙教育：听一堂课，听一次报告，是一次启蒙教育；参观博物馆，看一场新的电影，也是一次启蒙教育；学习一种新的学科、新的知识，更是重要的启蒙教育。

有的人在心理上能永葆青春，在学术上创新能力不减当年，其秘诀就在于他们能做到"活到老，学到老"，智慧和才能不断得到升华。那些"江郎才尽"者，都是心理、智力未老先衰者。

为了高效率、高质量地造就一代一代优秀人才，敢峰呼吁教育界重视启蒙教育："以第一次启蒙教育肇其始，以第二次启蒙教育善其终……这是在教育工作中培养人才的一项重要战略。"① 针对个人，笔者以为还应加一句："为了不断进取，不断攀登，以童年时期的第一次启蒙教育开其窍，以耄耋之年最末一次教育毕其生。"

不管是第一次的"初级启蒙"，还是第二次、第三次的"高级启蒙"，它们对学生的学习和其一生的发展都极为重要。敢峰说："现在无论是中小学基础教育还是高等专业教育，都面临着一个共同性的问题——对启蒙教育不重视，也研究得不够，特别在高等专业教育中，许多同志还没有意识到有个第二次启蒙的问题。"② 因此，敢峰建议：教育工作者在启蒙教育问题上"首先自己也得来个启蒙才好"③。

---

①②③ 舒风编：《敢峰教育文选》，人民教育出版社 2008 年版，第 316 页。

第四章

批判教育教学中的烦琐哲学

敢峰历来对教育教学中的烦琐哲学和形式主义采取坚决反对的态度。他曾对笔者说，在学生时代他就非常厌恶这些东西。20世纪60年代中期，敢峰曾连续写了一些文章尖锐地批判了教育教学工作中存在的烦琐哲学及其弊端，如片面追求升学率、学生负担过重、教师教学工作不甚得法等，在全国教育界引起了很大反响。

一、反对片面追求升学率，主张学生全面发展

1964年，敢峰在《人民教育》第5期发表了一篇《反对片面追求升学率》的文章。文章中有这样一段话：

单纯升学观点，片面地甚至是不择手段地追求升学率，并以此

作为好学校、好教师、好学生的标准（到底什么是好学校、好教师、好学生，值得大家很好讨论）。一切围着考试转，一切围着升学转……为了片面追求升学率，有些学校在教学上大搞烦琐主义，频繁的考试，过多的作业，不适当的背书甚至背笔记……使学生负担过重，精神极度紧张。在学生中普遍流传着一句话："考，考，教师的法宝；分，分，学生的命根。"①

敢峰的结论是：要"经过教学改革的实验"，"革除教学中许许多多形式主义和烦琐主义的东西"，创造出"一整套比资本主义国家教学质量高得多的理论与实际相结合的教材和教学方法"②。

20世纪60年代，全国的基础教育在狂热地追求升学率。不少中小学校的领导、教师和家长们为了孩子们的升学正忙得头昏脑涨，学生被教师的作业逼得疲惫不堪之时，敢峰这篇文章犹如在教育战线上空炸了一个响雷。有的学校领导读了这篇文章之后，开始头脑清醒地思考自己的做法是否有不妥之处；有的学校领导非常同意敢峰的意见，但迫于全国都在追求升学率，自己也不敢贸然进行教育改革；也有一部分学校领导，读了这篇文章之后怕得要命，立即收起这期《人民教育》，不敢让教师阅读。为什么一部分学校领导和教师这样害怕呢？原来，他们担心影响学校的升学率。

其实，敢峰在这篇文章中反对的是"片面追求升学率"，不是反对学生由小学升中学，由中学升大学。他在文章中说："培养我们的学生成为德、智、体几个方面都得到发展的有社会主义觉悟的劳动者，是不是就不要学生升学了呢？是不是升学就不符合党的教育方针了呢？绝不是的。一定要选择一部分德、智、体几方面都好的学生升学，特别是要选择和帮

---

①② 敢峰著：《教学小品》，上海教育出版社1981年版，第73、74页。

助大批的工人、贫下中农的子女升学，不但要升入高中，而且要升入大学。不但是一般的升入大学，而且要真正掌握世界上最先进的科学技术。"①

敢峰在文章中主张加强学校的思想政治工作，注重学生的品德教育，"实行教育与生产劳动相结合"，同时又提出"改革教学"，"提高教学质量"。敢峰说："在政治思想工作、教学工作、生产劳动的具体安排上要力求妥当，特别是在全日制学校中（当时还有相当数量的半工半读学校——引者注）要保证有一定的教学时间，要努力改革教学，做到既减轻学生的学习负担，又提高教学质量。"② "……改革课程、教学方法和考试办法。实质上这是人类历史上一次新的最伟大的教学改革，使我们的学生真正在德、智、体诸方面都得到生动活泼的主动的发展。"③他在文章中还说："我们新社会所需要的劳动者"，"既要有社会主义觉悟，又要有文化……不管哪类学校，对文化知识的教学，主要是语文、数学等工具课程的教学，一定要搞好"。④

中小学的基础工具课除了语文和数学之外，还有外语。当时北京景山学校外语课曾一度开设了五种语言：英语、德语、法语、俄语和西班牙语。敢峰向来说他的文章不是说给别人看的，首先是指导自己的实践。比如小学语文，一、二年级集中识字，三、四年级精读和大量阅读并进，四、五年级抓好作文；英语教学也从小学一年级开始；同时在数学课上进行了数与形相结合的实验教学。到了中学，特别是高中阶段，又抓了数、理、化这些重头课程的实验。后来敢峰到北京力迈学校时又提出"语言学科重心下移，数理学科重心上移"的课程体系。这种安排是符合少年儿童心理成长和智育发展规律的，即儿童学语言的黄金阶段努力学习语言文字，到了高年级适于培养学生的逻辑思维能力时，突出学习数理科目。这其中也体现了敢峰"不误学时"和"不违学时"的教

---

①②③④ 敢峰著：《教学小品》，上海教育出版社1981年版，第73、74、74、74页。

育理论。

当时全国中小学校都在追求升学率,但敢峰主持下的北京景山学校不追求这个,绝大部分家长们也没有提出这方面的要求。何必千军万马在"升学"这条小道上挤呢?那时,社会上提倡"一颗红心,两种准备",一是升学,一是就业。北京景山学校却提出"一颗红心,多种准备",除了升学、就业,还有上山下乡、参军,学生可以有多种出路、多种选择。由于敢峰站得高,思路宽,他的视野非常开阔。

最近,敢峰回忆起当年的情况时说:"升学率不是挖空心思追求就可能提高的,即使靠死记硬背,围着考试的指挥棒转,一时提高了升学率,也是害了学生,害了国家。只要把教学质量提高了,学生的知识面广,能够灵活运用,升学率自然就高。"1960年,北京景山学校招进四个初一班,到1965年5月,刚学完高二的课程。离高考仅有一个多月时,学校想看看这些实验班的学生学习成绩到底如何,就让学生自愿报名参加高考。试卷上有一些内容在课堂上没有讲过,但学生们凭借丰富的知识基础,临场发挥得很不错,结果报名的50个学生考上了25个。朱维群、刘春生、张建琪等人就是这一届考上大学的。

"文革"后,中小学校"单纯追求升学率"之风仍然十分强劲。20世纪80年代初,敢峰在《贵在"教鸟学飞"》一文中有这样一段文字,现摘录于下:

"片面追求升学率"的角逐,过去是在高中进行的,不知道从什么时候开始,逐层"下伸"到初中、小学甚至幼儿园去了。先是在一些学校、教师和学生中进行,后来连家长也大批参加进来,而且势头比学校还大。从送孩子上幼儿园和小学开始,有些家长心中就压着一块石头,为十几年后孩子升入大学的问题焦急着、奔忙着,甚至不惜为此摧残孩子的身心健康。首先是千方百计使孩子挤入重点小学，继而千方百计挤入重点中学，再督促孩子参加考大学的拼搏。平日，孩子的学习负担已经不轻，放学回来就被关在屋子里死擂功课，还要额外布置作业。孩子在学校考了八十分，回家还得挨骂。就这样，孩子主动学习的积极性越来越低。学习上一窄二死三负担过重，有些孩子连身体也搞坏了。我真说不清这是一种什么教育思想和教育方法，也不知是从哪里传来的。明明是一只活泼可爱的小鸟，将来本可以振翅在天空飞翔的，却在手中被捏成了一只畸形发展的不会振翅的呆鸟。明明是一匹精神抖擞的小驹，将来本可以在原野奔驰的，却被繁重的学习压得羸弱不堪，视宽广的学路为人生的畏途。这样，即使考进了大学，又能有多大的发展前途呢？教育中的蠢事，莫过于此。违反教育规律必定会受到教育规律的惩罚。这种蠢事，实在不能再继续干下去了。①

近些年，"应试教育"之风不但没有平息，反且愈演愈烈。据2002年11月28日《中国青年报》有篇文章报道，山东一所省重点中学的领导在一次教务会上说："哪怕今天我们把一个学生送进大学，明天这个学生就死了，我们的教育也是成功的！"这样的话居然赢得一些人的热烈掌声。为了追求这样的"成功"，中国的教育将会走向何处？这究竟是培养人才还是摧残人才呢？

2006年高考时，河南省南阳市八中的考生蒋多多在试卷上写的《抗议书》中说："……学校只关心学生的分数，对学生心理和思想的了解却几乎是一个空白……"她还把自己的笔名"碎心飞魔"写到密封线外，所有试卷都用双色笔来写。她说这样做的目的，是希望各科成绩得零分，以引起社会的重视。她对记者说：上初中时自己学习积

---

① 舒峰编：《敢峰教育文选》，人民教育出版社2008年版，第555—556页。

极性很高,天天埋头下苦功,成绩在班里一般都是前十名。上高中后,学习压力让她喘不过气来。"特别是高二时,老师规定学生饭后多长时间必须进教室,而且每节自习课都在班上'监视',一点儿自由都没有,就像囚犯。不想学还要装着学,怕老师批评。"渐渐地,她就产生了厌学情绪,想"造反"。蒋多多呼吁:"现在都有人因为高考自杀和杀人。我向教育部门建议,不要让学生把高考看得太重,目前很多教育方法都有问题……"

靠死读书、背笔记考上高等院校的"高材生"们又如何呢?有的自杀,有的离校出走杳无音信,有的在醉生梦死、啃父母的血汗钱混文凭。种种迹象表明,有相当数量的学生厌倦学校和学习。多年来,教育部门总是通过盘点升学率考核学校的教学成绩,而片面追求升学率往往导致学生厌学。教育部门是否可以换位思考,改成以"厌学率"和"乐学率"的高低来考核学校的教学成绩呢?

学生在学校学习应该活得有尊严,人格受到尊重。在这样的环境下成长起来的学生才能尊重他人,尊重社会。倘若学校以分数作为衡量学生优劣的第一标准,甚至通过以考试分数排名次的方法,有意无意地使相当多的学生脸面扫地、失去尊严,这势必导致学生害怕学习和考试,讨厌学校和读书,这难道不是教育的失败吗?

"应试教育"废而不止,"片面追求升学率"虽遭口诛笔伐,仍然大行其道。这真是一个很难解决的复杂社会问题,它固然是由于教育资源的供求矛盾、社会观念作怪、办学的指导思想偏差等原因造成的,但最根本的还在于国家人事制度、劳动就业制度和分配制度改革不到位。这个问题的彻底解决,需要国家出台多项政策综合治理,不是写一两篇文章批评一下,也不是靠某些教师、学生和学校抵制或反对就能实现的。但无论多么艰难,我们也应千方百计使这股逆风逐渐平息下来,绝不能再火上浇油了。

二、反对烦琐哲学，主张减轻学生负担

《人民教育》1965年第1期刊发了敢峰的《一定要闯出这条路》一文。闯什么路呢？就是"减轻学生负担，提高教学质量"，"贯彻执行毛主席和中央的指示，精简课程，改革教学方法和考试制度"。这篇文章一经发表，立即引起社会上的注意。《人民日报》也想刊发这篇文章。敢峰对文章稍加修改，把标题改成了"在毛泽东思想指导下，改造我们的教学"，在1965年2月5日的《人民日报》上刊登出来。

20世纪60年代，中小学生的学习负担就很重了。三四十年过去后，学生的课业负担不但没减，反是有过之而无不及。全国大中城市，起得最早、睡得最晚的是中小学生。他们肩上的书包十几年来增加了十多斤的重量，成人在双休日、节假日还能休息，而中小学生在双休日、寒暑假还要加班学习，即使是重点中学的尖子生、高考状元苗子也都是在紧张的学习中度过了童年和少年时光。北京市从2001年秋季开展课程改革，目的是减轻学生课业负担。2006年夏，北京市教委对18个区县和燕山地区的实验班作了一次调查。实行"课改"五年来，六成小学生的睡眠达不到国家规定标准，四成中学生睡眠不足8小时。尽管市教委三令五申不得用周末和假期为学生补课，但仍有24%的八年级学生和14.8%的五年级学生周末是在学校课堂里度过的。这使得中学毕业班近七成的学生认为学习毫无乐趣。为了我们子孙后代的健康成长，必须减轻学生的学习负担。

那么，怎样才能做到既减轻学生负担，又提高教学质量呢？敢峰在20世纪60年代写的这篇文章中就提出：首要的是反对教学工作中的

"烦琐哲学"。

第一，要精简课程和教材。学校教学工作中的烦琐哲学主要表现在课目繁多，教材庞杂，许多教材把一些在高等学校才能解决的问题挤压到中学阶段讲授，应该在初中学习的内容压到了小学五六年级教授，这样一来，必然加重中小学生的学习负担。什么是基础教育？从教育部门的领导到中小学校长以至学校教师，思想认识都不清楚。把中学的教材编写成物理对大学物理系的口径，化学对化学系的口径，数学对数学系的口径，语文对中文系的口径，历史、地理对历史系和地理系的口径，使得基础教育变成了各种专业教育的大杂烩。各科互相争夺课时，各不相让。敢峰在文章中说："我认为，在中小学，基础教育在智育方面主要就是使学生打好语文、数学、外语三门工具的基础和指导他们掌握正确的学习方法，为他们进一步升学或参加生产劳动做准备。对这三门课程一定要努力提高教学程度和教学质量。"①

其他课程，比如历史、地理、物理、化学等，努力提高质量，打好基础。把一些陈旧、繁杂的内容，要像园艺工人修剪花木那样，把"枯枝败叶"毫不吝惜地砍掉，保留主要的枝干。主要枝干就是语文、数学、外语三门主课。三门主课在教学时间和作业量的安排上也不必齐头并进，在不同的年级段应该有所侧重，在布置学生作业时要互相协调而不要一味挤占学生的课余时间。在教学上不分轻重、主次，不分先后次序，不考虑学生的负担，这就违背了学生的认识规律和辩证法。敢峰在北京景山学校经常形象地把语文、数学、外语三科比作"三个胖子"，他说："'三个胖子'同时挤着过门，个个横着肩膀，伸着胳臂，你挤我撞，再加上其他课程，弄不好谁也过不去。这里就有一个协调问题。"②

任何事物都是不断地推陈出新，由量变到质变，中小学教材也不能

---

①② 敢峰：《一定要闯出这条路》，载《人民教育》1965 年第 1 期。

例外。敢峰在这篇文章中还提出一个新的观点：各科教材在淘汰、压缩那些陈旧的、烦琐的内容的同时，应适当吸收补充一些新鲜的，与当前社会经济、科学技术紧密相关的内容。教材的新内容积累到一定程度，教材就会在体系上发生飞跃性的变革。

由于教材剔除了庞杂、陈旧的内容，并及时吸纳一些新鲜知识，在减轻学生学习负担的同时，也就提高了教学质量。

第二，废除主观主义的教学方式。烦琐哲学在教学中的第二种表现就是主观主义和形式主义的教学。敢峰在文章中尖锐地批判了教学中形形色色的主观主义和形式主义。主观主义教学表现在两个方面。其一是"对学生的思想和学习状况不作调查研究"。这些教师对学生的思想情绪、个性特点不作细致的了解，对学生的知识程度、理解能力不清楚，心中无底。因为学生是一个个生龙活虎的人，有的学习刻苦、顽强，有的学习浮躁，有的知识宽广，理解、接受知识非常快，有的知识面狭窄，学习方法僵化、呆板。教师面对这些不同特点的学生，如果不能有针对性地采取有的放矢的教学方法和措施，而是用一种模式、一种方法对待，讲起课来就会如同"倾盆大雨，把学生淋得像个落汤鸡"。其二，对教材不作深入的钻研，不知道关键在哪里，讲课时必然"不突出重点，眉毛胡子一把抓"。"不是以'纲'统帅'目'，而是以'目'淹没'纲'"，"不是少而精，而是多而杂"。表面上讲了许多东西，学生却不能理解消化。

教学中形式主义的表现就更多了，各个学科的教学都形成了自己的固定模式，讲课的步骤都有固定的环节。比如：语文课每篇课文都要先介绍作者，再讲文章的时代背景，然后分析课文。分析课文也是先串讲，再划分段落，概括段落大意，最后总结主题思想、写作特点。非常生动形象的课文，讲课方式却异常僵化、呆板，学生听起来味同嚼蜡，毫无兴趣。

敢峰在文章中呼吁中小学教师,应该下苦工夫改革不符合学生心理特征的、违背学生认识规律的教学方式,让学生们生动活泼地进行学习。

第三,必须改革考试制度。我国中小学校,从新中国成立初期到现在,考试搞得学生非常紧张。每个学期,每一科不知道有多少次考试,什么阶段考试、期中考试、期末结业考试,中间还穿插有一些随堂小测验、抽查考试,等等。至于升学考试、入学考试、毕业考试,这些决定学生命运的考试,学生和家长都把它们当成了人生道路上的"关隘"来对待。如果一个孩子生下来就考入一所重点幼儿园,到了入学年龄能考上重点小学、中学、大学,十几年的考试成绩都是优秀,这个孩子就不愁找到一个好工作,拿到可观的薪酬,一生过着优裕的生活了。考试对学生如此,对教师来说则是逼着学生循规蹈矩地读死书、死读书的"法器"。因为,教师怎么考,学生就怎么学;教师考什么,学生就学什么。学生想冲破教师的教学框框自己主动地学习些课外知识,教师就用"考试"来逼着学生就范;学生想放松一下紧张的神经,在课外进行一些体育锻炼,教师就又搬来"考试",把学生赶回课堂。为了应对各种考试,学生在家长的逼迫下,每天晚上学习到深夜,连双休日、寒暑假都不得放松休息。在这种背景下,学生中间才流传着顺口溜:"考,考,老师的法宝;分,分,学生的命根儿。"敢峰在文章中说:"考试办法和考试制度不改,教学中的其他改革是很难实现的","教学改革,如果说精简烦琐的教学内容和改革教学方法还不是一天就可以做好的事,那么改革考试办法和考试制度却是完全可以先做到的,应当立竿见影。考试办法和考试制度改革了,教学内容、教学方法上一系列的问题都要跟随着改革,对推动整个教学改革有很大好处"。①

敢峰在这里指出,考试就是教学工作的"指挥棒",它决定着教师

---

① 敢峰:《一定要闯出这条路》,载《人民教育》1965年第1期。

"教什么，怎么教"，学生"学什么，如何学"。考试是教学矛盾中的主要矛盾，教学改革如果牵住这个"牛鼻子"，其他问题的改革可以随着"考试方法与制度的改革"迎刃而解。敢峰提出，应该用多种多样、灵活的方式检查学生的学习效果，比如：课堂提问、课后抽查学生作业，高年级还可以组织学生设计实验、制作教具模型，进行社会调查、写出调查报告，等等。敢峰在《教学要得法》一文中说："对考试的次数要严格控制，切不可使学生为了应付考试，精神紧张，疲于奔命。"①

在严格控制下的考试，如果仅仅减少了次数，还只是表面的改革。深层次的考试改革，应该革新考试内容，改革评分标准和方法。如果一个学生在高考时政治课的答卷观点正确，有分析，有见解，而评分时对这些都不考虑，只是机械地对照标准答案，看答对了几条，丢了哪几点，这样左扣分、右扣分，分数自然高不了，甚至落个不及格，名落孙山。而死记硬背的学生的答卷完全符合标准答案，得分很高，被重点大学录取，结果是个"高分低能"的学生。类似的现象当时在高等学校也屡见不鲜。这样的考试和评分办法，对培养人才是极为不利的。有鉴于此，敢峰在《考"飞"的本领》一文中说："高考应当怎样出题，怎样评分，这是教育学上一个很重要的科研题目，既是理论问题，也是实践问题……考试可以把教学搞死，窒息学生才能的发展；也可以把教学搞活，促使学生主动地、生动活泼地学习，在成才之路上奋进。"②敢峰认为，学校既然"贵在'教鸟学飞'，就要考'飞'的本领。一看基础，二重才能。'飞'就是两者的结合"③。如果这样改进考试制度，多少年来学校存在的"填鸭式"教学和"驴推磨式"的作业练习势必被抛弃，同时也推动了中学的教学改革。考试是一柄双刃剑，用得好可以促进教学改革，用得不好则窒息教学、摧残人才。

---

①②③ 舒风编：《敢峰教育文选》，人民教育出版社2008年版，第507、559、559页。

三、反对"满堂灌",主张启发式教学

何谓"启发式教学"?启者,开导也;发者,引发也。启发式教学就是开导引发式教学。孔夫子在《论语·述而》中说:"不愤不启,不悱不发。"意思是:培育学生时,非等到学生想弄明白道理而不能的时候,才去开导他;不到学生想表达意思而说不出来的时候,不去启发他。只有教师引导学生有了强烈的求知欲望和迫切表述胸臆的要求,这时再把事理讲给学生听,才能收到事半功倍的良好效果。

在教学活动中,我们应该怎样运用启发式教学呢?敢峰提出了三条原则性意见。

一是正确地调动学生的学习积极性,培养学生的求知欲望。敢峰说:"调动学生的学习积极性,最主要的是进行思想工作,使学生具有正确的学习目的;其次,课要讲得好,讲得生动有趣,不断地启发学生的学习兴趣。"① 敢峰讲的这两点主次分明。首先,学生要有正确的学习目的,学习目的正确,志向远大,才能有巨大的学习动力。在漫长崎岖的学习道路上,遇到困难会以顽强的斗志去克服,取得成绩也不会沾沾自喜而停顿不前,胜不骄,败不馁。学习目的正确才能避免学生以自己的好恶为标准决定知识的取舍和学习时间的分配。其次,教师讲课要生动有趣,如果教师把课讲得非常呆板,课堂气氛死气沉沉,学生个个昏昏欲睡,传授的知识再正确,学生也听不进去。

敢峰在这里讲了两对矛盾和两个矛盾的主要方面。第一对矛盾是

---

① 舒风编:《敢峰教育文选》,人民教育出版社 2008 年版,第 429 页。

"调动学生的学习积极性",或者"使学生具有正确的学习目的",矛盾的主要方面是"教师";第二对矛盾是"教师讲课要生动有趣",矛盾的主要方面仍然是"教师"。教师在整个教学过程中都居于主导作用。因此,教师必须随着社会经济的发展,与时俱进,不断提高自己的思想认识和业务水平,才能适应日新月异的教学改革的需要。

二是要进行调查研究,解决学生认识过程中的矛盾。敢峰说:"教师的责任是要根据学生的认识规律启发学生积极思维,使知识在学生开动脑筋积极思维的过程中被溶解消化和吸收。"[①] 教与学是一对矛盾的对立统一体。教师的"教"离不开学生的"学",但"教"主导了"学","教"决定学生"学什么"和"怎样学"。"教"又不能随心所欲,必须"根据学生的认识规律",在"启发学生积极思维"的过程中"消化和吸收"知识。

敢峰说:"问题,就是矛盾。想,就是矛盾的运动。"教学过程即矛盾的转化过程,学生由不知转化为知,由知之不多转化为知之甚多,由低水平的知转化为高水平的知。优秀教师的教学过程符合学生的认识规律,转化过程就比较容易,进展快,学生学习新知识就感到轻松,因而就会"乐学"而不"厌学"。所以敢峰说:"教学工作,也难也容易,关键在于是否了解学生的情形和认识过程中的矛盾。""学生的学习是在不断地解决矛盾的过程中前进的,解决一个矛盾就前进一步。"[②] 教师的教学过程,就是不断提出新的矛盾,并逐个予以解决的过程,矛盾的解决本身就具有极大的吸引力和启发性。

三是在学习上给学生引路,贯彻"少而精"的原则,以少而精统帅多而广,使学生能够举一反三,融会贯通。教师在教学过程中抓住"少而精",就是在众多矛盾中抓住主要矛盾,在主要矛盾中抓住矛盾的主

[①][②] 舒风编:《敢峰教育文选》,人民教育出版社2008年版,第429、430页。

要方面。主要矛盾解决了,其他次要矛盾则会迎刃而解。学生在学习过程中,掌握、理解了一种有代表性的知识,就有能力推知类似的同类许多知识和事物。教师只要讲清了其一,没有必要再不厌其详地讲其二、其三、其四。这种烦琐主义的教学方式必须废止,代之以启发式,才能多出人才、快出人才、早出人才。

20世纪60年代,敢峰在北京景山学校的语文教学中曾实验"精讲多练",教师只讲对某一篇课文体会最深的一点,其余则让学生自学,让学生自己体会课文中其他方面的思想内容。有一位老师讲毛泽东的《唯心历史观的破产》时,仅用了十分钟,只分析了其中"世间一切事物中,人是第一个可宝贵的。在共产党的领导下,只要有了人,什么人间奇迹也可以造出来……一个人口众多、物产丰盛、生活优裕、文化昌盛的新中国,不要很久就可以到来……"这一段,其余时间则让学生自学。课后同学们反映说:"课上用的时间比过去少,但学到的知识比过去多。"

讲课"少而精"是启发式教学的精髓,教师在课堂上占用的时间越少,留给学生自己钻研、独立思考的时间才多,学生学到的知识也就不只局限在书本上那么一点儿。

敢峰说:"教学,从智力方面来说,也决不是单纯传授知识,同时要在传授知识的过程中培养学生的学习能力,教给学生正确的学习方法。有时我总想在教学中(特别是高年级)是否可以将步子跨大些,从实际需要出发将讲解、读书、讨论、作题、作业讲评、实验等各种方法有机地结合起来,使学生掌握基本原理及其应用,学得的是一串串活的知识,而不是很零碎的孤立割裂的知识。"① 敢峰在20世纪60年代就有这样的教育观点,到了20世纪末创办北京力迈学校时,就明确提出

---

① 舒风编:《敢峰教育文选》,人民教育出版社2008年版,第503页。

在高中阶段"大幅度提高学生的智能和技能，并使他们开始接触某些自然科学的前沿"，"开设思想方法和学习方法的课程"，试行"研读生制度"，培养学生的自学能力，通过学习和研究，融会贯通地掌握所学习的知识。

第五章
关于小学语文教学改革的思考

敢峰在北京力迈学校提出"使学生从小扎下中华文化的根"。实现这一目标,小学语文教学担负着主要的任务。

北京力迈学校的小学语文教学改革和北京景山学校的小学语文教学改革是一脉相承的。力迈学校建校十多年来,在敢峰校长的直接领导下,其小学语文教学不只继承了景山学校小学语文教学的好传统,而且还有所前进,有所发展,有所创造。小学语文教学改革的成果凝结在学生大量的书法练习、读书笔记、作文选和语文教师的经验总结中。敢峰把多年来小学语文教学改革的经验,提炼升华成理论,写了一篇《还语文教学以本来面目,探索小语教改新路》的文章,阐明了自己的思路,澄清了一些问题。

一、小学语文教学的具体目标

关于语文教学，敢峰的回答很质朴，言简意赅。在北京景山学校时，他提出"七字诀"：读书、写字、做文章。到北京力迈学校后，变成了八个字：精读博览，文才口才。

一个小学毕业生，经过五六年的语文学习，到底应该达到什么目标，众说纷纭，搞得一些语文教师莫衷一是。力迈学校在小学语文教改实践中，把语文教学的终极目标分解为七项（后来又增加了两项）：

1. 写字端正、整洁，部分学生达到写字美观。
2. 写字正确，作文中的错别字不超过百分之一。
3. 积累优秀语言材料，熟记一批经过锤炼的好诗文。编出力迈学校《小学语文必背读本》，每学期复背两次。
4. 读过一批适合中小学生的中外名著；读过大量有益的课外书刊；会做读书笔记；初步养成经常读课外书的习惯。
5. 能正确流利有感情地朗读新课文，稍做准备即可复述主要内容。
6. 能根据小学语文教学大纲的要求，独立分析与教材难度相近的文章。
7. 作文语言通顺、内容具体、有中心、条理清楚，部分学生达到语言生动、丰富，少数达到立意好、有文采。[①]

[①] 敢峰著：《新世纪"根苗工程"》，人民日报出版社2002年版，第140—141页。

这七项目标也可概括成三大类，即写字、读书、作文章。一、二项是写字训练，三至六项是阅读训练，最后一项是作文训练。这三大类是我国自古以来语言、文学的传统教授方法和目标，历史证明也是非常有效的。力迈学校结合今天现代语文教学的实际情况，把三大目标分解成七项，每项训练既定性又定量，完全可以操作、测试、检查，也可以考核是否达标，非常科学准确。这七项目标都是实实在在、学以致用的，不是华而不实表演给别人看的"花拳绣腿"。一个小学毕业生经过五六年的语文学习，如果达标，他就会写一手好字，阅读了古今中外的文学名著，精读了其中一些优秀篇章，并能背诵一些经典诗词和警句，还能写出文理通顺的好文章。一个小学毕业生的文字能力达到这个程度，可以说是很不错了。

也许有人会怀疑地说："小学毕业的一个十一二岁的孩子，读了一批'中外名著'，'会做读书笔记'，还能写出'语言通顺'的文章，不大可能吧？"其实，这种怀疑态度的人都是从三四十年前小学教育水平想象今天现代的教育，或者是从农村、偏远山区小学教育的现状来看待今天大城市的小学教育。如今，五六岁的儿童比四十多年前的同龄孩子知识丰富得多，他们每天都能从电台广播中、电视上、报刊书籍上、电脑网络上学到许多新鲜东西，眼界非常开阔，比他们的祖父辈、父亲辈在童年时懂得的东西要多得多。现代儿童的聪明伶俐，我们从电视的儿童节目中就可以看到。

另外，文章的"语言通顺""有文采"也是相对的，不能与成人相比。就以对中外名著的理解来说，十一二岁的孩子理解的深度当然比不上成年人。即使是成年人，由于经历不同，接受的文化教育有差异，对名著的理解也是千差万别的。《红楼梦》大家都读过，电视剧、电影也看过不同版本，一千个人的心目中有一千个贾宝玉、林黛玉。正如鲁迅所说，同是一部《红楼梦》，"经学家看见《易》，道学家看见淫，才子看见缠绵,革命家看见排满,流言家看见宫闱秘事"。同一首古诗,童年时读是一种理解,到了中年、老年,理解又有不同。即使在同一个时期,因身处场景不同、心境不同,对同一首诗的体味也会大相径庭。

20世纪60年代,敢峰所著《教学小品》就主张,教师对古典文学不要多讲,让学生自己去读,去体会,去欣赏。教师讲得太多,反而对学生的学习不利。《魏略》中有一句众人皆知的名言:"读书百遍而义自见。"苏东坡在《送安敦落第诗》中也说:"故书不厌百回读,熟读深思子自知。"学生熟读课文,或者背诵一些名篇,文章中的词语久而久之就成了自己的语言。这时学生不只是知识丰富,思想感情也越来越丰富,联想、想象也就极为广泛。

至于字要写得端正、整洁、美观,这个标准对儿童来说并不难。有些一二年级的学生写的毛笔字不只很漂亮,还很有"体",有风格特点,恐怕连成人也赶不上。

二、如何达到这些目标

在小学语文教学实践中,采取什么方法去实现这些目标呢?根据敢峰制订的《北京力迈学校的施教方略(要点)》《北京力迈学校重构基础教育改革实验纲要》以及他写的《关于力迈学校小语教改的基本构架》,可以概括成如下七条措施:

1. 不误学时,不违学时,在整个中小学教学体系中要将语文教学的重心下移,移到小学阶段。

2. 一、二年级集中识字,要认识两千个汉字,这是第一个,也是最主要的指标，其他要求和教改措施要与之配套。

3. 在学生认识两千多字的基础上，从三年级开始加大学生的学习自由度，指导学生精读名篇并大量阅读课外书。

4. 四、五年级语文教学的容量和质量逐步提升，在这个过程中同时指导学生适当学习和背诵古诗文。

5. 小学中、高年级，以阅读为基础，以练习写作为中心，全面按照语文教学的终极目标的阶段性要求来进行教学。

6. 小学各个年级，每周开设一节书法课，每天下午课前，全校安排20分钟的书法练习。

7. 从三年级开始，到小学结业时，使绝大多数的学生全面达到七项终极目标的要求。①

这样安排教学的理论依据是什么呢？敢峰解释说："语文教学总体上我们有个设想，即学生到初中毕业时，基本上能过读写关。根据学生身心成长的客观规律和现代拥有的教学条件，小学生记忆力强，模仿能力强，学习语言的能力更强，处于学习语文的最佳时期，也是最重要的时期。有些学科的教学存在有拔苗助长、'违学时'的情况，但语文教学却大都是'误学时'，没有充分利用小学阶段学好语文的这个最佳时期。语文教学重心一下移，既改了'误学时'的积弊，又牵一发而动全身地将整个小学语文教学改革带动起来了。"②

因为小学生在一年级第二学期就认识一千个左右的常用字，这时教师可以适当地指导学生读一些儿童读物，还可以适当地让学生模仿着做些"写话练习"。这对学生开阔视野、启迪智慧、激发学习兴趣具有十分重要的作用。到了二年级第二学期，学生差不多都认识了两千个常用

---

① 敢峰著：《新世纪"根苗工程"》，人民日报出版社2002年版，第142—143页。
② 舒风编：《敢峰教育文选》，人民教育出版社2008年版，第453—454页。

字，在引导学生大量阅读儿童读物的基础上，可引导学生进行更多的"写话练习"，这样做必然会激发小学生产生强烈的写作欲望。

力迈学校一至三年级用的是景山学校编的实验教材。一年级集中认识了一批汉字后，接着学习一批课文巩固识字。在认识了大批汉字的基础上，教师们鼓励学生模仿着课文，写些短诗和造句，这就为孩子们创设了一个没有标准答案的，可以自由想象、自由发挥、充分展示个性和才智的天地。学生的思路一下子打开了，他们滔滔不绝地说着，当堂就写出了下面的习作。

如一年级的小学生仿照叶圣陶先生的诗《风》，写出了这样的短诗：

　　谁也没见过风，
　　不要说我和你了。
　　但是柳树跳舞时，
　　我知道风在玩耍了。

类似这样的诗句还有好多，比如："但是衣服掉在地上的时候，我知道风来淘气了"；"但是浪花轻轻翻转的时候，我知道风烦躁了"；等等。

1996年4月30日《力迈特刊》第5期，在"童言稚言"专栏刊载了几段一年级小学生的稿件。如："春天来了，花草树木都发芽了，小燕子从南方飞来了，河里的冰都融化了"；"我有一件美丽的毛衣，上面有两颗五角星和一只可爱的小花猫"；等等。

一年级的小学生就能够写出这样具有诗情画意的诗句，足见力迈学校语文教学在敢峰教育思想的引导下，取得了可喜的成果。

力迈学校小学语文教学改革经过十多年系统有序的实验，学生在书法、阅读、作文三个主要方面，成绩有显著提高。同时，各个年级段的学生并不感到学习负担加重了，而是愿学、好学、善学的风气大振。从现在教改实验班的情况来看，语文教学重心下移改革的动作虽然很大，但没有发生学生压力过大、惧学、厌学的不良现象，七项终极目标已经基本实现。

力迈学校小学语文教学改革探索尽管还是初步的，有些地方还不大成熟，但已取得的经验是十分宝贵的，值得推广。学校的师生坚信，力迈学校的小学语文教改之路一定会越走越宽，越走越有生气。

三、精读与博览

敢峰从20世纪60年代办北京景山学校起，就提倡学生读书要"精读与博览相结合"。他二十多年前写的《学习的"根据地"和"游击区"》一文就把这个问题讲得很透彻了。敢峰为力迈学校制订的施教方略中有一项"对学生智能结构"的要求，其中规定："知识库架构：牢固的'根据地'和广大的'游击区'相结合的知识领域。"[①] 1999年12月，敢峰在"力迈学校小学语文教学改革研讨会"上也谈到，中、小学生读书要"精与博相结合"，论述得十分精当：

> 挑选古代的现代的好诗、好文章，让孩子精读，甚至反复背诵，烂熟于胸，最终真正变成学生自身的血肉，变成学生自己运用自如、呼之可出、鲜活的语言文字材料。现在是信息社会，信息非常多，要学会博览，学会选择，在博览中找到你所需要的东西，而

---

① 舒风编：《敢峰教育文选》，人民教育出版社2008年版，第586页。

不是被大量信息所淹没。总之，以精读为牢固的"根据地"，以博览为广阔的"游击区"，深化精读，扩充博览，精读与博览相结合，不断构筑和丰富学生自身的语言知识的宝库。①

读书要"精与博结合"，是我们先人千百年前就提倡的学习方法，不是敢峰的创造。但是，将知识结构的"根据地""游击区"与读书的"精与博"挂钩，却是敢峰的"发明专利"。

也许有人会说：一个人的知识越丰富越好。读书越多，知识才越丰富，为什么还要精读呢？

第一，读书不"精"，抓不住主旨，头脑里没有清晰的脉络，糊里糊涂如同一盆浆糊。这样的"知识"，不能称为"知识"，越多越糟糕。宋代大儒朱熹说："读书之法，既先识得他外面之皮壳，又须识得他里面之骨髓方好。"（见《朱子语类辑略》卷五）读书只识其皮毛，不懂其精要，等于没读。因为并非章章都是佳作，即使是佳章名篇也不见得段段都是精华，即使段段都是精华也不会句句都是警句，即使句句皆为警句也不会字字珠玑。清代扬州八怪之一郑板桥对如何读《史记》一书曾总结说："史记百三十篇中，以《项羽本纪》为最，而《项羽本纪》中，又以矩鹿之战、鸿门之宴、垓下之会为最。"他认为只须对这几段"反复诵观"，而无须"篇篇都读"。英国哲学家培根说："书有可浅尝者，有可吞食者，少数则需咀嚼消化。换言之，有只须读其部分者，有只须大体涉猎者，少数则须全读，读时须全神贯注、孜孜不倦。"学生的时间与精力是有限的，教师的责任就在于指明书中的精华所在，让学生用最少的时间掌握吸收最多最有用的知识。

第二，读书不"精"，形不成学问。一个人什么都知道一点儿，会

---

① 敢峰著：《新世纪"根苗工程"》，人民日报出版社2002年版，第141页。

一点儿，什么知识、技能都不精，这样的人派不上大用场，做不成大事。毛泽东在《中国革命战争的战略问题》中说："对于人，伤其十指不如断其一指；对于敌，击溃其十个师，不如歼灭其一个师。"把这样的战略思想用于指导我们读书、做学问，可以说：泛泛地读十本专业书，不如攻读一本专业书。一种专业学精了，就掌握了一种学问、一种技能、一种专业技术，就是这方面的专家。泛泛地读了十本书，仅仅粗粗了解了十种知识的梗概，没有学到一种专门知识，仍然是一个平庸的人。荀子在《劝学篇》中说得是何等的透彻啊："蚓无爪牙之利，筋骨之强，上食埃土，下饮黄泉，用心一也；蟹六跪而二螯，非蛇鳝之穴无可寄托者，用心躁也。是故，无冥冥之志者，无昭昭之明；无惛惛之事者，无赫赫之功……目不能两视而明，耳不能两听而聪。"我们培养的人才苗子，将来要担负艰巨的伟大事业，要有"昭昭之明"，建立"赫赫之功"，对知识不"精"不"专"怎么行呢？

既然"精"和"专"对成才如此重要，为什么读书还要"博览"呢？

第一，博览群书，是精读的基础。没有博览就不知道该精读什么书。所谓精读，是在广泛涉猎的基础上，从中择其精华再反复熟读。没有广泛的阅读，就没有比较，没有鉴别，不知其好坏、优劣，也就无从选择。没有选择的余地，也就没有真正的精读了。

第二，博览是写好文章的必备条件。清代语言文字学家唐彪在《读书作文谱》中说："经史与古文、时文，不多阅读，则学识浅狭，胸中不富，作文无所取材，文必不能过人。"不诵读，"则不能熟，不熟则作文之时，神气机调皆不为我用也"。这里就把读书和写作的关系说得再清楚不过了。不广泛涉猎书刊，孤陋寡闻，知识浅薄，词语贫乏，不要说做学问，就是提笔为文，也只能写出"瘪三"样的文章。这样的人，即使处理一般日常事务，因为胸无点墨，既谈不上韬略，也没有统筹，没有不把事情办砸的。

第三，不断博览群书，才能不断丰富或更新精读的书目或内容。我们生活在信息时代，新知识、新事物不断产生。熟知的知识，精读的作品，应该随着时代的变迁而有所调整。世界上没有任何一成不变的事物，何况是读书学习呢？朱熹的《观书有感》诗中有两句："问渠哪得清如许，为有源头活水来"，就是比喻要不断吸收新的知识，思维才能敏捷，智慧的火花才能不断迸射，创意才能不断产生，学业才能不断进步，能力才能不断提高。知识老化、思维呆滞的人，都是那些不读书、不看报、不接触新事物、不吸收新鲜知识的人。

中小学生从小养成博览群书的习惯，将会一生受益。

四、文才与口才

文才与口才关系极为密切。我们知道，写白话文的要诀是："怎样想就怎样说，怎样说就怎样写。"在现实生活中，有许多人口才很好，同样的话，他说出来就非常动听、感人，而另一部分人说出来则平平板板，不能吸引听众。同样，同一个事件，同一个道理，不同的人写出来效果就大不一样。同样两千多常用汉字，不同的排列组合，就会出现不同的结果。

解放前，传授识字、作文知识的功课，小学叫"国语"，中学叫"国文"。意思是教会中小学生会读、会写、会用祖国的语言、文字；会分析、欣赏祖国的经典文章，会用祖国的语言写作文。1950年秋天，中小学的"国语""国文"才改称"语文"。其任务仍然是传授祖国的语言、文字，教会学生写作知识及技能，每篇课文后面的练习附有一些语法常识，比如：什么是主语、谓语、宾语，等等。到了1956年，中学语文课又分成"文学"和"汉语"两种。前者讲解文学作品，后者讲解字词与语法。

语文虽然包含了说话、语言表达等意思，但直到20世纪80年代末，中小学的语文教学以至大学的文科都没有注重"口才"或"语言表达能力"的锻炼与培养。改革开放后，中学、大学才举办辩论会、演讲会，开始注重"口才"的培养与锻炼。但是，并没有把这个任务交给语文课来完成。1999年末，敢峰提出语文教学的一项重要任务是培养中小学生的"文才与口才"，这的确是很有远见的创意。

敢峰说："我们提倡文才与口才并重。语文中的文才大抵是指学生作文写作之才，这是终极目标中的重中之重。改革开放以来，尤其是新世纪正向我们走来，口才的重要性也日益突出。语文中的'语'就是对口才明白不过的重视。然而，长期以来，我们对口语的教学和口才的要求，包括英语等外国语的教学在内，都有不够重视的偏向，必须花真工夫加以纠正。"[①]

"文才"在前文分析得较多，就不赘述了，在此只谈"口才"。语言的表达能力，不只是单纯的口齿发音、吐字和说话时的面部表情及手势的配合等问题，它还涉及语法修辞、逻辑推理、数理知识、社会常识，等等。"口才"实际是牵扯到许多学科的综合才能。口才水平的提高（这里指离开讲稿的演讲），在某种意义上说，比文才水平的提高还难。

"口才"比"文才"难，是因为演讲不能像写文章那样可以自由修改。写文章修改一遍不满意，还可修改多次。演讲不能从头再来，演讲要有严密的逻辑性，不允许颠三倒四，词不达意，语句不通，漏洞百出。一言既出，驷马难追。演讲者要头脑清醒，记忆力好，引用的数字

[①] 舒风编：《敢峰教育文选》，人民教育出版社2008年版，第452页。

要准确无误，引证的材料不得张冠李戴。演讲者不能讲讲停停，不能讲了前边的，忘了后边的。写文章却从容得多，数据记不清可以查资料，还可以向别人请教。

有人也许会说，正式的、严肃的报告或演讲，事前都写好了讲稿，可以完全背诵下来。有准备的演讲、长篇报告可以有讲稿，不背下来也可以，照本宣科就是了。但有针对性的即兴发言，或者临时为了驳斥对方的错误言论而演讲，或者两个人或多人辩论时的讲话，都不可能事先做好充分的准备，完全靠演讲者的机智应变，靠平时知识和材料的积累，靠自己的逻辑推理能力立即组织好语言，方可出口成章。讲话要想气势磅礴，应该善用排比句势；要想避免平铺直叙，提起听众的注意，可以巧用设问句和反问句；为了语言生动、有趣，演讲者要会打比方；为了把深刻的道理让听众理解和接受，可以引经据典讲故事、说笑话。要想做到这些，没有语言修辞学、社会学、历史学、地理学等学科的功底，没有时事、政治、法律诸多方面知识的积累，是办不到的。

要培养中小学生的口才，应该像教学生书法那样，在某个阶段每周开设一节"讲演课"（或称"说话课"），而且要留作业，给每个学生有发表演说的机会（学校或班级可以经常组织讲演比赛或召开辩论会等），老师还要给予评点、指导。

培养学生的口才与文才是相得益彰、相辅相成的：学生提高了文字表达能力，同时也就提高了口头表达能力；学生提高了演讲才能，也有利于写作水平的提高。因为讲演也好，作文也好，搜集素材，结构框架，组织语言，其基本功是一致的，所不同的仅是一个用语言表达出来，一个用文字表达出来罢了。

中小学的语文教学，应该把培养学生口才提到议事日程上来。敢峰说："如果学生精读了，博览了，有文才，又有口才，语文大体就学得不错了。这些都是语文教学让学生受益一辈子的实实在在的东西，都是真知识，真本领。"①

五、澄清几个问题

历来对中小学语文课的性质、任务、教学方法等问题都是仁者见仁、智者见智，争论不休。这其中有当时的历史背景原因，也有看问题的角度和方法不同等原因。不过，总得有一个实事求是的说法和大致统一的认识，否则乱刮风，弄得语文教师们晕头转向，无所适从。作为学术争鸣自然可以，但影响到中小语文教学的正常进行，影响到学生的学习，就不大妥当了。敢峰在会议上说："实事求是，按照语文课的本来面目都不难说清楚。我看从实际效果出发，按照语文课的本来面目该怎么教就怎么教，该怎么改革就怎么改革。"

（一）语文在中小学教学中第一学科的地位，任何时候都不能动摇

最近对语文课议论比较多的是："搞现代化了，语文这门学科的工具性不如以前那么重要了"；"有电脑了，键盘一敲，什么都解决了，写字写得正确、美观与否，不必强调，只要认识就行了"；"在国际交往上，英语的用处大，汉语没必要抓得那么紧"。种种议论，搞得语文教师糊里糊涂，甚至还影响到高年级学生的学习。

敢峰说："英语和电脑教学将越来越重要，这是毫无疑问的。但我认为，语文在中小学教学中第一学科的地位，随着时间的推移和社会的进步，不仅不可能逐渐被电脑和英语所取代，而且要求也决不能降低。汉语是我国几千年文化的结晶和载体。它不仅在中国，甚至在亚洲不少

---

① 舒风编：《敢峰教育文选》，人民教育出版社2008年版，第453页。

国家中的影响都是很大的。1991年我去日本时，日本友人告诉我一个情况，他们那里以识汉字多为有学问。汉语是当今世界上四分之一人口通用的语言文字。随着中国的繁荣昌盛和世界经济文化的密切交往，中国走向世界，世界也正在走向中国，这是双向的。国外一些学校把汉语作为外语科目学习，或者是第二外语，这个趋势将会加快发展。随着我国国际地位的提高，汉语在世界语言文化中的地位也将会大大提高。至于电脑，尽管作用越来越大，但不管它如何发达，如何先进，对于语言文字来说，只不过是一种十分便捷的载体，一种日新月异的工具，无论如何替代不了语言文字本身。"①

这些身居我国大地，终日和孩子们接触，甚至生活、工作在中小学园地里的人，却忽略了一个事实，那就是：如果不学汉语，其他学科则无法学习。就是那些称之为开展"双语教学"的中小学校，起基础语言作用的仍然是汉语。更何况世界一些发达国家，如英、美、法等国都兴起了学习汉语"热"。因此，敢峰掷地有声地说："跟不上时代的民族，这个民族是没有希望的；而轻视和丢掉自己的文化与语言文字的民族，更谈不上跟上时代的问题，这样的民族，更加是没有希望的！"②

（二）语文就是一门学习语言文字的综合性学科

关于语文课的性质也是众说纷纭。有人认为语文是"工具课"；有人认为语文是进行教育的"政治思想课"；有人强调语文教材的文学艺术性，说它是"文学课"。对语文课性质的不同认识，就像"四个瞎子摸象"的寓言那样，摸到大象腿的说"大象是一根大柱子"，摸到大象肚子的说"大象是一堵墙"，摸到大象耳朵的说"大象是一把大扇子"，摸到大象牙齿的说"大象是一根光滑的棍子"，等等。这都是以偏盖全，抓住一点不及其余。敢峰对客观事物总是全面地、多角度地、多层次地

---

①② 舒风编：《敢峰教育文选》，人民教育出版社2008年版，第449、450页。

分析，不走极端。因此，他对复杂事物的认识、定性就比较公允和准确。敢峰针对大家对语文性质的种种认识说：

> 我认为，语文，就是一门以学习语言文字为基础的综合性学科，工具性是其基础性质，思想性和文学艺术性也都是寓于语文课自身的固有性质，是以语言文字为载体的。要说性质，就是这么个说法。其工具性、思想性、文学艺术性是互相联系的统一体，不能偏执一端。这"三性"应从总体上把握，根据语文教学的任务和要求，在不同的学段和不同课文的具体教学情况下加以体现。凡事偏了就要出问题，就会摇摆来摇摆去。①

语文的工具性、思想性、文学艺术性是互相依存的综合体。文字本身是传达思想的工具，离开语言文字的"思想"不存在。文学艺术性是通过语言文字表达出来，为思想性服务的。离开语言文字的文学艺术性是不存在的，为艺术而艺术，离开政治思想的文学艺术性也是没有的。明确了语文课的性质，我们语文教师在教语文课时就可以大胆地教学生掌握祖国的语言文字，分析课文的艺术性，而不怕别人说"忽视思想性，不对学生进行思想教育"；在进行思想教育时，也不怕别人批评"把语文课讲成了政治课"。当然，这三者是统一的，不能有所偏废。

（三）语文课的任务：一是学习祖国的语言文字，二是继承、发扬中华民族的人文精神

因为对语文课的性质认识不同，对语文教学的任务也就有各种说法。敢峰认为，语文课的性质是"工具课""思想教育课""文学艺术

---

① 敢峰著：《新世纪"根苗工程"》，人民日报出版社2002年版，第140页。

课"三者的综合,那么语文教学的任务也就十分明确了。所以敢峰说:"语文教学的任务很实在,从总体上说主要有两条:一是使学生学习和正确运用祖国的语言文字;二是在这个过程中,使学生学习、继承和发扬中华民族的人文精神和民族文化。"①

敢峰在《北京力迈学校的施教方略》中明确规定:"使学生扎下中华文化的根,懂得中国的历史和国情。"后来,敢峰多次在讲话和文章中都谈到这一点,他说:"重构基础教育,改革的思路我只有五句话。第一句话就是'使学生扎下中华文化的根,扎好做人的根'。"为什么把这句话作为第一条呢?敢峰解释说:"人一生的根基就在中小学。五六岁到十七八岁这个阶段,是人一生最重要的发展时期,变化最大。这段基础打好了,后边比较好办。这段基础不打好,就不好办了。"②打好思想基础可以理解,但有些人不解的是:中国正在搞现代化建设,走向世界,为什么把"扎下中华文化的根"作为第一条提出来呢?对此,敢峰明确指出:越是走向世界,越是搞现代化,这一条就越重要!在国内也许感觉不到,华侨华裔在国外那样的生活环境里这一条他们感受是很深的。中国需要走向世界,中国人靠什么来维系,很重要的一条就是中华文化。扎下中华文化的根,在中小学这一段极其重要,过了这一段时间就比较困难了。讲德育,讲思想工作,最根本的是中华民族的人文精神。

中小学的语文教学,就担负着完成"扎下中华文化之根"的重要的任务。学习好祖国的语言文字,一是为了学习继承祖国的文化遗产,二是为了维系中华民族大家庭的繁衍生存。一个民族的消亡,首先是民族语言的消亡,其次是民族文化的消亡。由此看来,中小学语文教学的任务十分重大!

---

①② 舒风编:《敢峰教育文选》,人民教育出版社 2008 年版,第 451、91 页。

(四)语文的教学方法应该是教与学的良性互动

"教与学良性互动"的方法,不只语文课适用,其他各科都适用,可以说是"放之四海而皆准"的好方法。方法是为目的服务的,有什么目的就有什么方法。不管采取什么方法,只要能很好地完成语文教学任务,达到语文学习的目的,就是好方法。否则,就是不良方法,或者是错误的方法。正如邓小平说的那样:不管白猫、黑猫,捉住老鼠的就是好猫。

敬峰关于语文教学方法有一段精彩的论述:

> 语文教学方法,如今可以说是学派流派甚多,只要是有利于语文教学任务目标的尽快实现和有利于学生学习成长的方法,不管国内外,不论新与旧,我们都兼容并蓄,取长补短,相互补充。但既然是中国孩子学习自己的祖国的语文,就一定首先要重视我们国家多年积累起来的有益的教学方法,加以科学地运用。教学方法是一个方法群,应根据教学任务、要求以及孩子的认知特点采取相应的方法,不能定于一尊。我们最看重教师的主导性和学生的主体性的共同发挥,在方式方法上讲究教与学的双向良性互动。一切好的教学方法,究其运作轨迹和教学状态,概莫都是教与学双向良性互动的。单向的不行,教师讲得再好,像梅兰芳唱戏那么精彩,学生都成了看客,而不是在剧团里跟着一板一眼、一招一式地学会唱学会演,到头来还是失败的。①

中国的孩子学习中国的语文,要用"我们国家多年来积累起来的有益"方法。这些有益的教学方法有哪些呢?比如:"读书百遍而义自

---

① 敬峰著:《新世纪"根苗工程"》,人民日报出版社2002年版,第142页。

见","熟读唐诗三百首,不会写诗也会吟","读书破万卷,下笔如有神","读万卷书,行万里路","读书要博与约相结合","三天不念嘴生,三天不练手生",等等。力迈学校的语文教学,各个年级都吸收、采纳了这些有益的方法,而且获得了不错的教学效果。总之,不管采取何种教学方法,学生在学习中不应是被动的,而应积极参与。所以,敢峰特别强调"教与学双向互动"的原则。

(五)语文教学改革只能靠我们自己

中国人最了解中国的事情,即使是外国人中的"中国通",比起中国的专家,应该也是稍逊一筹的。同理,最懂得中国语文教学规律的,应该是中国人,而不是外国的哪个学派或教育家。敢峰反对那些"食洋不化",照抄、照搬外国经验的做法,他说:"汉语言文字的教学,谁最有发言权?是我们中国人!学习与运用祖国的语言文字,有我们自己独特的传统方法。这些方法当然要随着时代的前进有所出新,有所变化。但近半个多世纪来搞了许多'食洋不化'和貌似科学其实并不科学的烦琐哲学和花架子,从根本上违背了中国语文教学的客观规律。解放后一股脑儿硬搬苏联那一套,把我国的语文教学搞得非常烦琐……现在,搞现代化,搞改革,语文教学是否也要在向西方国家学习中找出路呢?我看不行。语文教学,只能靠我们中国人自己。语文教学改革,也只能靠我们自己。"[①]

敢峰是否反对向外国先进的经验学习呢?不是的。他是反对那种教条主义、不动脑子地照搬外国的东西,"食洋不化"的做法。敢峰有句名言就是:"吃猪肉,吃羊肉,最终要变成自己的肉。"不要说把牛羊肉硬贴在自己身上不成,就是吃到肚里不消化、不吸收也不行。

要搞好我国中小学语文教学改革,当然要学习中国传统的教学方法

---

① 舒风编:《敢峰教育文选》,人民教育出版社2008年版,第371页。

和经验，也要学习外国先进的方法和经验。但这种学习必须是有选择的，要结合当前学校教学实际，灵活地学习。当前学校教学实际，就是学生和教师两方面的实际情况。除了学习别人的经验之外，更主要的是自己在实践中不断前进，不断创新，不断总结自己的新鲜经验。

第四编　教育理想论

　　敢峰的教育理想是"愿天下子女都成才"。为此,敢峰在北京力迈学校提出一个响亮的口号——"力迈无'差生'"。他鼓励教师要做"鹰蚁"人,千方百计转变"差生"。同时,学校采取了许多有力的措施,诸如:"红杏出墙""弱苗促壮""亮点工程",等等。敢峰自知仅力迈一个学校不可能使天下子女都成才,于是他发起了一个"共同宣言",希望全国的有志、有识、有强烈社会责任感的教育工作者,共同举起这面大旗。

第一章

办教育要有"鹰蚁"精神

2000年9月26日,敢峰在力迈学校五周年校庆大会上汇报教改实验时讲道:"在力迈学校,我们提倡一种精神,叫做'鹰蚁'精神。就是说,既要像雄鹰那样飞得高,看得远,又要像蚂蚁那样群策群力、艰苦奋斗。要进行重构基础教育的改革实验,精心营建新世纪'根苗工程',没有这种精神不行。我们希望力迈学校的同事,都能立志做'鹰蚁式'的人。"[①] 敢峰在许多文章中,在平日谈话中,也常常谈到这句话。他不只本身就是"鹰蚁式"的奋斗者,"飞得高,看得远",终日兢兢业业"埋头苦干"。他还希望力迈的教师都做"鹰蚁"人,培养出来的学生个个都是体魄健康的"鹰蚁式"人才苗子。这就是敢峰的教育理想和信念。

---

① 舒风编:《敢峰教育文选》,人民教育出版社2008年版,第649页。

一、办教育要顽强奋斗

敢峰认定，办好教育要有"鹰蚁"精神。"鹰蚁"精神的核心即顽强奋斗的精神，教改实验没有这种精神是办不好的。力迈学校是一所新创办的民办学校，学生来自全国各地，甚至还有一些台、港、澳三地的学生。这些学生思想观念、性格特点相互差异很大，有个别学生还沾染了一些不良习气。这就为教师的教育教学和管理工作带来了许多困难。面对这些困难该怎么办呢？是退缩，放任自流，还是勇敢地迎难而上，这是两种根本不同的态度，在教育教学实践中，就会有截然不同的两种结果。2000年9月11日，敢峰在教工学堂上面对全校教师，就力迈学校教育教学中的困难，作了《必须走自强之路》的发言，其中有一段是这样说的：

> 面临参差不齐的生源，善教者须以不倦之意而达持久之功，要迎难而上，愈战愈勇。哪里没有困难？要坚信乌云上面就是太阳，困难背后就是胜利。困难是凯旋门，但这座凯旋门只有英雄才能通过。困难是磨刀石，我们要把自己的才华在这块磨刀石上磨得更加流光溢彩。在人生道路上，顺境与逆境相互交错，一帆风顺未必好，也不可能。愿老师们像空中翱翔的雄鹰，飞得高，看得远。同时也愿老师如地上辛勤劳作的蚂蚁，群策群力，扎扎实实地做好本职工作。对教师的评价，我们要看的是实实在在的教学效果、教学实绩。今年来应聘的特级教师、高级教师很多，但我们选聘的主要标准是教学效果、教学业绩。老师们要坚毅不拔，知难而进；群策

群力，强中争强。互相配合、支持，用双向良性互动的办法，解决工作中和人际间的矛盾、问题。①

敢峰在这段话里讲了对教师的殷切希望：一是"像空中翱翔的雄鹰，飞得高，看得远"；二是"如地上辛勤劳作的蚂蚁，群策群力，扎扎实实地做好本职工作"。

"鹰蚁式"的人，飞得高，看得远。敢峰希望教师们在困难的时候看到"乌云上面就是太阳，困难背后就是胜利"。客观世界处处充满了矛盾，矛盾就是困难。我们从事教育工作，面对生龙活虎般的学生，怎么会没有困难呢？敢峰希望教师们把困难当做"磨刀石"，把自己的才华在这块"磨刀石"上砥砺得"流光溢彩"。这些话里面还含有"教学相长"的意思。年轻的教师不要以为和这些顽皮的学生周旋是"浪费青春"，而应该把教育教学活动看做难得的"求学机会"，在教育学生的过程中，自己可以学到在书本上、社会上学不到的知识，使自己的才华得到锻炼和提高。

"乌云上面就是太阳。"乌云不管多厚、多高，终究挡不住太阳。在整个地球上，被乌云遮盖的地区是一小部分，乌云遮盖的时间也不会太久。整个世界，还是阳光灿烂的日子多于暴风骤雨、乌云翻滚的日子。教育教学中的困难是暂时的，既吓不倒善教的"鹰蚁式"教师，也阻挡不住他们前进的步伐。

困难也是"凯旋门"，越过困难就是胜利，就是英雄。每个教师都要成为善教的"鹰蚁式"优秀教师，他们将"以不倦之意而达持久之功"。"不倦之意"即顽强的、不疲倦的、愈战愈勇的奋斗精神，具备这种精神的教师，还有什么困难可以阻挡其前进呢？

---

① 敢峰著：《新世纪"根苗工程"》，人民日报出版社2002年版，第147页。

地上的小蚂蚁，个子虽小但体力、精力非常大。它们往往能叼着比自身身体还大、还重的食物，不知疲倦地爬行很远的路。路途中不管是高坡低谷，还是石子或乱草丛，任何东西都不能阻挡它们前进。小蚂蚁是群居的小生物，它们信息极灵，协作精神极强，还非常遵守纪律。只要一只蚂蚁发现了食物，转眼间成群结队的蚂蚁就来了。它们会沿着一条最短的路，排着整齐的队伍把食物运回洞穴。所以，敢峰才把蚂蚁的"辛勤劳作"比做优秀教师们"群策群力，扎扎实实"的工作。

力迈学校聘用了许多特级教师和高级教师，敢峰还希望这些"鹰蚁式"的教师们，不只是"强中争强"，不满足已有业绩，还要"互相配合、支持"，团结协作，"良性互动"解决工作中的问题和矛盾。这一段话是经验之谈。敢峰多年从事教育领导工作，深知带一支优秀教师队伍的艰难。一个学校，特级教师和高级教师越多，队伍越难组织、领导。原因是优秀教师越多，优秀的教学办法越多，出的成果也越多，带出的优秀班级就越多。因此，这些优秀教师就容易产生自满情绪，互相攀比，互不服气。随后，教师队伍的团结也就成了问题。所以，敢峰先"打防疫针"，把思想工作做在前头。

二、办教育不能急功近利

1999年10月14日，敢峰向出席"民办学校国际研讨会"的代表们介绍力迈学校时说："我们经常告诫自己：办教育切忌急功近利，扎花架子。既要像老鹰那样飞得高看得远，又要像蚂蚁那样一点一点埋头苦干，要做一个老鹰和蚂蚁统一在一起的'鹰蚁'人。"

苍鹰既没有孔雀那样的美丽羽毛，也没有八哥、鹦鹉那样婉转的声音，没那么招人喜爱。但它"飞得高，看得远"，专门捕杀危害农作物的鼠类和飞禽，对人类大有好处。蚂蚁更是身体小，既不会叫，也不会飞，只知道默默地辛勤劳作，向来不被人注意。因此，敢峰才拿它们来自喻，同时也以此比喻勤奋的教育工作者。

"花架子"是做给人家看的，除了邀功请赏、蒙人骗钱之外，没有别的用处。《水浒传》第二回中的"九纹龙"史进，几位师傅教他的数套武艺都是"花拳秀脚"。史进把刀枪耍得"风车似的转"，满以为是上得阵的真功夫，结果被王进拿起哨棒只一搠，就"噗"的一声跌在地上。如果在教育上搞"花架子"，岂不误国害民。

农民种地有句谚语："人误地一晌，地误人一季。"在教育上，教师要误人子弟三年，那就整整误了一代人。年轻人养成华而不实的学风和文风，对国家、对民族危害大了。2006年春天，上海市搞了一次中学生作文比赛，要求学生以"感恩、渴望、责任、宽容、真诚"为主题词，写出真情实感和对生活的独特感悟。一名高三学生在一篇900字的作文中用了18个典故，平均100字2个典故。据统计：在以感恩为主题的272篇作文中，"母亲"们共给孩子端了18次饮料（牛奶、咖啡、水等），给孩子吃了25次点心，做了23次饭。评委们经过认真讨论、评定，最后这些"辞藻华丽而感情苍白，旁征博引而思想空洞，华而不实的"文章全部落选。

1998年5月，敢峰在《北京力迈学校重构基础教育改革实验纲要》中说："'十年树木，百年树人'，办教育要有长远的考虑和坚实步伐，切忌急功近利和扎'花架子'。"① 在市场经济条件下，教育演变成一种产业，但它如同医疗机构一样，仍然属于公益性范畴，教育子孙后代，利国利民。投资方从经济角度可以考虑赢利，但作为育人机构的领导和

---

① 舒风编：《敢峰教育文选》，人民教育出版社2008年版，第602页。

重要成员——校长、教导主任、教师,心中却不能只想着赚钱。教育是"百年树人"的慢功,来不得半点浮躁、冒进和急功近利。所以敢峰不厌其烦地反复讲,并多次把"切忌急功近利和扎'花架子'"写进不同的文件和文章里。

敢峰是个老实人,也是一个十分谦虚的人。他一板一眼抓教育,处处狠下苦工夫,绝不扎"花架子"。敢峰为力迈学校制定的"力迈宪法",或称"力迈学校教工的座右铭"是十二个字:"一心一意,奋发有为,兢兢业业。"敢峰的解释是:"教育是呕心沥血的事业,不一心一意就办不好教育。教育必须改革,不奋发有为,励志进行教育改革,教育就没有出路。教育改革是一项复杂的系统工程,既要有明确的目标,还要摸着石头过河,不兢兢业业,教育改革就不能成功。"① 敢峰还作了一首打油诗诠释这十二个字:

　　　　一心一意才有力,奋发有为始能迈,
　　　　兢兢业业是——为了成功、避免失败。②

1996年10月15日,敢峰向家长们汇报学校工作时讲了如下一段话:

　　一个是"重构基础教育"的改革实验,一个是"力迈无'差生'",这是横在力迈学校面前的两座雄关,也是当前国内和世界上基础教育的两大难题。这两副重担加在一起,我们挑得动吗?是不是白白苦了我们的老师?最近我睡不好觉,老在掂量这个问题。想来想去,谁要我来力迈学校啊!谁要我们的老师来力迈学校自讨苦

---

①② 敢峰著:《新世纪"根苗工程"》,人民日报出版社2002年版,第20、61页。

吃啊！挑不动也得奋力挑，否则，什么叫做教育工作者的使命感、责任感呢？有人老问我，你们学校为什么叫力迈学校，我总回答不好。一次我和张校长到校门前面沿公路的桃园去，承包桃园的老太太说，你们叫力迈学校是不是"卖力"的意思，我会心地笑了，说："你解释得很好。"到力迈学校工作就是要卖力气啊！当然，我们也不能搞唯意志论，要量力而行。①

1997年12月27日，敢峰在新年致家长的信中写道："力迈学校是学生的第二生活家园和第一精神家园。我们办力迈学校是'一心一意，奋发有为，兢兢业业'的，这十二个字是我们的座右铭，时时刻刻以这十二个字来激励、规范自己和全校同事的思想和行为。对家长我们不搞什么'广告语言'，更不文过饰非，也希望家长有什么话，有什么想法、意见和建议，能随时同我们沟通。总之，就像一家人那样。如果当面谈有困难，可以通过写信的方式……该处理的酌情处理，该回信的我也会回信，决不会吝惜时间。"

敢峰是个务实的人，他说到做到，说不务虚名，不扎花架子，就不扎花架子。2002年，力迈学校已有了很大发展，仍然不靠"优质生源"吃饭，也不打这个"牌"那个"牌"。家长想让孩子高中后出国学习，力迈学校的领导就积极对外联络，帮助学生办理有关事务，但他们不打"出国牌"。家长想让孩子学钢琴，力迈学校尽量创造条件，购买钢琴，聘请钢琴教师，但他们也不打"钢琴牌"。当前英语确实很重要，力迈学校就想办法大力加强，但他们也不打"英语牌"。敢峰说："我们从来不吃招牌饭，不搞泡沫，不图虚名，一如既往地坚持我们的重构基础教育改革实验，坚持为学生打好一生的发展基础负责，坚定不移地走自强

---

① 敢峰著：《新世纪"根苗工程"》，人民日报出版社2002年版，第54—55页。

之路。民办学校的最终决定因素是教育质量，只要我们踏踏实实，我们的道路会越走越宽广。"

以上这些就是"鹰蚁"人的具体写照，也是"鹰蚁"精神的具体体现。

三、培养"鹰蚁式"人才

《人比山高：敢峰的理念和人生》一书的封底上有敢峰的四句人生格言，其中之一是："既要像苍鹰那样飞得高，看得远；又要像蚂蚁啃骨头那样埋头苦干，辛勤工作。做一个苍鹰与蚂蚁统一在一起的'鹰蚁'人。"培养"鹰蚁式"人才，是敢峰的理想。那么"鹰蚁式"人才有什么特点？是个什么样子呢？敢峰在《北京力迈学校的施教方略》中，谈了力迈学校的培养目标，归纳概括起来大约有如下五点。

其一，勤劳勇敢，开拓进取。这是一种可贵的脚踏实地、不扎"花架子"、不务虚名的实干精神，是"鹰蚁"人才的显著特点之一。人世间了不起的大事业，都是傻乎乎的老实人干出来的。为什么老实人能干成大事呢？因为他们不避艰险，勇于接受最困难的任务，越是困难的事，他们越动脑筋，干劲越足。持之以恒，最终克服了困难，解决了矛盾，取得了胜利，自然也就功不可没。"聪明"人则相反，他们见困难就躲，见荣誉就抢。人世间哪有那么多的荣誉等着这些"聪明"人去白抢、白占呢？所以这些人往往一生虚度光阴，无所收获。

其二，有胆有识，自强自立。"鹰蚁式"人才都是有见识，有魄力；独立自主，自强不息，在工作中不等、不靠、不要，千方百计创造条件也要完成任务的人。所谓"飞得高，看得远"，就是目光远大，工作有预见性，在最困难的情况下，能看到光明的未来。他们有远见卓识，不为眼前的小利而放弃远大的奋斗目标。

其三，善抓机遇，应变有方。常言说，机遇总是寻找有准备的人。有时机遇来了，一些有准备的人也未必能抓住，其原因就在于善抓不善抓。你看到过苍鹰从高空猛地扎下来抓捕兔子吗？苍鹰悠闲地在空中盘旋，那是在寻找目标和选择机会。一旦瞄准了兔子，苍鹰就毫不犹豫地扎下来攻击。有些人之所以与机遇擦肩而过，一是因为他们看不见机遇，二是看见了机遇却犹豫不决，放过了机遇，三是缺乏应变能力，不能随着环境的改变而迅速地调整自己，及时地适应机遇。

其四，群策群力，强中争强。"鹰蚁式"人才一定要善于团结协作，群策群力，集中众人智慧，在高手如林的社会环境中，力争上游。在市场经济社会，竞争非常激烈，没有顽强的拼搏精神，企图舒舒服服，不求进取，只求维持现状是根本办不到的。在当今社会条件下，如逆水行舟，不进则退。个人力气再大，再聪明，与集体相比，其力量也是小的，智慧也是少的。今天是集体的时代，只有把个人的才华融入到集体之中，个人的才智才能发挥作用。

其五，后来居上，百折不挠。在人生道路上，遭遇困难和挫折，一时落在别人后边，这没有什么可怕的，是正常现象。"鹰蚁"人靠着坚韧不拔的性格和"百折不挠，勇攀高峰"的心理素质，能后来居上。可怕的是只能处顺境，不能遭挫折，在人生道路上只能领跑，一旦落后就灰心丧气，再也振作不起精神，这种人不可能完成艰巨的事业。人世间没有笔直的坦途。苍鹰"飞得高"会看得清，不迷失方向；蚂蚁脚踏实地，埋头苦干，不失信心，会一步一步奔向光明的前程。这就是"鹰蚁"人的性格。

我国自古就有众多的"鹰蚁式"人才，古远的人物就不说了，近现代的思想家李大钊、陈独秀、胡适，教育家蔡元培、陈垣、马寅初，地质学家李四光,数学家华罗庚,物理学家钱学森、钱三强,文学家鲁迅等人,都是杰出的"鹰蚁式"人才的代表。"鹰蚁式"的人才因为站得高看得远,又有埋头实干的品德,不怕挫折,勇往直前地推动社会发展,所以他们永远受人欢迎,永远是社会所急需的人才。

蔡元培既像"鹰"那样有远见,又像"蚂蚁"那样埋头苦干。他自幼好学不倦,36岁时还师从大学者马相伯学习拉丁文,每天早晨从自己居住的南洋公学步行往返十里路到马相伯的住处,有时天不亮就赶到了。他一生为官,做过中华民国的教育总长、北大校长、监察院长,还代理过司法部长。社会各界都把他尊为学者,而不视他为官僚。原因是蔡元培平易近人,没有一点官架子。蔡元培一生与守旧、腐朽的思想作斗争,与旧文化的代表人物为敌,但是他不仅受到新文化、新思想界的拥护和爱戴,而且还赢得敌对者的尊重。何以至此?就是因为他为新思想、新文化的发展做出了不朽的业绩,因为他有高尚的道德情操和人格魅力。

1917年,蔡元培出任北大校长时,当时学校有不少教师不学无术,顽固守旧;学生则多是官僚子弟,终日打麻将、捧名角,甚至狎妓嫖娼,搞得学校乌烟瘴气。蔡元培一上任就雷厉风行地进行整顿,提出"囊括大典、网罗众生、兼容并包、思想自由"的办学宗旨。他聘用教师不拘一格,唯才是用,既有新文化、新思想学者李大钊、陈独秀等人,也有穿马褂、拖着长辫子但学富五车的刘师培等人。在蔡元培的包容各种思想的办学方针下,北京大学各派名流云集,人才济济,校风为之一新。毛泽东称誉蔡元培为"人世楷模";他的学生称颂他"永远是站在时代前面的伟大人物……且有伟大人格"!

绝大多数婴儿生下来时天赋条件相差无几,只是在后天环境下,一部分孩子在家庭或学校教育下,获得"鹰蚁"精神,开始提升自己的天赋条件,有的仅提升了1‰,有的提升稍微多一点,到了成年以后差距逐渐拉大,成绩也就有所不同,对社会的贡献也就有了区别。

第二章

关于师资队伍建设

盖高楼、修铁路，需要一支有技术、有素养的工人队伍；种粮、种菜、种棉等等农事，需要成千上万勤劳朴实的农民。同理，办教育，培育千百万儿童成才，没有一支有知识、有教养的高素质教师队伍是不成的。所以，敢峰筹建北京力迈学校之初，就在《北京力迈学校的施教方略》中提出对教师的六条基本要求：

1. 有炽热的事业心和献身教育的精神。
2. 热爱学生，尊重学生，全面了解学生，做学生的良师益友，要读懂学生这本"无字书"。热爱学生是教师的"天性"，教好学生是教师的"天职"。
3. 精通本科教学业务，懂得学生的心理和学习规律，掌握优良的教学艺术。
4. 既教书，又育人，对学生既严格要求，又耐心细致。
5. 有良好的品行。

6. 努力进修，不断提高业务水平和教育水平。①

敢峰提出的这六条要求，既包括思想品德素养，又包括文化知识素养，还包括高水平的教育、教学艺术。读懂学生这本"无字书"就是一门大学问，不是一般教师所能做到的。敢峰提出的教师必须具备的六条要求，可以说是一部内容丰富的"教师学"。为了保证教师队伍的高素质，保证教学的高质量，力迈学校在没建校、开课时，就"在全国招聘教师，择优聘用"。

北京力迈学校招聘教师的标准，不唯学历、资历、职称、年龄，重在实际教育、教学效果。教师的晋升也是以实际教育、教学效果为依据。教育、教学的实际效果是一个综合指标，是教师各种素质在实际教育、教学工作中的集中体现。为了慎重地选准优秀教师，北京力迈学校两位副校长亲自看材料、谈话，与有关科目教师一起听试讲。初步选聘者，还要经过一段岗前培训，经过半年的"双向选择期"，双方都满意之后，方正式签合同聘用。

一、教师要热爱教育事业、献身教育事业

一个人，只有热爱某种事业，才能把全部心血，甚至整个生命献给这项事业。一个人，如果不热爱某种事业，就不会尽心尽力去做这项工作，更谈不上献身。热爱教育事业，是献身教育事业的思想基础。一个教师有了"炽热的事业心和献身教育的精神"，才能做到"既教书，又

---

① 舒风编：《敢峰教育文选》，人民教育出版社 2008 年版，第 589 页。

育人",真正"做学生的良师益友",真正做到"热爱学生"成了自己的"天性",视"教好学生"是自己的"天职"。何谓"天性""天职"?"天性"乃人生来具有的品德、性情和性格;"天职"者,乃一个人义不容辞的职责和义务,不只应该尽心尽力去做,还应该出色地去完成。一个人选择了做教师这个职业,就必须自觉地、毫无保留地具有"热爱学生"的"天性"和责无旁贷地"教好学生"的"天职"。教师有了这种"献身教育的精神",就可以做到舍弃什么也不能舍弃学生,忘记什么也不能忘记教育、教学工作,把教育工作,把学生看得高于自己的生命,把献身于教育事业,视为自身人生价值的追求。

敢峰为什么对教师提出这么高的要求呢?

第一,教师是人类灵魂的工程师,是培育、培养人才的人。祖国的前途如何,取决于我们的下一代青少年;下一代青少年如何,取决于今天的教育;今天的教育工作如何,取决于广大教师。热爱教育事业、献身教育事业,是教师职业道德的核心部分,是当好教师的前提条件。教师只有忠诚于教育事业,才能满腔热情地忘我工作,无私奉献,不计个人名利得失,为下一代的成长贡献自己的毕生精力。

第二,尊重热爱学生和热爱教育事业,是衡量教师职业道德的重要尺度。教育不只传授知识还塑造学生的人格,教师只有热爱学生,才能教育好学生。教师只有把对教育事业的爱和对学生的爱融为一体,他才是一个完美的教师。对学生冷漠、缺乏热情的教师,决不是一个好教师。没有爱的教育必然是失败的教育。

按照敢峰的教育理念,热爱教育事业、有献身教育的精神的教师,应具备下列几点品质。

1. 热爱学生、尊重学生。

尊重、热爱学生就要全面关心学生的健康成长。品德好、学习优秀的学生,每个教师都喜欢。教师热爱、关心这部分学生很容易做到。而那些调皮、捣蛋，学习成绩又差的学生，要教师发自内心地去爱他们、关心他们的生活和学习就十分困难了。但是，现实生活中，正是这些学习有困难、作风散漫、品德又差的学生，更需要教师的关心、尊重与热爱。因为这些学生在学习上缺少教师的关心和耐心辅导，所以成绩才差；他们在日常生活中得不到教师的热爱和体贴，他们就感受不到集体的温暖。因此，他们就离群索居，纪律性很差，甚至对抗教师的批评教育。因为这些学生较少被关爱，所以教师对他们的无私关爱，正是这些学生全面发展成长的重要动力和进步的起点。所以说，是否尊重热爱每一个学生，也是衡量一个教师职业道德合格与否的重要标准。

2. 做学生的良师益友。

要做学生的良师，首先要做学生的益友。教师如果总是高高在上，端着师长的架子，则学生从思想感情上、从心理上就和你有了很大的距离。师生在思想感情上一旦有了距离，学生有什么想法，有什么苦闷，在生活上、学习上有什么困难，就不会告诉教师，教师不了解学生的思想，就无从"对症下药"施以教育，自然也就得不到应有的效果。

3. 读懂学生这本"无字书"。

"无字书"，没有文字。学生的思想、性格、心理特征，既没有用文字写在额头上，也没有录制在磁带上随时可以播放，所以这本"无字书"非常难读。但这本"无字书"有密码，有符号，一旦了解了这些"密码"和"符号"，就有可能读懂这本"无字书"了。"无字书"的"密码"就是学生的一举一动，一颦一笑，穿衣戴帽的爱好，结交同学的倾向，阅读课外读物的兴趣等信息，这些都可以用来解读学生这本"无字书"。每个学生有每个学生的心理特点，所以说一个学生就是一本"无字书"，一个班几十个学生就是几十本"无字书"。如果每个学年换一个新的班级，每年就要从头读几十本新的"无字书"，教师难当就难在这里。

4. 既教书，又育人。

教书，是传授知识。仅仅当一个"教书匠"，照本宣科，学生听懂听不懂不管，会不会不管，这是很容易的事，但教师不是"教书匠"。育人，是塑造学生的思想、道德情操和人格。塑造学生的思想性格，靠简单的、生硬的说教不成。敢峰说：育人是塑造人的灵魂，做学生的思想转化工作，"如同春雨润物"，要"动之以情，晓之以理"。他还说：育人是"一项伟大的艺术，它比世界上最精细的雕刻还要精细一百倍、一千倍、一万倍"，"粗枝大叶不行，形式主义不行，一定要精雕细刻"。教师，做好传授知识的教书工作就很难，再加上育人，同时完成这两项任务就更加困难了。

5. 精通本科教学业务，具有优秀的教学艺术。

一个教师如果对自己所教课程、专业不精通，只是嘴上说"热爱教育事业"，"献身教育事业"，说得好听些，那是空话、大话，说得难听些，那是骗人的，是误人子弟。因为不精通自己"本科教学业务"，就没有很好地完成教学任务的资本，没有做一位好教师的物质基础。俗话说："教给学生一杯水的知识，教师要有三桶水的知识。"没有"三桶水的知识"，在课堂上你就不可能解答学生提出的所有疑难问题，你就不可能针对几十把不同的"锁"，找到合适的"钥匙"去一把把打开。既然精通了教学业务，为什么还要"具有优秀的教学艺术"呢？打个比方，你有三桶面粉，直接让学生们吃这些面粉，他们谁也不肯吃。但如果你能针对不同学生的喜好，做成各种糕点、面食，色、味、形俱佳，学生们会抢着吃。所以说，教师既要精通本科教学的业务，又要有优秀的教学艺术。二者缺一不可。

6. 懂得学生的心理和学习规律。

教师要懂得学生的心理，即懂得学生不同年龄段的心理特征和性格特点。不同年龄有不同年龄的兴趣爱好，不同年龄有不同年龄的接受能力。知识过深，学生理解不了；讲得过多，学生接受不了、消化不了。

而知识过浅、过少，学生听起来乏味，由于精力过剩，在课堂上坐不住，就开始扰乱课堂秩序。许多聪明的孩子之所以沦落为"差生"，就是由于教师满足不了他们的求知欲望，开始时在课堂上捣乱，继而顶撞教师，一点点演化成的。教师掌握了学生的心理特点，还要懂得学习规律。学习规律也可以说是学生认识客观世界的规律。一般来说，认识客观世界都是沿着由浅入深，由点到面，由少而多，由感性认识到理性认识，由现象到本质，由表及里这条线发展的。违背了这条基本规律，学生接受知识就十分困难，教学效果必然不理想。作为一名合格的教师，懂得这两门学问，是起码的要求。

7. 有良好的品德、操行。

北京师范大学是培养人民教师的高等学府，其校训是书法家启功先生题的"学为人师，行为世范"八个字。意思是培养的这些未来的人民教师，其学识和学习精神，足以为世人的老师；其行为、品德、操守，可以成为世人学习的模范。为什么对教师的思想品德要求如此严格呢？这是因为教师是育人的人，他的言行对学生的影响是潜移默化、非常深远的。教师必须是学生行为的典范。在学校，不允许学生做的事，教师绝对不能做；提倡学生做的事，教师必须带头做出榜样。只有如此，教师才能赢得学生的尊重与信任；否则，教师在学生中就得不到信任和尊重。《论语》有言："其身正，不令而行；其身不正，虽令不从。"教师必须严于律己，以身作则，在各个方面成为学生学习的楷模。

二、凝聚教师队伍的三大原则

民办学校最大的问题是教师队伍不容易巩固。尽管教师的素质很高，但如果他们有临时"作客思想"和"打工思想"，随时准备跳槽，工作就不会安心，学校的教育教学质量就得不到保障。在筹办北京力迈学校时，敢峰就意识到这个问题。育人是需要教师倾注大量心血的，力迈学校建校伊始，敢峰就对新招聘的教师进行集中培训，尽量淡化教师的"打工思想"，往共同搞好教育事业上引导。随后，他又提出力迈学校的核心工程——教师的凝聚提高工程。该工程有三大原则：事业凝聚、感情凝聚（又称环境凝聚）、待遇凝聚。

（一）事业凝聚

敢峰多次讲话或写文章都讲道："经过一段时间的探索与奋斗，使北京力迈学校成为现代一流的、在海内外有一定影响的基础教育学府，出人才苗子，出经验，出新的教育思想，出教育家。"简称"四出一府"，他还把这段话写入《北京力迈学校的施教方略》。"新的教学经验""新的教育思想"谁来创造、总结？当然是亲自实践"重构基础教育"的力迈学校的教师们。"教育家"哪里来？当然是从力迈学校教育教学经验丰富的教师中产生。新聘来的教师，一跨进力迈学校的大门，敢峰就用"重构基础教育"的理想，把他们凝聚在一起，为了"四出一府"的宏伟事业而奋斗。

经过十来年的教改实践，在力迈学校的教师队伍中涌现了成批的优秀教师。诸如：善于给学生播下"自信种子"的李雪国老师、因势利导的王茂茹老师、精诚对待学生的姜雅荣老师、让"差生"抬起头来走路的霍稼华老师、关爱每个学生的菊子老师、注重培养学生良好心理素质的刘新萍老师，等等。这些教师不就是未来的教育家嘛！

（二）感情凝聚（又称环境凝聚）

北京力迈学校在敢峰的倡导下，对教师非常尊重，他们首先把教师的试用期改称"双向选择期"。在"双向选择期"内，学校可以选择教师，教师也可以选择学校。北京力迈学校对聘来的教师一不押证件，二不扣发保证金。聘任的教师不管因何种原因想离开学校,只需提前一个月告诉校方就可办手续。之所以要提前一个月报告校方,完全是为了对学生负责,便于学校安排工作。敢峰说:"我们对教师的工作要做到'人在心在,人去心留'。何苦'人在曹营心在汉'啊!人走了,愿意回来的,真诚欢迎。"

2001年2月力迈学校开学初,敢峰布置新学期的工作时,又再次强调对新招聘来的教师要无微不至地关怀、爱护:"把关心、稳定和提高教师队伍的工作放在第一位,鼓励和帮助教师知难而进(特别是过"学生关"),坚忍不拔,同时为他们排忧解难。公办学校的教师初到民办学校,往往会出现以下情况:一是短期内不太适应,二是心理比较脆弱,三是脚踏'两只船'或者有后顾之忧。因此一碰到困难或不顺心往往思退。在力迈学校,教师基本上是稳定的,但在一些教师中也存在某些不稳定的因素。我们下定三个决心:一是只要是优秀教师就要,不怕多;二是在教师有困难时,一定努力帮他们解决;三是好教师如果要走,千方百计挽留。而且这些工作需要尽量做在前面,见微知著。此外,要创造条件活跃和丰富教师的业余生活。"

几年后,敢峰的"教师的凝聚提高工程"已卓有成效。在力迈学校,有一位老师走了没几天又回来了。还有一位曹老师,应聘到珠海一所学校。工作了一个学期,一放假她就回到力迈学校,拿着一篇教学经验总结找到敢峰校长说:"这是学生交给您的一份答卷。这篇论文是力迈教育改革的延伸。"力迈学校的教师队伍基本上是稳定的。敢峰说:"我们不怕别人挖我们的教师,再过几年,还希望他们来挖我们的教师。这样,力迈学校的经验就可以在全国开花结果。"

(三)待遇凝聚

力迈学校对教师实行九级"段位制",把教师的教学水平和转化、提高学生的能力分成九个等级给予不同的工资待遇。这对中青年教师的成长起了极大的推动作用，在力迈学校教师中涌现了大批优秀骨干力量。实施《北京力迈学校重构基础教育改革实验纲要》三年后，原为四段的中级职称教师已有6人进入七段，6人进入六段，13人进入五段；原为二段的初级职称教师已有2人进入五段，4人进入四段，13人进入三段。这些教师在教育教学中发挥了巨大的积极作用，在教学中起"尖刀班"作用的优质课、研究课越来越多，越来越好。力迈学校之所以能很快地使学生转化，敢于提出"力迈无'差生'"，在北京地区迅速发展起来，有一支优秀的教师队伍是其主要原因。

这支优秀的教师队伍是力迈学校实现"重构基础教育"和"力迈无'差生'"的"根基"。敢峰提出"力迈无'差生'"的口号时，曾说："我们敢这样说，这样做，自有我们认识的基础，自有我们的办法、信心和勇气。"敢峰的认识基础是"强将手下无弱兵""名师出高徒"。敢峰总是强调"当教师最重要也最难的是读懂学生这本'无字书'"。敢峰的信心和勇气是有把握建设一支教学经验丰富、各方面训练有素的教师队伍，因为教师是教育、教学改革的关键中的关键。敢峰认为，善于培养一支立志改革、品学兼优和有高超教育艺术的教师队伍，是当好校长的基本功。

三、教师要不断更新知识

邓小平同志在书赠北京景山学校的题词中指出："教育要面向现代化，面向世界，面向未来。"教育要做到"三个面向"，课程计划、课程标准就必须适应"三个面向"的需要及时更新。因此，教材内容也要及时更新，把现代科学研究的最新成果补充到教材里去。教材的内容更新了，作为传授知识的教师，也必须及时更新自己的知识，提高自己的教学技能和艺术，这样才能适应教学改革的需要。

目前，我们师资队伍的知识结构怎么样呢？我们现在的教师大多是20世纪70年代、80年代的学生，他们的知识结构基本上是那个时代形成的（且不说所学的知识有许多在当时看来就很陈旧），而知识的陈旧率和淘汰率非常高。据有关资料统计，大学毕业后一年，其所学知识的陈旧率达到30％～40％，三年到五年内，其所学知识陈旧、老化率达到70％～80％。教师面对的学生则是处在知识经济时代的青少年，他们兴趣爱好广泛，视野开阔，求知欲强烈，教师要做到既教书又育人，没有广博的新鲜知识，断然担负不起这项工作。怎样才能使大批教师更新知识呢？敢峰在《谈教师的知识更新》的文章中有这么一段话：

> 中、小学则要采取有力措施加强教师的进修，在进修中应把知识更新作为主要任务之一。至于有些教师底子差，需要补课，也要与知识更新结合起来进行。各种有关教学的刊物，都应把帮助教师解决知识更新问题放在重要位置上。有条件的高等师范院校和教师进修学院，如果能建立中、小学在职教师的函授网，或者举办定期的讲座，有计划、有系统地推动广大中、小学教师的知识更新，那就更好了。我想，这是可以办得到，而且也是应当办得到的，不知哪些院校愿意捷足先登，开辟出一条蹊径来。[①]

敢峰这段话讲的是学校和社会如何关注并帮助中、小学教师更新知识的问题。作为教师本人，在知识更新上应如何发挥主观能动性和积极性呢？敢峰有一篇《学习的"根据地"和"游击区"》[②] 讲得很好。他

[①] 敢峰著：《教海夜思》，浙江教育出版社1985年版，第84—85页。
[②] 参见敢峰著：《路，就在你的脚下》，天津人民出版社1982年版。

在这篇文章中讲了如下几个问题，值得我们教师在更新知识时借鉴。

1. 知识要精专。

知识浩如烟海，书刊多如牛毛。我们不可能遍读天下书、尽知世上事。我们只能根据自己的时间与精力，专注学习与自己本科教学有关的知识。敢峰说："我是主张精专和博览相结合的。在学习上既要建立巩固的'根据地'，又要有广大的'游击区'。尽管每个人有每个人的知识结构，各不相同，但是，我认为，从长远发展的观点来看，'宝塔形'的知识结构最理想。"在所有的建筑物中，宝塔的"方向意识"是最强的——像钻天杨一样要向空中发展，而且基础非常牢固。读书也应如此，主攻方向要很明确，同时要有广博而坚实的基础。敢峰反对那种"信手抓来，东翻翻，西看看，无所精专，犹如大海漂舟，毫无方向"的读书、学习。"精专"就是"宝塔"的塔基、塔身与塔尖，也就是专业知识的"根据地"。

2. 读书要广博。

"博览群书"，就是广泛地涉猎知识。相对精专的知识"根据地"来说，广泛涉猎来的知识就是"游击区"了。在学习上，我们应该把建立巩固的知识"根据地"同发展广大的"游击区"结合起来。这对开阔视野，启迪智慧，培养才能，了解学术界的脉搏和发展的动向是极为重要的。现在书多，刊物多，报纸多，我们不可能都读，更不可能一一精读，但也不能因其多而不读。古人说"开卷有益"，我们尽量涉猎一些与我们专业有关的书刊，没有时间精读，可以"跳跳蹦蹦"地读，也可"一目十行"地浏览一遍。这和前边提倡的"精专"是否矛盾？一点也不矛盾。敢峰也主张"精专和博览相结合"。只有"精专"，没有"泛泛浏览"，精专就没有广泛、深厚的基础；只有泛泛的皮毛知识，而没有精湛的专长学问，则是"样样通，样样松"的无用之才，这种人什么都懂点，什么也干不了，干不好。

3. 读书要循序渐进，熟读精思。

我们读书不在多而在精，对所读之书要严加选择。在读书方法上要循序渐进，不能急于求成，想一嘴吃成胖子不成。"囫囵吞枣"地读书，等于没有读，当时读了很多书，过后忘得干干净净。"循序渐进，熟读精思"的读书方法，其好处在哪里呢？敢峰说："有了一批精读的书成为自己知识上的骨架和血肉，才能在博览群书时有意识、有选择地把有益的东西吸收进来，不断丰富自己的知识宝库。这样，所学的知识就不会是杂乱无章的堆积，而是一个有机的整体。"只有在"精读"的基础上，"一目十行"地读书才能获益。

4. 读书要去粗取精。

我们面对书山，读不完这些书怎么办？敢峰发明了一种读书方法——"翻目录"。他说："还有一个办法，叫做'翻目录'。可以说'翻目录有益'。……翻目录也是一种读书法——"宏观读书法"，是对精读和博览的一种重要补充。时代的脉搏，学术思想界的动向以及种种新情况、新知识、新观点，首先都在目录中显现出来，使你一目了然。然后你可以按照自己的需要，有些可以深读，有些可以浅读，有些可以大致翻一翻，有些则根本不读。对一本书和刊物，翻了翻目录，就像到了黄山，虽然没有登山，只在远处看了一眼，总算知道了一点轮廓。"有些同志反对读书"一目十行"，敢峰则认为"一目十行"也是一种读书的本领。他说："倘若凡书都要一字一字地读，那怎么得了啊！有些地方需要'下马看花'，有些地方可以'走马看花'，还有些地方只消远远一望就可以了。游山是这样，博览群书也是这样。"一个人不懂得"一目十行"的必要性，就是不懂得读书的辩证法，不懂得读书要去粗取精，专门吸取知识的精华。

我们要努力读书学习，努力更新知识，还要学会读书，善于更新知识，在茫茫的知识海洋中以有限的时间去获取更多有用的知识。

我们千万不要轻视教师的知识更新,只有所有教师都用现代的新鲜知识武装起来,传统教育才有望逐步改变为"面向现代化,面向世界,面向未来"的现代教育。

四、教师要在不挂牌的"师范大学"进修

敢峰为了培养一支高素质的教师队伍,他在力迈学校建校之初就举办了"教工学堂"。他要求力迈学校要"铸师魂,修师德,扬师风,展师能,对教师进行再提高"。① 2002年10月,敢峰在教工学堂上又郑重宣告:"力迈学校是一所进行教改实验的学校,同时也是一所不挂牌子的'师范大学'!"②他强调,力迈学校不只培育青少年成才,还不断培训、提高教师。一定要使每位教师深深懂得:热爱学生是教师的天性,教好学生是教师的天职;良好的师生关系是教育赖以发生作用的基础。

力迈学校的"校中学校"——教工学堂,自成立始,每个星期一晚上举办讲座。夏天是晚8:30—9:30,冬季为晚8:00—9:00。十几年来,一直坚持未断。建校之初的五个星期,敢峰亲自讲了"铸师魂、修师德、扬师风""调动学生积极性进行启发式教学""教育原理十则""拧紧螺丝钉""热爱学生,尊重学生"等五节课。

敢峰说:"在这所不挂牌子的师范大学里,'学生'(指教师——引者注)的主要学习方式是在教育、教学实践和教改实践中学习。在实践中既要重视过去的旧经验,更要不断打破旧经验,创造新经验,以适应新的情况和新的要求。这个过程就是学习、科研和创新的过程。毕业的

---

①② 舒风编:《敢峰教育文选》,人民教育出版社2008年版,第659页。

标准是，经过实践检验，能够因材施教、循循善诱、教学相长，成为'经验＋科研'型的教师，是真正的优质教育工作者。"①

按照敢峰的构想，这所不挂牌子的"师范大学"的课程主要有三类。

其一是基础课程。培养和提高教师在教育过程中的各种基本功及责任心、业务能力、教学艺术和修养，帮助教师树立新的教育观念。敢峰说："要特别注意教育观念的更新和提高，要讲求学生观、学生教育观，集中体现师魂、师德、师风、师能。"②

其二是主体课程。这门课程主要进行基础教育的改革和创新。基础教育的改革和创新就是重构基础教育，走改革之路，达到创新之彼岸。课程结构改革包括三项内容。一是语言课程重心下移，数理课程重心上移。二是在教学要求上"死"与"活"多方面结合。它包括基础知识和能力的结合，必修和选修的结合，课内和课外的结合，建立知识上牢固的"根据地"和广阔"游击区"的结合，教学的硬性要求和弹性要求的结合，以及德、智、体、美全面发展与因材施教的结合等。在这些问题上，大有文章可做。三是培养学生进行研究性学习，要引导学生进行自学，这是研究性学习的基础，对学生一生的发展至关重要。

敢峰解释说："教材改革要求教师在融会贯通的基础上善于使用教材，而不是教师跟着教材亦步亦趋。采取何种方式和方法达到教材的总体目标和要求应由教师自行研究探讨决定。教学方法、方式、课堂结构等方面的改革、探索有很大空间，需要发挥教师的积极性和创造性，深入进行。"③

其三是研究课程。即在基础教育改革和创新实践的基础上进行一些专门研究，要出新的教育经验、新的教育思想，出教育家。

---

①②③ 舒风编：《敢峰教育文选》，人民教育出版社2008年版，第659—660、660、660页。

敢峰风趣、幽默地说：我们这所大学"除了请人讲课、教师交流之外，各种各样的学生都是这所不挂牌子的师范大学的专职教师，最难教的学生往往也是最好的、最严格的老师。他们对'学生'（教师）的要求很高，出的'考题'也最难。要向自己的教育对象学习，要读懂学生这本活的'无字书'，学懂、学到许多原来我们不懂、不甚懂、不会或者搞不好的东西，真正做到因材施教、循循善诱、教学相长，提高我们的综合才能和整体修养"①。

力迈学校的教师是幸福的。普通的教师在这里任教几年或十多年，不只学到许多书本上没有的活的知识，还会增长自己的才干和教育、教学能力，使自己得到长足进步。力迈学校是实实在在的继续教育学院，获益者并非只是学生，教师们更可以通过实践使自己得到长足的进步。这是最重要的、最实实在在的继续教育。

---

① 舒风编：《敢峰教育文选》，人民教育出版社2008年版，第660—661页。

第三章

要攻克世界性教育难题——"差生"问题

敢峰提出"力迈无'差生'",将其作为要攻克的两座"雄关"之一(另一座"雄关"是"重构基础教育改革实验"),这是中国教育界的一个壮举。

敢峰曾多次谈到,他最大的教育理想就是"愿天下子女都成才",在力迈学校的校园里既有"红杏出墙",又有"弱苗促壮",满园春色,万紫千红,交相辉映。

基础教育是国民素质教育。天下父母都期望自己的子女在中小学阶段,成为品学兼优的好孩子,将来成为有用人才;各国政府和教育主管部门,也都希望基础教育能为国家培育好青少年,卓有成效地提高国民素质。但基础教育的现实状况,并非像国家和每个父母所期望的那样。在英、美等发达国家的中小学校的某些"差生",吸毒、盗窃、打架,甚至制造枪杀案,无所不为,愁杀了家长和政府主管部门。我们国家的中小学教育也令人担忧,"差生"问题也困扰着学校的教师和领导,同样也牵挂着家长的心。所以说,"差生"问题是世界性的教育难题,许多教育家面对"差生"都难有良策。

一、转化"差生"是教育工作者的天职

敢峰创办力迈学校后，同样遇到了"差生"问题。但他没有退缩、回避，而是决心攻克基础教育领域中的这个"哥德巴赫猜想"。因为敢峰意识到，培养好青少年一代，决不能放弃"差生"，转化"差生"是关系到社会稳定和民族复兴的大事。如果学校的教育工作做得好，把"差生"转化成好学生、优秀学生，则给未来社会增加了一个合格的建设者。他不只自食其力，还能为国家、为社会创造财富，作出贡献。如果学校和教师不尽职尽责，放弃了这部分"差生"，他们走到社会既没有文化知识，又没有谋生手段，轻者变成"啃父母"的寄生虫，严重的可能成为破坏社会和家庭安定和谐的消极因素。

敢峰认为，教育好"差生"是教育工作者的天职，是国家和人民赋予教师的重任。为什么说教育好"差生"是教师的"天职"呢？韩愈在《师说》中说："师者，传道授业解惑者也。""传道"就是告诉学生如何做人，如何处世，培养学生的健康人格。换言之，即塑造学生的"灵魂"。今天国家对学校和教师的要求是：全面贯彻国家的教育方针，为国家、为社会培养德、智、体、美诸方面都得到发展的，有理想、有道德、有文化、有纪律，体魄健全的社会主义事业的建设者和接班人。家长对学校、对教师是十分信任的，把孩子交给学校，就是让自己的孩子通过学习，由无知的顽童变成知礼懂事、有知识、有健全人格的人才苗子，被社会欢迎、为群体乐意接纳的优秀青少年。所以说，教师教育好"差生"，做"差生"的转化工作不仅是光荣的，也是责无旁贷的，不管

有多大困难都必须做好。

敢峰在1995年底思考、酝酿成熟后,写成《力迈无"差生"》一文,发表在1996年3月号《方法》杂志上。敢峰在这篇短文中提出了转变"差生"这一崭新的教育观:

"力迈无'差生'",这不是随便说说的,也不是一时心血来潮,而是我们教育工作者的立足点和出发点。它体现了一种新的教育思想和我们的办学方针。当不少学校和教师正为"差生"问题困扰和苦恼的时候,我们敢这样说,这样做,自有我们认识的基础,自有我们的办法、信心和勇气。否则,干脆把力迈学校的牌子摘掉算了,"归去来兮",我还当力迈学校的校长干什么?①

创建力迈学校之初,敢峰就为自己立了一个进军的目标:要在十五年内攻克"重构基础教育"和"力迈无'差生'"这两座雄关。敢峰为什么老来锐气不减,就是因为教育改革的重任在肩。一个大教育家的心声和形象跃然纸上。

"力迈学校无'差生'",是不是力迈学校的学生都是"优中择优""强中选强""百里挑一"的学生呢?不是的。敢峰说:"我们是'有教无类'。"敢峰认为,有些重点学校招生"层层拔尖",连自己"拔尖"来的初中生,毕业升高中时还要甩出很大一部分,再在更大的范围内"拔尖"。这样"拔"出来的优异成绩和高升学率,不是教育、教学的真本事,在教育学上毫无意义。为什么这样说呢?因为拔来拔去,最后选拔出来的优秀尖子生,品德好、悟性高、学业优良,他们都有自己独特的学习方法和技巧,不用教师费力辅导,只要指点一二,他们就能领悟

---

① 敢峰著:《新世纪"根苗工程"》,人民日报出版社2002年版,第41页。

到八九不离十。这样的学生谁都可以教好,放在任何地区、任何学校都会有好成绩,所以说"在教育学上毫无意义"。当年创办景山学校时,在中宣部附近找了两所基础较差的中小学做教改实验,道理也就在这里。

教育、教学的真本领就是转化学生的思想,提高学生的学业成绩。能把一个个所谓"冥顽不化"的儿童,培养成一批批有理想、有道德、有文化、有纪律的,具有远大发展前途的人才苗子,那才是真功夫。在转化"差生"的实践中摸索出来的经验,才是最宝贵的,才真正有推广价值。

到了21世纪初,敢峰根据力迈学校几年来转变"差生"的经验,把"力迈无'差生'"的理念和实践整合为"弱苗促壮"工程,使之更加系统化、实际化,更富有可操作性。"弱苗"的提法比"差生"更贴切,学生们更乐意接受。因为"差生"不是所有方面都"差",也不是永远"差",只是在某些方面"差"一些,在某段时间"差"一点,所以用"弱苗"来取代"差生"更为合适。"弱苗"经过浇水、施肥,再加上精心管理,经过一段时间就会变成"壮苗",而且会长势喜人的。

二、如何转化"差生"

敢峰认为:"'差生'是一个'灰箱'名词,内涵极不确定,极不科学。学习上一时落后的,淘气的,不听话的,爱打闹的,厌学的,脾气坏的,沾染不良习气的……学校和教师都可以把他们往'差生'里边装。而学生一旦被戴上'差生'的帽子,自尊心、自信心往往受到严重损害,甚至'破罐破摔',在心理上、精神上很难翻身,陷进恶性循环的旋涡中。这是教育的失败。"①

敢峰关于"力迈无'差生'"的解释是:"力迈无'差生',不是说力迈没有思想或学习后进的学生(这在任何地方都不可能)。正是由于这样的情况,我们才大胆提出并承诺:家长把孩子送到力迈学校,不管原来的基础如何,我们都要努力把他们培养成才。"②

根据敢峰的阐述,"力迈无'差生'"作为一种新的教育理念,它包含这样几层意思:

第一,某个学生某方面差不等于各方面都差,他总会有比较好的方面。问题在于我们能不能全面地看待某些方面有缺点的学生,能不能发现他们身上的闪光点。

第二,学生是一个处在发展过程中的未成年人,今天某方面差,明天有可能变好。问题在于我们能不能发展地看待有缺点的学生,能不能对他建立起积极的期待,始终寄予期望。

第三,差生存在变好的可能性,但要把这种可能性变成现实,需要教师奉献十倍的爱心和做极其艰苦的转化工作。所以,敢峰在力迈学校一直把"热爱学生是教师的天性,教好学生是教师的天职",作为教师的师魂来加以倡导。

总之,要允许学生一时落后。世界上从来没有天生的将军,孩子总是在激励和锻炼中成长。敢峰曾写过一首诗鼓励教师努力做好"差生"的转化工作:

劝君莫诧将军矮,
将军皆从矮子来。

---

① 敢峰著:《新世纪"根苗工程"》,人民日报出版社2002年版,第41页。
② 舒风著:《人比山高:敢峰的理念和人生》,中国青年出版社2005年版,第312页。

愿君更加一把火，

激励学子早成才！①

敢峰特别强调："对'差生'，不能放弃，更不能嫌弃，要给他们以勇气、以信心、以希望，从他们的实际出发，把心理治疗和教学活动结合起来，一步一步把他们引上学习的快车道。俗话说'一把钥匙开一把锁'，这样做也许很费劲，但一旦把一个'差生'转化过来，那就不是'一把锁'的问题了，可以带动一片！我们要把教与学双向良性互动的整个链条'关爱学生—启发式教学—激励教育—养成教育—化解矛盾'全面抓起来，并在学生中提倡同学之间的良性互动，努力在全校形成一种积极向上的精神风貌和生动活泼的教育局面。"②

在一次学生大会上，面对"差生"，敢峰深情地说："不管你们过去学习成绩多么差，只要努力就是好学生；不管你们过去有多少毛病和坏习气，只要认真改正就是好学生。"会场立即爆发了热烈的掌声。

敢峰还对教师深情地说："转变一个'差生'，胜造一座七级浮屠，这是功德无量的事。"

现实生活中，没有一个不想学好的学生，也没有一个不想把学生教好的老师。但学校为什么还有调皮、不守纪律、学习落后的学生呢？为什么有些后进的学生会拒绝老师的教育和帮助呢？原因是多方面的。但从教师自身的工作来考察，其中原因之一，就是教师还没有很好地了解学生，也没有让学生很好地了解自己，即教师还没有很好地掌握、运用师生"双向良性互动"这个教育原则。

教师对学生进行教育的过程，是一个师生"双向互动"的过程。在

---

① 舒风著：《人比山高：敢峰的理念和人生》，中国青年出版社2005年版，第313页。

② 敢峰著：《新世纪"根苗工程"》，人民日报出版社2002年版，第170页。

这个过程中，教师根据自己观察、了解到的学生的情况，形成对学生的基本看法，然后设计出教育计划，确定对学生的施教措施。但是，教师在施教过程中，往往忽视学生是一个有思想、有情感的活生生的人。学生在接受教育的过程中，不是消极被动的，而是对教师的教育和施教态度进行分析、判断并作出自己相应的选择：或接受，或拒绝。当学生拒绝接受教师的教育和帮助时，教师所做的工作就起不到教育学生的作用。只有学生乐意采纳教师的意见时，教师所做的教育工作才能发挥积极的作用。这时师生之间的"互动关系"才是良性的。

怎样才能形成师生"双向良性互动"机制呢？在什么条件下，学生才会愉悦地接受教师的教育呢？力迈学校的广大教师，根据敢峰创建的"良性互动"教育理论，在转化"差生"的实践中做了大量艰苦细致的工作。几年来，力迈学校的教师们为转化学生的思想献出了无私的爱心，用自己的心血谱写了一首首感人肺腑的教育诗篇。比如：开展自评与互评，进行心理素质基因的培育与矫正；开展"看谁学得好，看谁进步快"的个体学习竞赛，全面调动上、中、下三类学生的学习积极性；营造良好的校园氛围和班级氛围，把学生都吸引到团结友爱、积极向上的班集体中来，把每个同学都组织到班级自我管理的活动中来。通过各种活动，采取了各种办法，一个个后进学生终于转变了。

这里仅举一个小小的例子。有一天，王茂茹老师发现班上一位学生的头发变黄了，便问他是怎么回事。这位学生不言语。王老师知道他是不好意思。学生把头发染黄，是想把自己打扮得像明星。他以为这样很"酷"，渴望引起别人的注意。于是王老师就跟他谈起，中国文学作品中是怎样描述一个人的丑——"肤黑发黄"，又是怎样描述一个人的美的——"面如敷粉，唇红发黑"。老师从传说中对诸葛亮妻子的描写，说到《水浒传》施耐庵对"赤发鬼"刘唐的描写，总结说"中国传统上认为肤白发黑才是美"。王老师接着又谈了外国人金发、黄发的美。王老师说:"电影《茜茜公主》中的茜茜,有一头亚麻色的头发,闪闪发亮,那是外国人特有的自然美。唯有自然美,才是真正的美。把头发焗成红色、黄色,再配上黄黑色的皮肤,那是自己想美,反倒变成了丑。"孩子们听了老师的话,一起大笑起来,那是会心的笑、善意的笑。这位染发的同学小声说:"老师,我会把这头发处理好的。"老师说:"好吧,要尽快。你也要读点好书,提高自己的文化素质。没有文化的人,那一定是愚蠢的人。"很快,这位同学的头发又变黑了。

力迈学校的学生在老师们的辛勤教育下,原来基础好的进步、提高更快,原来后进的学生,改正了不良行为,提高了学习成绩,摘掉了"差生"的帽子。家长们看到孩子们的可喜进步,无不感慨万千,都会情不自禁地说声:"谢谢学校,谢谢老师!"

"差生"转化好的标准是什么呢?1997年6月25日,敢峰在"寄宿制与素质教育座谈会"上的发言对此作了解释:"只要学生进入了力迈学校,不管原来的基础和情况如何,我们都要努力把他们培养成才,好的能学得更好,差的也有明显进步,无论是否考上大学,将来都能有出息。"①

进入21世纪后,力迈学校在中学部全面启动"弱苗促壮"工程,其要点是:

(1)对学生进行"自强""自主"的教育;在教师辅导的基础上,对学生进行主动"求学"的教育。

(2)对教师强调不要嫌弃学习差的学生,把学生教好是教师的"天职",要把爱、严和教育教学得法有机地结合起来。这是开启"弱苗促壮"工程的金钥匙。

(3)大力倡导:不管过去学习基础多么差,只要努力学习就是好学

---

① 舒风编:《敢峰教育文选》,人民教育出版社2008年版,第617页。

生；不管过去有多少毛病和坏习惯，只要努力改正就是好学生。

（4）采用多种形式和方法形成有利于"弱苗促壮"的群体氛围和人文环境。由学生根据自己的情况选择对象，开展学习或其他方面的竞赛及互帮活动，在学校掀起"后浪推前浪，前浪更向前"的热潮，形成班级间、同学间互相激励携手共进的局面。

（5）设立优秀奖、进步奖、努力奖。学生不管在哪一方面，只要努力了，即使进步不明显（学习成绩的提高不是一时努力就可见效的）也要给予奖励。

力迈学校的教师们经过十来年的研究和探索，在运用"双向良性互动"教育原则转化"差生"方面，总结出如下几点经验：

（1）关爱学生是师生双向良性互动的切入点；实现师生双向良性互动，要从关爱学生开始。

（2）了解学生、理解学生，是师生双向良性互动的基础。做良师，先做益友。做益友，先从和学生真诚地谈心开始。

（3）讲究语言艺术，注意方式、方法，批评中饱含信任和期待。

（4）尊重学生，启发学生自我教育。要学生自尊，教师先要尊重学生，尊重学生的人格。

（5）以鼓励为主，帮助学生树立后来居上的信心。要学生自信，教师先要对学生始终寄予信任。

（6）只有了解才能理解，只有倾听才能了解。教师要想让学生接纳自己，那么教师自己先要从内心深处接纳学生。良好的师生关系是教育发生作用的基础。

三、培养"差生"的健康人格

随着力迈学校教育改革的深入发展和素质教育的不断推进,敢峰对"力迈无'差生'"又不断注入了新的内涵。2003年3月,敢峰在接受《中国青年报》记者采访时提出:"'力迈无差生'的轴心是健康的人格发展,不是光看学生学习成绩的好坏。学习好的学生中也有弱苗、病苗,学习比较差的也有好苗。教育效果最终的检验要看将来的发展,由社会实践来检验。培养学生的健康人格,矫正学生被扭曲了的人格(包括心理),帮助他们从学习上赶上来,为他们一生的发展打下良好的基础。'弱苗促壮'工程是最尖端的优质教育。摒弃大批弱苗,把一些学习上好的苗经过移植集中起来培养,这种优质教育,不仅是不全面的,而且弊大于利。这个问题涉及教育思想、教育价值取向、教育艺术、教师修养。因此,'弱苗促壮'工程同时必须是优质教师工程。"[①]

一部分"差生"主要差在人格方面,差在"非智力因素"的培养、教育上。一般说来,调皮、捣乱的学生并不愚笨,有的智力可能比守纪律的好学生还高。在教学实践中,每个教师都遇到过这样的例子:有的学生成天"混闹",不用功学习,贪玩、调皮,上课搭话茬,专和老师作对,学习成绩也很糟糕。但他们非常聪明,学习上的一些难点,一般学生很难理解,可是他们经老师一点拨就懂了。对这部分"差生",主要是培养他们的健康人格,一旦他们懂得"立志""做人"的道理,学习很快就会赶上来,甚至还可能是某一方面的优秀生。所谓"浪子回头

---

① 舒风著:《人比山高:敢峰的理念和人生》,中国青年出版社2005年版,第315—316页。

金不换",就是指这部分"差生"。

另外还有一些学生,非常守纪律,老老实实,学习用功,就是成绩上不去,甚至老师单独"开小灶"补课,他们跟班都困难。这是另一类"差生"。但教师对这部分"差生"并不厌烦,甚至还十分喜欢,因为他们尊重老师,关心同学,除了学习成绩不好,各方面都表现不错,所以老师们并不把他们当做"差生"对待。这些"差生"要提高学习成绩,不能一味用辅导补课的方法,应该采取"迂回战术"。俗话说"磨刀不误砍柴工",他们智力弱,脑瓜不灵活,先对他们进行"启蒙教育",开发他们的智力。一旦他们在智力上开了窍,聪明起来,也会成为了不起的好学生。毕加索在小学时连"2+1等于几"都不会计算,成人后居然是伟大的画家。

在文章中,敢峰总要对"差生"两个字加上引号,即所谓差生,这是因为这个词被用得太滥,不科学,而且不利于孩子的成长。有人认为:"世间万事、万物都有好、中、差,无差生的说法不符合客观实际,承认差生的存在,正是为了做差生的转化工作。"而敢峰在《力迈无"差生"》中分析说:

> 万物当然有差别,没有两个学生会是一样的,同一个学生今天同明天也会不一样,为什么一定要把孩子们这种种差别统统纳入到好、中、差这种特定的模式中去呢?在我们面前的学生各有特点,各有短长,各有自己成长的环境和经历,各有自己的个性和习惯,难道"差生"一切皆差而好学生一切都好吗?为什么认为功课学习不好是"差生",而学习成绩好但有其他毛病,或者体育不好、劳动不好不是"差生"呢?何况在中小学中,学生正处于人一生中成长的初级阶段,就像在长跑比赛中一样,谁能断定在头几圈时跑在后面的就是差的运动员呢?应当给他们鼓劲啊!至于有些学生沾染

了社会上的不良习气，这也不能归咎和责怪他们，不能把年幼的受害者视为"差生"。相反地，应更加关心、爱护和热情地帮助他们，就像医生对待病人那样。把可塑性很强的青少年儿童定位于"差生"，没有什么好处。力迈学校决不干这种蠢事。①

在教学实践中，所谓"好学生"与"差学生"都是相对的。甲学生此方面落后，彼方面可能先进；乙学生此方面先进，彼方面可能落后。今天的"好学生"明后天可能沦为"差学生"；今天的"差生"明后天可能成长为英雄、模范、发明家。这样的例子，古今中外不胜枚举。爱迪生小时候被认为是最笨的学生，长大后却是了不起的发明家。更有趣的是巴尔扎克，他初学写作，文学教授认为他在文学创作方面最没前途，但他却成了伟大的作家。2006年，山西大学附中高一年级有个叫牛培行的学生，16岁就拥有6项国家发明专利和17项实用新型专利。目前太原航空仪表厂和太原无线电厂等多家单位，正在对牛培行的发明进行实验，准备大规模投入生产。但小发明家牛培行小学三年级前的学习成绩，在几百名学生中总是最后一名。为此，父亲给他转学三次，直到上初中后学习才有好转，考高中也没有达到录取分数线，是山西大学附中破格录取了他。山西大学附中一位老师说得好："很多'差生'有自己的优势，只是我们没有发现，没有重视，没有去发掘，没有引导。对'差生'不能失去信心，这是最重要的。"这些事例，无一不印证了敢峰关于"差生"的教育理论的正确性。

敢峰在文章中说："真正的教育工作，是要深入孩子的心灵，熟悉孩子的心理世界，因势利导地进行思想教育工作，使他们懂得分辨真善美与假恶丑，一步一步把他们引上正确的人生之路。"敢峰认为，应该

---

① 敢峰著：《新世纪"根苗工程"》，人民日报出版社2002年版，第42页。

把启发式教育、情境教育、激励教育、养成教育和创造教育结合起来,这种"五合一"的教学方法是现代基础教育的最先进的教学方法。所以他在力迈学校大力推行这种教学方法。

力迈学校转化"差生"的"秘密武器"就是抓好非智力因素的培养。敢峰以辩证的观点分析"差生"转化工作:"'功夫在诗外',这是一条普遍规律,教育工作也是这样。智力因素好比是箭,非智力因素则好比是弓。有'利箭',还必须要有'强弓'。抓非智力因素的培养和以非智力因素促进智力因素的发展,并形成良好的校风——勤奋好学,自强不息,这就是我在力迈学校施教的'秘密武器'。"① 敢峰还说:"'矮子里头拔将军',我看这是真理。开始谁不是'矮子'?将军谁不是从'矮子'里头拔出来的?这就是'力迈无"差生"'的理论根据。"②

四、转化"差生"的工作意义重大

转化一个"差生"的难度,甚至难于培养一个尖子生。因为优秀的学生都有良好的学习习惯,教师只要领进"门"就成,费不了多大力气。一个教师,能转化一个"差生",对这个学生一生的发展、对该生家庭的幸福、对社会经济的贡献是功德无量的。如果一位教师能转化几个、十几个,甚至一批"差生",他的功绩,他对社会的贡献该有多大啊!

许多所谓差生就是受了外界的不良影响,思想品德一时出了问题。如果学校、教师和家庭放弃了对这部分学生的教育,把他们推到社会上

---

①② 舒风编:《敢峰教育文选》,人民教育出版社2008年版,第610页。

去，将来对社会、对他们本人将带来多大的危害啊！他们一无谋生技能，二无栖息之地，往往在社会上游荡，甚至进一步学坏，成为和谐社会的不安定因素。前不久在电视上播出了一条新闻：在一个省会城市，有一个青年抢了一个妇女的手提包，跑了一段路，就停下来主动束手被擒，并对追赶的人说："你们报警吧！"待警察赶到时，他说："我希望快点被关进看守所，判重刑。在监狱里我起码有住处，有饭吃。"天津市有一个少年，总是逃学、旷课，偷父亲的钱上网，气得父亲把他送到乡下跟奶奶一起生活。年迈的奶奶哪里管得住孙子，他又骗了姑姑、小姨和众亲友的一万多元跑回城里，自己租房日夜泡网吧。警察抓住这个孩子后，父亲起诉到检察院、法院，请求判他重刑，关他十几年，自己也省心，也少给社会添麻烦。但检察院和法院都认为这事够不上诈骗罪，孩子还小，不能判刑，只能领回家好好教育。父亲只好万般无奈地还了亲友的钱，把孩子领回家。

北京市有几十个收留所，但许多人宁可在过街地下通道睡觉，也不愿接受民警的劝说去收留所。有一些年轻力壮的男男女女甚至收拾好东西拔腿就跑。这些人为什么不愿被收容呢？一是怕被送回老家，过自食其力的日子；二是不愿离开北京这寸土寸金的地方，随便捡破烂卖，一个月也能挣几百块钱。笔者曾问过一个靠捡破烂谋生的中年人，为什么不到工地上找个活干？他说："干那活多累，冬天冷，夏天热，每天起早贪黑干，一个月挣不了几个钱，还被拖欠。我捡破烂每天都能收入现钱，愿意吃什么就吃点什么，愿意干就干，不愿干找个地儿就可睡觉。"这是典型的懒汉思想。

北京市有多少这样的游荡闲汉呢？为什么马路边雨水口的铁箅子总是丢失？为什么许多公共设施上的铜铁配件总是被人撬下来拿走？前几年马路边的垃圾桶是不锈钢的，整个整个地丢，直到又换成塑料的、水泥的才安全了一些。这些游荡闲汉，原来在学校可能都是一些"差生"。

假如他们的老师和家长当初下力气把他们教好，考不上高一级的学校也使他们学有一技之长，长大之后有一个谋生手段，就不会沦落成今天这样。

每一个孩子生下来就是未来社会的后备人才、后备劳动力。学校应该把这些后备的人力资源教育好、塑造好，使他们个个成为有用之才。如果他们在幼苗时期，或者因为缺水少肥，或者因为照顾不周，感染了病虫害，或者被狂风暴雨摧折了秸秆，成了"弱苗""病苗"，教师就应该像园艺家那样把他们"扶壮""促壮"，使他们都成为有用人才，成为建设四个现代化的劳动者，而不是社会的"寄生虫"、流浪汉，更不为社会增添麻烦。所以敢峰说，"教师转变一个'差生'，胜造七级浮屠"，功莫大焉！

敢峰转化"差生"的教育思想，开展"弱苗、病苗促壮"的教育工程，在中国教育界意义深远，已经影响到外地学校的教育事业的建设和发展。甚至有些有志之士办学校，不是"择优"，而是"择差生"而教之。2005年初，江西九江市庐山脚下建立了一所"择差扶优助教中心"，专收"普通中小学不想学、不会学、学不好、不学好"的学生。校长胡一夫说："我们收的学生普遍存在逃学、结帮打架闹事、抽烟、网瘾等毛病。这些孩子都是普通学校不愿管、管不了的。"这个教育中心不到一年时间就接收了来自全国29个省、市、自治区的一百余名学生。尽管该校学费高昂，但来求学者仍源源不断。这就足以说明，敢峰转化"差生"和"弱苗促壮"的教育思想是顺应了时代的发展和社会的需要，是有生命力和深受众多家长欢迎的。

"差生"问题不只困扰着中国教育界，也同样困扰着世界教育界。攻克这座难关，还要靠广大教育工作者的共同努力。

第四章

愿天下子女都成才

敢峰在 20 世纪 80 年代写过一篇文章，标题是"愿天下子女都成才"，专门论述了青少年的学习与成长的问题。后来敢峰创办了北京力迈学校，他对前来采访的记者不只一次说："干什么事业都要有理想。我的教育理想，就是'愿天下子女都成才'。"敢峰在 20 世纪 60 年代写的思想评论，有许多篇章都是有关青少年健康成长问题的。1960 年初，他创办景山学校后，把全部心血都倾注在学生的学习、成才问题上。他可以给调皮的学生补数学，他可以带着几个被班级"剔出来"的"差生"在烈日下跑步。总之，他对学生的关心、爱护比对自己的孩子还要周全、细心。敢峰终日忙于工作，甚至连儿子生病都无暇过问。敢峰曾在《谈家风》一文中做自我批评说："对他们（指自己的儿女）的成长，我没有尽到为父之责，一直感到内疚。"他到了《人民教育》杂志工作后，关心的范围更大，他希望全国的孩子都能长大成人，顺利成才。所以，敢峰才一再讲："愿天下子女都成才。"

一、何谓成才

为人父母，谁不希望子女成才，为振兴中华、实现四化作出贡献？谁不希望子女有一个光明幸福的前程呢？但这里有一个问题，就是什么叫"成才"？做出多大成绩算是"为四化、为社会主义建设作出贡献"？

敢峰在《愿天下子女都成才》这篇文章中说："有些父母认为成才就是将来要做科学家、文学家，把成才理解得很狭窄。还有一些家长，把孩子上大学看成是成才的唯一道路，认为没有考上大学，成才的希望就破灭了。因此，打破在成才问题上的神秘观念和狭隘眼界，对成才问题有一个辩证唯物主义的认识，是很重要的。"①

我们对"成才""成功""作出贡献"应有一个正确的、实事求是的看法，打破狭隘观念，让思想冲破陈旧的观念束缚，从传统的"成才"桎梏中解放出来。人才是分等级的，有高级人才，也有中级人才、初级人才和一般的人才。敢峰说的"天下子女都成才"，既包括了"大师级"的科学家、发明家、文学艺术家，也包括社会上一般有"一技之长"的"有用之才"。学校培养出来的人，只要能靠自己的诚实劳动，服务于社会，对国家能尽应尽的义务，是一个合格的公民，就算成才了。我们有了这样的观念，对"成才"就会有一个新的切合实际的认识。孩子长大成为科学家、文学家、影视明星，是成才；孩子做炊事员、理发员、收发员、司机、售票员，也是成才。研究火箭、制造卫星是为现代化建设事业作贡献；炊事员做出的饭菜香甜可口，大家吃了满意，清洁工把卫

---

① 敢峰著：《在生活的洪流中》，山东人民出版社1982年版，第123页。

生间、楼道、楼梯打扫得干干净净,投递员每天把报纸、信函准确投递到千家万户等,也都是在为现代化建设事业作贡献。祖国的宏伟建设事业,只有分工不同,没有高低贵贱之分。什么是成功人士?总工程师、总经理、总会计师、总设计师、银行家等等都是成功人士;能把一个报摊经营好,把一个小饭馆管理好,把一个小商店办好,以及卖菜、卖水果等等小商小贩,同样是成功人士;退一步讲,即使在家带好了孩子,侍奉好老人,把家庭生活经管得井井有条,让丈夫放心、孩子欢心、老人顺心,也是让人尊敬的成功女性。

敢峰说:"人才,是多类型和多层次的,他们分别处在社会的各种不同工作岗位上,各有各的作用,不能互相取代(例如一个科技工作者和一个文艺工作者,他们的作用是不一样的,是不能互相取代的),但他们都同时对社会和人类作出了自己的贡献。从社会发展的眼光来看(不是从个人主义的眼光来看),不管从事什么职业,具体做什么工作,也不管在什么地区工作,只要工作出色,以自己的辛勤劳动和智慧对社会对人民作出一定贡献的,都应当承认是人才。"①

人的能力有大小,体力有强弱,身体健康状况千差万别,学历不同、经历不同、家庭背景不同,不能用同一个标准衡量所有的人。亿万青少年不可能人人都成为科学家、文学艺术家,也不可能都去做影星、歌星。一个人不论做什么工作,只要尽了个人的最大努力,达到个人能够达到的最高水平,做出成绩,让人佩服,受人尊敬,就是成功人士,就是成了才,他就没有虚度人生。

每个时代有每个时代的成才标准,每个国家有每个国家的成才内涵。敢峰说:"我们所说的成才,用最通俗的话来说,就是要为人民服务得好,要为社会的发展作出自己的贡献。"②美国名校"夏山学校"的

---

①② 敢峰著:《在生活的洪流中》,山东人民出版社1982年版,第125、123页。

创始人、校长尼尔把成功定义为:"快乐地工作,积极地生活。"苏联教育家苏霍姆林斯基的培养目标是——合格的公民,让每一个人在生活中找到他的条件许可的合适的工作——能够成为科学家的成了科学家,能够成为集体农庄庄员的成了有道德、有知识的普通劳动者。他的理想是"把每一个学生培养成幸福的人"。

有人说,这样的成才标准太低了,按这个标准衡量,世界上还有不成才的人吗?有。那些好吃懒做,终日无所事事,在家养尊处优的"啃老族(NEET)",那些大事干不了,小事不愿做,终日靠吃救济过日子的闲散人员,都不能算"成才"或"成功"者。"啃老族"、闲散人员不是中国的特产,欧美各国都有。这些人也不是现代社会的新事物,古代社会也存在。我们在古代小说、戏剧中就常看到他们的形象。

敢峰也说:"人来到世间,有谁是命中注定的成才的材料,又有谁是命中注定的不能成才的材料呢?没有(有严重生理缺陷的当另作别论)。只要教育得法,人人都有成才的希望。"① 敢峰这段话就告诉我们,年轻人要想成才,首要条件是接受正确的"得法"的教育。年轻人仅仅接受教育,但教育不得法,没有树立正确的价值观和人生观,也难以成才。

2006年10月29日,国际劳工组织发布报告说:中欧和东欧大约有34%的年轻人,中美和南美约有21%的年轻人,既没有工作也没有念书,漂在社会上。报告还说:全世界需要提供4亿个体面的就业机会,才能解决目前8 500万失业青年和3亿多贫困青年的生活问题。就以北京来说,尚有一些下岗职工没有就业,还有一些大专毕业生没有找到工作。是没有就业机会吗?当然不是。2006年冬,北京城区尚有18万户居民住在平房里,靠烧蜂窝煤取暖过冬。18万户人家过冬需要很

---

① 敢峰著:《在生活的洪流中》,山东人民出版社1982年版,第124页。

多蜂窝煤，这些煤需要靠人力用板车拉到胡同里，再一趟一趟搬到用户的煤池子里，码放好。这样的送煤工需要许多，但月薪千元都难招来，原因是嫌脏怕累，更重要的是觉得干这活太"丢份儿"。北京人是"宁可挨饿也要面子"，送煤工只能从进城谋生的农民中去找。北京的许多就业岗位，就是这样让给了外地来京人员。一些年轻人又要干体面的工作，又要挣钱多，就是不肯学习知识和技术，怎么能成才？怎么能做个成功人士呢？

年轻人要想成才，做一个成功人士，除了改变"成才"的观念和标准之外，还要接受教育，改变陈腐的、传统的旧价值观和人生观。

二、成才的途径

希望所有的青少年都成才，这只是一个美好的愿望。一个人能否成才，一要靠家长的引导，二要靠学校和社会的教育、帮助，三要靠自己的努力。这第三条是最主要的，因为家长、学校和社会只是外部条件，外部条件只有通过个人努力（内在因素）才能起作用。

青少年成才的道路在哪里呢？成才的措施又有哪些呢？敢峰说："成才之路就是德、智、体的全面发展，就是在同各种困难作斗争中，同各种错误思潮作斗争中开辟出来的一条为祖国、为人民多作贡献的道路。"[①]敢峰指出的这条成才之路包括三点：第一，德（思想健康、品德好，有正确的人生观和价值观）、智（有文化知识和技能）、体（有健康的体魄和心理素质）全面发展；第二，在学习或工作中要敢于和善于

---

① 敢峰著：《在生活的洪流中》，山东人民出版社1982年版，第123—124页。

与各种困难作斗争,还要勇于和各种错误思想作斗争,并与传统的陈腐观念决裂;第三,在不断斗争、不断进步中,在为祖国、为人民不断作出贡献中锻炼成才。

为了做到上述三点,敢峰还为家长指出了三项具体措施。

第一,家长要抓好对子女的启蒙教育。要使子女立志和打好德、智、体全面发展的基础。

第二,要适时地引导和帮助子女根据社会需要和主客观条件选择具体事业的奋斗目标,服从祖国的需要,并根据情况的发展变化进行调整。

第三,要鼓励和帮助子女在学习、工作和创业的过程中克服各种困难和战胜各种错误思潮的影响。

敢峰最后概括说:"只要我们不断研究青少年成才过程中的各种规律性,实事求是,因势利导,因材施教,促使他们健康成长。成才之路就在他们脚下。"①

总之,青少年的人生道路非常长,影响成才的因素多种多样,非常繁纷复杂。家长和教师既不能因为他们一时学习好、表现好就认为他们能成才而放松对他们的教育,也不能因为他们一时学习差、表现差就断定他们不是成才的材料。大科学家牛顿、爱因斯坦在校学习时,成绩并不突出,但后来对人类都作出了杰出的贡献;相反,有些人少年时期非常聪颖,学习成绩很好,长大成人后却碌碌无为;还有些人一时走上了歪路、邪路,后来"浪子回头"而成才。这些在现实生活中都不乏其例。

俗话说,"三百六十行,行行出状元"。敢峰希望广大家长,"打破在人才问题上的狭隘眼界,在子女将来的职业问题上,在工作岗位和工

---

① 敢峰著:《在生活的洪流中》,山东人民出版社 1982 年版,第 124 页。

作地区上，不要分三六九等，而要鼓励子女不管将来做什么工作，不管在什么地区工作，都要为社会和人民作出贡献"。

在我们这个时代里，如果没有崇高的思想境界，不志存高远，只在自己鼻尖下绕圈子，就很难成才，或者说根本不可能成才。成才之路不是追逐个人名利之路，而是同祖国的前途、人类的命运紧密地联系在一起的。做家长的认识到这一点，在教育子女成才时眼光才能远大，胸襟才能更加开阔，才能促使子女在人生道路上胸怀鸿鹄之志，而不像檐下的燕雀那样害怕风雨。这是教育子女成才的根本。敢峰说："好孩儿要志在为人民服务，好孩儿要志在四方。"

有些家长把成才的道路看得非常窄，认为孩子考不上大学人生就没有希望了。纵观历史，环视中外，成才历来有多种途径。在这个问题上，希望天下父母看得开阔一些。大学固然是培养人才的好地方，但由于各种条件的限制，还不能让所有的青年人都上大学。我们应该看到，在大学门外，还有更广阔的成才之路。实践证明，上了大学的不一定都能成才，而在没有上过大学的人中却涌现出了大批的人才。毛泽东同志和许多老一辈的无产阶级革命家没有上过大学，伟大的文学家高尔基没有上过大学，爱迪生、法拉第、富兰克林、华罗庚等许多杰出的科学家也没有上过大学。可见，历史并不偏爱上大学的骄子，只有真正对社会对人民作出贡献的人方能获得它的青睐。孩子没有考上大学并不要紧，鼓励他们走自学之路就是。如能发奋自励，以此作为人生道路上的一个新起点，刻苦自学，也能获得成功。在历史上，在现实生活中，难道这种事例还少吗？虽然走这条路要艰苦一些，但却可以砥砺意志。

敢峰在文章末尾动情地写道："现在有些家长甚至在子女上小学、初中时就为他们上大学的问题操心和焦虑，对孩子施加精神压力，不恰当地加重他们的学习负担。这对孩子的健康成长是十分不利的。这样下去，不但不能使孩子走上成才之路，而且会使孩子视学习为畏途，丧失学习的兴趣和信心，甚至有中途夭折的危险。对于学习的弱苗，我们只能扶苗助长、精心培育，而决不能干那种'揠苗助长'的蠢事。"①

2006年12月，国家统计局、教育部对全国部分大中城市中小学和农村县中作了一次调查，发现学生中普遍存在"三多三少"的现象，即作业多、补课多、考试多，睡眠少、体育活动少、社会实践少。有35％的校长、37％的教师、58％的中学生认为课业负担"比较重"或"过重"。高三学生早6点前起床的有34％，晚11点半后睡觉的超过40％。假日补课的现象很普遍，学生几乎没有双休日。由于学习压力过大，甚至五年级的小学生想和爷爷、奶奶一样过"退休"的日子。我们所有的教育工作者以及教育部门的领导者，应该拿出实际的、有效的行动，尽快救救这些孩子！

三、"愿天下子女都成才"的"共同宣言"

2006年秋，有一家报社的记者又与敢峰探讨"愿天下子女都成才"的问题。敢峰还是那句老话："实现这个美好的理想确实难啊，否则怎么说它是最大的教育理想呢？难是一回事，知难而进是另一回事。我希望这不仅是我一个人的理想，而是普天下教育工作者的共同理想。只是一个人的理想有多大用呢？倘能成为教育工作者的共同理想，实现这个理想也不是高不可及的。"

此后不久，敢峰就"天下子女都成才"的问题写了一篇短文，其中谈道：

---

① 敢峰著：《教海夜思》，浙江教育出版社1985年版，第120—121页。

"愿天下子女都成才"，应该是所有教育工作者的共同理想，因为这是时代、家长和整个社会的殷切期望。人皆可以成才，成才的道路多种多样，成才的时间有早有晚，成才的过程也不会一帆风顺，总会遇到各种困难，诸如学习上一时跟不上队或受社会上的不良影响出现某些问题等等（对于学习好的学生来说，在成才过程中同样也会遇到这样那样的问题）。对教育工作者来说，其中遇到的一个重要问题就是如何看待和教育所谓"差生"。这是一个世界性的难题，也是向教育工作者提出的严峻挑战。人生好比马拉松赛跑，谁能说开始跑在后面的学生就注定永远落在后面呢？热爱学生是教师的"天性"，教好学生是教师的"天职"。在力迈学校，我们提出"力迈无'差生'"，走"红杏出墙"和"弱苗促壮"交相辉映之路，就是要在一校范围内实践"天下子女都成才"的教育理想。我们最为重视的是学生的进步——在各自原有基础上的进步，在各个方面的进步以及进步的幅度。这就是我们的教育观，是我们评估教育和教学效果的标杆。这种教育观，这个标杆，在应试教育的低压云层下要树立起来真是不容易啊！一校不能擎天，如果它是正确的，我多么希望中国一切有志、有识、有社会责任感的教育工作者一同来擎，成为我们在教育上的"共同宣言"。①

敢峰认为，要使天下子女都成才，第一，学校的教师要精心施教，努力把所谓的差生教育好。所以他一创办力迈学校就把"攻克'差生'"这个难关作为两个雄关之一，提出"力迈无'差生'"的口号。敢峰辩证地分析"差生"，并希望所有教师全面地、发展地认识"差生"。今天的"差生"，明天可能是优秀学生；这些方面表现"差"，其他方面表现

---

① 舒风编：《敢峰教育文选》，人民教育出版社2008年版，第412页。

可能是"良好"。敢峰要求力迈学校的教师耐心地教育好每一个孩子，不让一个学生掉队。他提出："热爱学生是教师的'天性'，教好学生是教师的'天职'。"敢峰对教师们说："转变一个'差生'，胜造七级浮屠。"敢峰决心把力迈学校办成"红杏出墙"和"弱苗促壮"交相映辉的学校，在一个学校范围内，实现"天下子女都成才"的教育理想。

第二，要把"愿天下子女都成才"的教育理想，变为在教师主导下，全体学生自觉的、生动活泼的、自我教育式的成才活动。敢峰谆谆教导学生说："不管你们过去学习基础多么差，只要努力学习就是好学生；不管你们过去有多少毛病和坏习气，只要认真改就是好学生。"为了把这一教育思想落到实处，敢峰还在力迈学校开展了"比进步，展亮点，争上游"的教育活动。通过这个经常性的教育活动，促使学生自觉地改正不良习气，教师发现学生身上哪怕有一点进步，有一个"亮点"，立即加以表扬、鼓励，使之由小变大，由"偶然为之"变成"良好习惯"。只有学生思想起了变化，自觉改正错误，自己能管住自己，学生的进步才能巩固，才能真正摘掉"差生"的帽子。

第三，敢峰希望，"愿天下子女都成才"成为所有教育工作者的共同理想。敢峰树立这一美好理想之始就意识到，一个学校的力量是非常有限的。所以他呼吁："希望中国一切有志、有识、有社会责任感的教育工作者一同把'愿天下子女都成才'作为大家的共同理想来奋斗！"[①]他还郑重提出："我们最为重视的是学生的进步——在各自原有基础上的进步，在各个方面的进步，以及进步的幅度。这就是我们的教育观，是我们评估教育和教学效果的标杆。这种教育观，这个标杆，在应试教育低压的云层下要树立起来真是不容易啊！一校不能擎天，如果它是正确的，我多么希望中国一切有志、有识、有社会责任感的教育工作者一

[①] 舒风编：《敢峰教育文选》，人民教育出版社2008年版，第412页。

同来擎，成为我们教育上的'共同宣言'。"①

只要亿万教育工作者团结起来，为了这个共同的目标奋斗，"天下子女都成才"的美好理想是可以实现的。

---

① 舒风编：《敢峰教育文选》，人民教育出版社2008年版，第412页。

结束语

改革的时代造就了思想家、教育改革家——敢峰

时代的发展需要新的思想家和教育改革家,社会就会造就一批新的思想家和教育改革家,满足时代发展的需要。敢峰就是20世纪末到21世纪初应运而成长起来的思想家和教育改革家。因此,我们研究敢峰的教育思想,就不能离开当代中国社会经济的巨大变革和科技、经济的飞速发展对教育事业提出的新需求,以及教育事业自身的发展变化对新技术和经济发展的巨大影响。

20世纪80年代到21世纪初,在世界知识经济、高新技术的浪潮推动下,中国也跨入知识经济时代、高新技术时代,进入信息社会、网络社会,高科技开始统领一切生产、生活领域。

纵观人类的文明发展史,敢峰得出这样的结论:"始于劳动,长于教育。"劳动创造了世界,创造了人类智慧。在远古时代,人类在劳动中遇到种种困难,需要解决,于是人类就开始学习、钻研、积累经验。人类要把这些生产知识传给子孙后代,教育事业就"水到渠成"地形成了。教育自古以来就是培养人才的崇高事业,而人才又是一切生产经

验、生产技术的活的载体,是生产力中最积极、最活跃、起决定作用的因素。到了现代的工业社会,生产劳动与教育事业的相互影响比起古代农业社会,就更复杂、更高级。

在传统的农业经济和传统的工业经济时代,尽管教育事业对人类文明的发展有数不尽的功绩,但它始终游离于经济生产活动的边缘,未能在经济生产活动的中心地带直接发挥出生产力的能动作用。但到了20世纪末,由于知识经济的兴起,社会的生产活动一时也离不开知识、科技、人才的直接参加。

敢峰观察分析了国内的社会经济发展趋势和教育的现状,于2001年7月写了《教育的世纪与世纪的教育》一文。他在文章中精辟地说:"知识经济最深厚的基础在教育,知识经济最前沿的成功也在教育。教育以最先进的生产力推动和牵引知识经济的不断发展,教育从此进入崇高事业和新兴产业相互依存共同发展的新阶段。"[1] 到了这时,教育便由游离于经济生产活动边缘的崇高事业,转变为先进的生产力直接进入知识经济生产经营活动的中心。基于这样的现实,敢峰断言:"知识经济一旦离开教育的直接参与和支撑,便是无源之水,无本之木,无基之厦,无首之躯。一言以蔽之,教育乃知识经济之母。"[2]

当我们国家跨入新的知识经济时代,教育事业出现了几大趋势。

其一,新兴教育产业培养的高技术人才,以其创造力和新的科技成果导入原有的传统农业、工业和商业系统,极大地提升了这些行业的生产能力和管理方式。在这个基础上以高等学校为龙头,以研究机构和传统的工农产业实体为两翼,形成了新的"学、研、产联合体"。这种革命性的飞跃,使教育事业发生了根本性的变化,成为生产力的重要组成部分。从此出现教育不断催生经济,经济的发展须臾离不开教育的新

---

[1][2] 舒风编:《敢峰教育文选》,人民教育出版社2008年版,第47、50页。

局面。

其二，由于高新技术发展，信息产业兴起，于是出现了多媒体教学、网络教学、远程教育（如电视教学、广播教学）等多种办学形式。这就使教育资源、教育的辐射力，迅速从学校向全社会扩散，为从部分人接受教育向全民接受教育提供了条件和手段。

其三，经济的发展呼唤着教育从"学历教育"转变为"能力教育"，社会的进步也呼唤着"能力教育"。过去认为"知识就是力量"，现在看来，一个人仅仅掌握了丰富的知识是不够的，还需要有运用知识的创新能力。于是，教育事业在培养人才时果断地将以书为本、以教材为中心，转变为以人为本、以培养人的创新能力为重心。

其四，由于知识经济时代知识更新周期越来越短，"靠学历走遍天下""一张文凭终身受用"的时代一去不复返了。知识经济时代的人才市场、劳动力市场，是最基本、最重要，对人才和劳动力选择最强有力、最灵活的市场。所有受过教育的人，要想从业必须接受人才市场和劳动力市场的严格挑选。随着社会的进步和科技、生产的发展，人才市场和劳动力市场对人才和劳动力不断提出新的更高的就业标准。因此，每个人不管受教育时间长短、知识的多少和技能的高低，都要随着科学技术的发展不断更新自己的知识和技能。工作到老，学习到老，工作学习相伴终生，这是过去所没有的社会现象。

20世纪80年代和21世纪初的教育发展与改革，呼唤着教育改革家和大教育学的诞生。

知识经济的发展呼唤着教育改革家和大教育学的诞生。

新时代的社会进步和人类的发展也呼唤着教育改革家和大教育学的诞生。

因此，敢峰预言："21世纪是知识经济的世纪；那么，21世纪也必将是教育的世纪。或者说，21世纪是知识经济和教育共同的世纪。"因为"教育乃知识经济之母"。所以说，归根结底，21世纪必是教育的世纪。

基于对上述问题的观察和分析，敢峰提出了许多应对策略。

1. 重构我国的基础教育；改革学制、教学内容、教学方式方法和考试制度，等等。

2. 改革教育体制，广开学路，解放教育生产力。

3. 重视人文教育，提出构建21世纪的"根苗工程"。

4. 针对中西方文化和教育传统的差异，提倡尊重多样性，克服排异性，取长补短，走"以我为主，融合创新"的发展教育的新路子。

5. 凝聚优秀人才，筹集资金，构建以研究型大学为首的"学、研、产联合体"，带动我国现代化建设，努力攀登21世纪的科学技术高峰、文化艺术高峰和学术理论高峰。

6. 根据我国的社会经济的发展和市场需求，大力发展职业技术教育，特别是高等职业技术教育，并努力提高其教学质量。

7. 由于近百年人类无计划地开发大自然，发展生产，导致地球的生态环境遭到破坏，许多资源面临枯竭。为了人类的生存和经济社会的持续发展，应该大力加强保护环境的教育。保护环境、善待环境也是人类保护自己、善待自己的生存权和受教育的权利。

敢峰为了实践自己的教育理论，继北京景山学校之后，亲自创办了北京力迈学校，扎扎实实、埋头苦干十几年，取得的可喜成绩有目共睹。敢峰现在还没有写出一部教育学专著，但从《敢峰教育文选》收录的有关敢峰论述教育的理论文章来看，他的教育思想是成体系的、严密的。所以说，思想家、教育改革家的桂冠，敢峰是当之无愧的；敢峰超前的、系统的教育思想，无疑就是一部大教育学理论著述。

后 记

  20世纪末与21世纪初，中国正处在思想大解放的时代，也是政治、经济、文化、教育体制大改革的时代。在改革的年代，各个领域都需要站在时代潮流前面的思想家、改革家。敢峰在时代激流的浪头上奋勇搏击前进，由一个普通的教育工作者，逐渐锻炼成长为思想家、教育改革家是必然的。

  历史上所有的思想家、改革家都能把握住时代的脉搏，革除时弊，除旧布新，不断探索，不断开拓前进。敢峰就是这样的思想家、教育改革家。哲人说，"性格决定人的命运"，这的确是至理名言。敢峰在青少年时代就立下了报效祖国的雄心壮志，为祖国的前途和民族的命运不停地思索，不停地奋斗。1948年冬，19岁的敢峰，在国民党统治区写出《1949年的展望》，呼喊出"人民的脊梁是要挺直的，人民的膝盖是不屈的，人民的头脑是最清醒的，人民的步伐是最整齐的，人民需要呼吸着自由的空气……历史是人民的"，就足见他在年轻时就有过人的胆识和魄力。新中国成立后，敢峰在党的阳光雨露滋润下，如鱼得水。他孜孜不倦地学习，积极进取，不讲条件，不计报酬，干一行，爱一行，专一行。以他的聪明才智和顽强毅力，怎能不取得喜人的成就呢！

　　敢峰是谦虚谨慎的，从不对人夸夸其谈自己的雄心壮志，也不宣扬自己的宏伟计划。中国新闻社2007年出版的"两会特刊"——《思想家教育改革家敢峰专辑》中有这样一段话："敢峰的教改实践和探索，是以1960年中宣部创办北京景山学校肇其始，以2005年力迈学校十周年校庆时写的一篇短文《教育星空中的一支"短笛"——也谈我理想中的学校》和在校庆大会上的发言基本上善其终。"这段话给人的印象，似乎敢峰的教改实践和探索到此画上了句号，但我认为不太可能。敢峰有一个信念就是"只要一息尚存，就要奋斗不止"，他现在身体还很健康，学术生命充满活力，正处于上升时期，怎么会就此止步呢？至于他今后会在什么领域有所突破，对哪些学科有所发明创造，我不能预测。但有一点可以断定：敢峰会继续探索，继续拼搏。请大家拭目以待。

　　同《敢峰教育文选》一样，本书能够顺利出版，是和人民教育出版社的鼎力支持分不开的。在此，我谨代表敢峰同志并以我个人的名义，表示衷心的感谢。

2009年11月
于北京青年湖畔公寓